AF192999

••• Títulos relacionados

**Otros titulos del certificado
HOTR0110
DIRECCIÓN Y PRODUCCIÓN EN COCINA
disponibles**

Solicítalos en:
- Librería
- www.paraninfo.es
- Solicitudes nacionales +34 914 463 350
- Solicitudes fuera de España +34 913 308 907, +34 913 308 919

Supervisión en el desarrollo de las preparaciones culinarias hasta su finalización

Rafael Medina Moreno

Paraninfo

Paraninfo

Supervisión en el desarrollo
de las preparaciones culinarias hasta su finalización
© Rafael Medina Moreno

Gerente Editorial
María José López Raso

Equipo Técnico Editorial
Paola Paz Otero
Sofía Durán Tamayo

Editora de Adquisiciones
Carmen Lara Carmona

Producción
Nacho Cabal Ramos

Diseño de cubierta
Ediciones Nobel

Preimpresión
Diseño y Control Gráfico

Reservados los derechos para todos los países de lengua española. De conformidad con lo dispuesto en el artículo 270 del Código Penal vigente, podrán ser castigados con penas de multa y privación de libertad quienes reprodujeren o plagiaren, en todo o en parte, una obra literaria, artística o científica fijada en cualquier tipo de soporte sin la preceptiva autorización. Ninguna parte de esta publicación, incluido el diseño de la cubierta, puede ser reproducida, almacenada o transmitida de ninguna forma, ni por ningún medio, sea este electrónico, químico, mecánico, electroóptico, grabación, fotocopia o cualquier otro, sin la previa autorización escrita por parte de la Editorial.

Todas las marcas comerciales mencionadas en este texto son propiedad de sus respectivos dueños. La editorial ha realizado todos los esfuerzos posibles para poder citar fidedignamente las fuentes del material gráfico reproducido. Si se hubiera producido alguna omisión, pedimos que nos hagan llegar por escrito la solicitud correspondiente para subsanar el error en futuras ediciones.

COPYRIGHT © 2026 Ediciones Paraninfo, SA
1.ª edición, 2026

C/ Sierra de Guadarrama, 35. Naves 2, 3, 4 y 5
Polígono Industrial San Fernando II
28830 San Fernando de Henares, Madrid

Teléfono: (+34) 914 463 350
clientes@paraninfo.es / www.paraninfo.es

ISBN: 978-84-283-9670-7
Depósito legal: M-2274-2026
(33.779)

Impreso en España / *Printed in Spain*
Liberdigital (Casarrubuelos, Madrid)

Las actividades contenidas en este libro han de realizarse en un cuaderno aparte.
Los espacios incluidos en las actividades son meramente indicativos y su finalidad es didáctica.

Índice

© Ediciones Paraninfo

4. Decoraciones en las elaboraciones culinarias 165

5. Control de temperaturas según producto y servicio a desarrollar 203

© Ediciones Paraninfo

Introducción normativa

La Ley Orgánica 3/2022, de 31 de marzo, de ordenación e integración de la Formación Profesional, contiene una disposición derogatoria única que afecta a la regulación de los certificados de profesionalidad, ahora denominados **Certificados Profesionales.** La referida normativa deroga la Ley Orgánica 5/2002, de 19 de junio, de las Cualificaciones y de la Formación Profesional, y abre un escenario de cambios que se irán implementando progresivamente.

La Ley Orgánica 3/2022, de 31 de marzo, de ordenación e integración de la Formación Profesional implica que toda la formación es acumulable. La oferta formativa se estructura de forma escalonada, siendo los Certificados Profesionales un nivel intermedio (Grado C) de una escala que va desde el Grado A hasta el E.

En los artículos 35 a 38 de la Ley 3/2022 se describe en qué consisten estos Certificados Profesionales: su oferta, formación asociada, estructura, duración, acceso, titulación y validez. Posteriormente, esta normativa se completa con lo dispuesto en el Real Decreto 659/2023, de 18 de julio, que desarrolla la ordenación del sistema de Formación Profesional. Concretamente en los artículos 67 a 81 es donde se hace referencia a la oferta formativa de Grado C, correspondiente a los Certificados Profesionales.

Están agrupados en 26 familias profesionales con características comunes del sector. En la actualidad hay más de medio millar de Certificados Profesionales incluidos en el Repertorio Nacional. Esta cifra no deja de crecer. Además, cada certificado está específicamente regulado por un real decreto.

Un Certificado Profesional corresponde al Grado C de la oferta del Sistema de Formación Profesional. Es un documento oficial, con validez en todo el territorio nacional y debe constar en el Catálogo Nacional de Ofertas de Formación Profesional, que certifica la capacitación para el desarrollo de una actividad profesional.

Debe detallar los módulos profesionales superados y los estándares de competencia profesional asociados a él e incluidos en el **Catálogo Nacional de Estándares de Competencias Profesionales,** así como su correspondencia con el Marco Español de Cualificaciones.

© Ediciones Paraninfo

Despliegan su validez en un doble ámbito, laboral y académico:

- En el contexto laboral tienen validez profesional, porque acreditan las competencias en una determinada profesión. Para poder trabajar en algunas profesiones, se exigen determinadas cualificaciones, y los certificados sirven para acreditarlas.

- Asimismo, tienen validez académica, puesto que permiten continuar un itinerario formativo siempre que se cumplan los requisitos de acceso para cursar la titulación deseada. De tal modo que, los Certificados Profesionales que sean parte de un Grado D permitirán la matrícula modular para completar los módulos establecidos en el currículo y obtener el correspondiente título de técnico básico, técnico o técnico superior con validez en todo el territorio nacional.

Para obtener un Certificado Profesional (Grado C), es preciso cumplir con los requisitos de acceso para realizar la formación.

Estructura de los Certificados Profesionales

I. **Identificación:** denominación, familia y área profesional a la que pertenecen; nivel de cualificación profesional (1, 2 o 3); cualificación profesional de referencia; entorno profesional, y módulos formativos que esté previsto cursar junto con la duración de cada uno de ellos.

II. **Perfil profesional:** incluye las competencias profesionales requeridas en el mercado laboral. En todas ellas, se concretan las realizaciones profesionales y los criterios de realización.

III. **Formación:** describe los módulos formativos que esté previsto cursar para adquirir las competencias requeridas. En cada uno de ellos, se indican las capacidades que se pretende alcanzar y la duración del módulo de prácticas no laborales —PNL—, para el que cabe solicitar exención si se cumplen determinados requisitos.

IV. **Prescripciones de las personas formadoras.**

V. **Requisitos mínimos de espacios, instalaciones y equipamiento.**

Los Certificados Profesionales se identifican con una denominación concreta y un código alfanumérico propio, y sirven para acreditar una determinada cualificación profesional. Cada certificado está asociado a una relación de unidades de competencia que, a su vez, se vinculan con una serie de módulos formativos específicos. Algunos módulos están integrados por unidades formativas y tanto unos como otras son, en ocasiones, transversales, lo que significa que se trata de contenidos incluidos en más de un Certificado Profesional.

© Ediciones Paraninfo

Los Certificados Profesionales se articulan en tres niveles de competencia profesional (1, 2 y 3) conforme a lo dispuesto en el que será el Catálogo Nacional de Estándares de Competencias Profesionales, anteriormente Catálogo Nacional de Cualificaciones Profesionales (CNCP), según los criterios establecidos de conocimientos, iniciativa, autonomía y complejidad de las tareas, en cada una de las ofertas de Formación Profesional.

La oferta formativa dirigida a la obtención de los Certificados Profesionales tiene carácter modular para favorecer la acreditación parcial acumulable de la formación recibida y posibilitar así el avance en el itinerario de Formación Profesional para cualquiera que sea la situación laboral de cada persona en cada momento.

En definitiva, el Grado C constituye la oferta, parcial y acumulable, del sistema de Formación Profesional, de varios módulos profesionales del catálogo modular de Formación Profesional por razón de su significado en el mercado laboral y conducente a la obtención de un Certificado Profesional.

Las ofertas de Grado C de Formación Profesional tendrán por objeto módulos profesionales incluidos previamente en el catálogo modular de formación profesional y asociados al Catálogo Nacional de Estándares de Competencias Profesionales.

Finalidad de los Certificados Profesionales

- Contribuir a la ordenación de un Sistema de Formación Profesional al servicio de un régimen de formación y acompañamiento profesionales que sea capaz de responder con flexibilidad a los intereses, expectativas y aspiraciones de cualificación profesional de las personas a lo largo de su vida.

- Combinar escuela y empresa situando a la persona en el centro del sistema.

- Facilitar el aprendizaje permanente de toda la ciudadanía mediante una formación abierta, flexible y accesible, estructurada de forma modular, a través de la oferta formativa asociada al certificado.

- Acreditar las cualificaciones profesionales o las unidades de competencia recogidas en estas, independientemente de su vía de adquisición, bien sea a través de la vía formativa, o mediante la experiencia laboral o vías no formales de formación.

- Favorecer, tanto a nivel nacional como europeo, la transparencia del mercado de trabajo.

- Contribuir a la calidad de la oferta de Formación Profesional.

© Ediciones Paraninfo

Este libro

El presente libro desarrolla la Unidad Formativa: **Supervisión en el desarrollo de las preparaciones culinarias hasta su finalización. Código:** UF1360. **Duración:** 80 horas.

Está asociada al Módulo Formativo MF1059_3 Elaboración culinaria, asociado a la Unidad de Competencia UC1059_3 Desarrollar y supervisar procesos de preparación y presentación de elaboraciones culinarias básicas, complejas y de múltiples aplicaciones, perteneciente a la Cualificación Profesional de referencia Dirección y producción en cocina (HOT332_3), incluida en el Certificado Profesional HOTR0110 Dirección y producción en cocina, regulado por el Real Decreto 1526/2011, de 31 de octubre.

La estructura organizativa de los contenidos corresponde fielmente a la establecida por la normativa vigente y más concretamente a los contenidos de la Unidad Formativa: **Supervisión en el desarrollo de las preparaciones culinarias hasta su finalización.**

Contenido

1. **Supervisión de los procesos de elaboración.**
   - Fases de las elaboraciones culinarias:
     - Pedidos de mercancía.
     - Recepción.
     - Almacenamiento según producto.
     - Operaciones preliminares.
     - Terminación.
     - Presentación.
   - Procedimientos de supervisión:
     - La compra.
     - La recepción y control de la mercancía.

2. **Organización del trabajo del personal.**
   - Realizar cuadros de trabajo:
     - Fichas de recetas.
     - Cuadros de eventos.

© Ediciones Paraninfo

    − Tiempos de realización.

    − Fases del proceso.

- Control de costes.

- Medidas correctivas en la elaboración.

3. **Presentación y decoración de elaboraciones culinarias.**

- Definiciones.

- Tipología según finalidad.

- Normas y combinaciones organolépticas básicas.

- Necesidades de presentación y decoración según el tipo de elaboración y forma de cocina:

    − Cocina tradicional.

    − Cocina moderna o creativa.

    − Bufés.

    − Tapas y pinchos.

    − Cocina internacional.

- Aplicaciones y ensayos prácticos.

- Diseño de bocetos.

- Modelos gráficos aplicando las técnicas correspondientes.

4. **Decoraciones en las elaboraciones culinarias.**

- Formas y colores en la decoración y presentación de elaboraciones culinarias:

    − La técnica del color en gastronomía.

    − Contraste y armonía.

    − Sabor, color y sensaciones.

    − Experimentación y evaluación de posibles combinaciones.

    − El dibujo aplicado a la decoración culinaria:

        ○ Técnicas.

    − Instrumentos, útiles y materiales de uso más generalizado:

        ○ Aerógrafos.

        ○ Espráis alimentarios.

        ○ Biberones.

        ○ Cortapastas.

        ○ Sacabolas.

© Ediciones Paraninfo

- ○ Acanaladores.
- ○ Rizador.
- ○ Sacapuntas para verduras.
- ○ Mandolina entre otros.

5. Control de temperaturas según producto y servicio a desarrollar.
- Conocimiento de temperaturas:
  - − Refrigeración y congelación.
- Control de las temperaturas de cocción.
- El enfriamiento adecuado:
  - − El abatidor.

© Ediciones Paraninfo

■ Nota del Editor

En Ediciones Paraninfo, estamos comprometidos con la calidad de la formación e intentamos que nuestros materiales respondan fielmente y con rigor a las necesidades de todos cuantos confían en nuestro sello editorial.

Tratamos de dar respuesta a los currículos de las unidades formativas y de los módulos que integran los distintos Certificados Profesionales, equilibrando la parte teórica con la práctica para que los procesos de aprendizaje se conviertan en experiencias gratificantes, tanto para docentes como para las personas inmersas en los procesos formativos.

Nuestros objetivos son contribuir de forma decisiva a afianzar aprendizajes, ayudar a adquirir destrezas que tengan significado para el empleo y conseguir potenciar el desarrollo personal.

Para lograrlo, contamos con excelentes autores, expertos en las materias que abordan, en la mayoría de los casos docentes de dichas especialidades con dilatada experiencia tanto profesional como académica, porque buscamos perfiles familiarizados con los contextos laborales concretos a los que se refieren nuestros manuales.

Confiamos en poder serte de ayuda y esperamos tus impresiones acerca de nuestro trabajo. Sean positivas o negativas, serán muy bien recibidas y, sin duda, nos ayudarán a seguir mejorando y trabajando con ilusión para continuar siendo un referente en formación para el empleo.

Agradecemos tu confianza en nuestros manuales. Todo nuestro equipo queda a tu total disposición. Puedes contactar con nosotros en esta dirección de correo electrónico:

info@paraninfo.es

© Ediciones Paraninfo

1. Supervisión de los procesos de elaboración

Contenidos

Introducción

Actividades finales

© Ediciones Paraninfo

INTRODUCCIÓN

En los establecimientos de hostelería, es fundamental contar con una capacidad de producción dinámica, lo que exige una adecuada planificación y la adquisición de materiales y alimentos perecederos y no perecederos. Esto requiere una organización eficiente en todas las fases del trabajo, desde las compras hasta la elaboración final.

Las operaciones de recepción de materias primas son similares en todos los negocios de hostelería, aunque varían según el volumen, la categoría y la relación entre departamentos. Al comprar, es esencial considerar factores como: ¿qué productos se necesitan?, ¿qué proveedores se utilizarán?, ¿cuántos estarán registrados? y ¿cuánto tardarán en servirnos?, entre otros. Más adelante se explicará la importancia de la ficha de proveedores.

1.1. FASES DE LAS ELABORACIONES CULINARIAS

Las elaboraciones culinarias se realizan en el departamento de cocina y sus anexos, entendidos como el conjunto de áreas o locales necesarios para transformar los alimentos en platos elaborados. Al hablar de cocina industrial, no debe limitarse únicamente a la zona caliente donde se cocinan los alimentos, sino que incluyen todos los espacios vinculados y su equipamiento, independientemente de que estén unidos o separados. Entre estos se encuentran la pastelería, el cuarto de verduras, el cuarto frío o la *plonge*, entre otros. El departamento de cocina es uno de los más complejos por la variedad de preparaciones que en él se producen. Además, algunas elaboraciones se llevan a cabo en áreas independientes

Figura 1.1. En cualquier profesión, la buena organización es sinónimo de éxito; en el ámbito de la restauración, resulta aún más esencial, pues el orden es la base de un servicio de calidad.

© Ediciones Paraninfo

que, en conjunto, conforman el área de cocina, donde se desarrollan todas las fases necesarias para alcanzar el objetivo final.

1.1.1. Pedidos de mercancía

Se puede afirmar que el primer proceso comienza por parte del jefe o jefa de cocina que una de sus funciones principales trata sobre la planificación de las compras, empezando la víspera y realizando el *relevé* o parte de consumos de cocina que es el inventario de todas y cada una de las materias primas existentes permitiendo conocer su consumo diario, es decir, cuáles han sido las salidas. Para ello, habrá que sumar al inventario inicial las entradas del día y restar el inventario final.

Controlando los gastos totales del día en el establecimiento según servicios, tales como desayunos, almuerzos, cenas, bufé y banquetes, entre otros, y el resto de los gastos producidos de aprovisionamiento de materiales extras en menaje, etc., la persona responsable en cocina elabora la propuesta de pedidos para el mercado, junto con la consulta de los informes recibidos de los distintos departamentos y remitirá los documentos de control interno al departamento de compras o facturación, entre otros.

El vale de pedidos para el almacén o el economato es el documento interno que sirve como justificante de las salidas, para más tarde poder imputar los consumos,

HOJA DE PEDIDOS A ALMACÉN			
Grupo de Hostelería Galbume N.º 00173 En Madrid a ...... de .... de 20			
Artículo	**Peso**	**Cantidad**	**Código**

Figura 1.2. Modelo de vale de pedido para llevar un control adecuado de los registros, el cual cada empresa puede adaptar según sus necesidades.

© Ediciones Paraninfo

por tanto, cada cantidad solicitada será dada de baja en la ficha de inventario permanente y así se podrá tener un control interno de *stock* de artículos.

> **IMPORTANTE**
>
> El vale de pedidos es un documento interno que sirve para el aprovisionamiento de géneros y siempre tiene que ir firmado por el responsable de dicho pedido, el jefe de economato, junto con la fecha de pedido y de salida, para que tenga su validez.

1.1.2. Recepción

Los departamentos de economato, almacén y bodega son responsables de la recepción, almacenamiento, conservación y control de toda clase de productos que integrarán el *stock*. Según las necesidades del negocio, estos productos se distribuyen al resto de departamentos.

El economato se encarga específicamente de los productos alimenticios. En el caso de los alimentos perecederos, estos suelen ser trasladados directamente a las cámaras de la cocina, que se responsabiliza de su conservación y reposición; de este modo, la función del economato se limita principalmente a la recepción y control de las mercancías.

El almacén cumple funciones similares cuando se trata de artículos distintos a los alimentos, como menaje, lencería, papelería y productos de limpieza, entre otros. Por su parte, la bodega se responsabiliza de la gestión de bebidas, vinos y licores.

En cuanto a la organización, en grandes establecimientos, como un hotel de gran envergadura, los subdepartamentos de economato y bodega dependen del departamento de alimentos y bebidas. En hoteles de menor tamaño, estos subdepartamentos suelen estar bajo la dirección del área comercial, administrativa o incluso directamente de la dirección general. La ubicación del economato y la bodega deben estar próximas tanto al área de recepción de género como a los centros de producción, como la cocina, el restaurante o el bar.

Para garantizar la correcta conservación de los productos, estos departamentos deben contar con ventilación adecuada, así como niveles óptimos de humedad, temperatura e iluminación. La gestión resulta compleja debido a los constantes movimientos de mercancías, los cuales requieren un control administrativo y contable eficiente. Además, estos departamentos no solo suministran al área de alimentos y bebidas, sino que distribuyen productos a todos los departamentos del establecimiento.

© Ediciones Paraninfo

Para mantener una organización eficiente, se deben considerar las siguientes medidas:

- Establecer una política de compras clara y coherente.
- Contar con instalaciones adecuadas para la conservación de los productos.
- Mantener un orden de los artículos que facilite su localización.
- Implementar sistemas de control para la entrada y salida de productos.
- Coordinar las salidas de acuerdo con las entradas de mercancías.
- Suministrar los pedidos a los departamentos con rapidez, realizando las imputaciones correspondientes en el momento de la entrega.
- Supervisar y mantener los *stocks* de seguridad.

> **IMPORTANTE**
>
> Una ruptura de *stock* se produce cuando la empresa se queda sin mercancía suficiente para poder atender la demanda, debido a que esos productos han sido muy solicitados por la clientela.

1.1.3. Almacenamiento según producto

Finalizada la primera fase en el proceso de la recepción de mercaderías, que se realizará en unos tiempos/horas predeterminados por los departamentos implicados, debiendo ser cumplidos por los proveedores, a fin de no producir interferencias en los distintos procesos de elaboración/servicio; se procede a la segunda fase del proceso que es el almacenamiento de los géneros, distinguiendo y considerando cada punto como parte del control de calidad que discrimina aquellos géneros, materias primas y demás que son aptos para nuestro establecimiento; desechando los que no superen nuestro control.

Los equipos y maquinarias que se deben utilizar son los siguientes:

- Mesas de acero inoxidable o de materiales inalterables.
- Estanterías de aluminio con baldas de PVC, enrejadas para favorecer la circulación del aire.
- Carros.
- Básculas de diferentes medidas de peso.
- Termómetro o sonda termométrica.
- Silos para la harina o azúcar, entre otros.

© Ediciones Paraninfo

- Cámaras de conservación.
- Recipientes plásticos para almacenamiento en cámaras.
- Pequeñas cámaras o armarios frigoríficos.
- Botelleros.

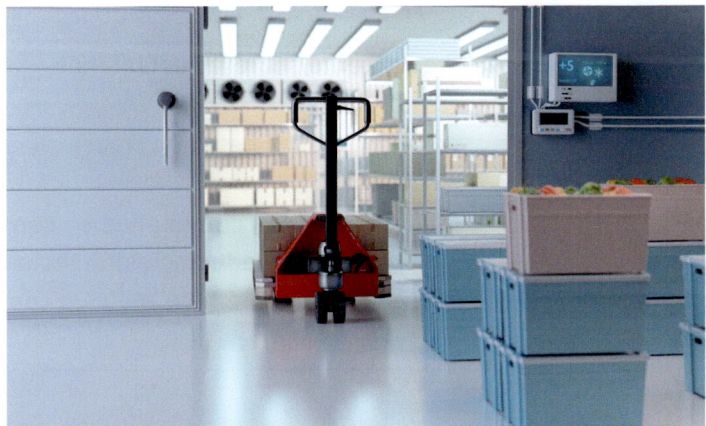

Figura 1.3. Identificar las temperaturas necesarias de los distintos productos es de vital importancia en el control de almacenamiento.

La supervisión de las cámaras estará a cargo del jefe o jefa de economato, de la persona responsable de cocina y de los ayudantes de las distintas partidas, realizando las siguientes pautas:

- Respetar el orden de entrada de los productos.
- Dar salida prioritaria a los géneros preferentes.

Figura 1.4. La cámara frigorífica debe conservarse impecable en todo momento.

© Ediciones Paraninfo

- Vigilar en todo momento las condiciones de limpieza, una fase fundamental que debe cumplirse antes, durante y después de la jornada laboral.

- Adecuar los géneros a los recipientes correspondientes.

- Cumplir las normas de manipulación de productos: no utilizar utensilios de cocina para el almacenamiento, no mezclar despojos, aves o carnes de distinto tipo.

- Evitar colocar los géneros directamente sobre las estanterías.

IMPORTANTE

El tiempo de conservación de los productos congelados se considera a medio y largo plazo. Es obligatorio que los productos estén fechados, etiquetados y correctamente envasados, lo que permite llevar un control más exhaustivo del *stock*.

1.1.4. Operaciones preliminares

Estas operaciones corresponden a los procedimientos que se llevan a cabo durante la recepción de géneros y son de gran importancia, por lo que requieren un alto grado de conocimiento para prevenir la contaminación en todas las áreas de preparación. Las cocinas profesionales deben contar con espacios específicos destinados a estas operaciones, los cuales deben estar separados de la zona de cocina, lo que permite reducir significativamente cualquier riesgo de contaminación.

Figura 1.5. Para prevenir la contaminación cruzada, cada tabla debe emplearse exclusivamente en el área asignada. Se dispone de tablas de distintos colores según la función específica de cada zona.

© Ediciones Paraninfo

Este tipo de acciones puede ser de:

- Limpieza.
- Desinfección.
- Pelado.
- Eviscerado.
- Deshuese.
- Fileteo, etcétera.

Las manipulaciones de las materias primas crudas comprenden todas las acciones realizadas antes de su consumo y, por lo general, se llevan a cabo en el cuarto frío, que debe mantenerse refrigerado a una temperatura no superior a 15 °C.

El tratamiento de frutas y verduras comienza con un lavado bajo corriente de agua. Los productos deben ser abiertos por el tronco y colocados directamente bajo el grifo; este proceso debe repetirse varias veces para garantizar su completa limpieza. La tierra presente en la mayoría de las verduras tiende a depositarse en el fondo del recipiente, por lo que es necesario manipular los productos con las manos para que el agua retire cualquier residuo que pueda contaminar los alimentos durante su preparación.

Las patatas son las únicas que pueden conservarse en agua limpia y fría; el resto de los vegetales deben lavarse, escurrirse y almacenarse bien tapados en refrigeración hasta el momento de su uso.

Figura 1.6. Garantizar un lavado correcto de las verduras es imprescindible para su manipulación segura.

Actividad propuesta 1.1

Investiga sobre de qué trata la contaminación cruzada y haz un breve resumen.

© Ediciones Paraninfo

■ Preelaboraciones del pescado y marisco

El manejo de pescados y mariscos requiere especial cuidado, dado que se trata de alimentos altamente perecederos. Por ello, la preparación y limpieza deben realizarse de manera rápida y eficiente. Los pescados deben ser desescamados, eviscerados y fraccionados según corresponda, siempre lavándolos con agua muy fría o helada. Posteriormente, deben almacenarse en recipientes adecuados y trasladarse a la cámara de refrigeración exclusiva para estos productos.

Una vez finalizadas estas tareas, es fundamental llevar a cabo una limpieza y desinfección exhaustiva del área de trabajo, con el fin de prevenir cualquier riesgo de contaminación. Asimismo, las tablas y utensilios utilizados en estas labores deben ser de uso exclusivo para pescados y mariscos.

IMPORTANTE

El anisakis es un parásito presente en diversos tipos de peces que puede causar en los humanos una reacción alérgica cutánea, conocida con el mismo nombre que la parasitosis, tras el consumo de pescado crudo o poco cocinado. Esta infección es especialmente frecuente en países como Japón, Perú y España.

Las larvas de anisakis se eliminan mediante la cocción del pescado a una temperatura mínima de 60 °C durante al menos 10 minutos. Asimismo, la congelación también es efectiva: es necesario mantener el pescado a −20 °C durante más de 24 horas para garantizar la destrucción de las larvas. El pescado que ha sido congelado o ultracongelado en alta mar y eviscerado de manera rápida presenta un riesgo significativamente menor de estar parasitado.

Figura 1.7. Es fundamental conocer las distintas especies de pescado y dominar los procedimientos adecuados para la limpieza de los diversos mariscos.

© Ediciones Paraninfo

Se denomina pescado al animal vertebrado que habita en el agua y es apto para el consumo humano. Según el Código Alimentario, se considera pescado al animal vertebrado comestible, marino o de agua dulce (cetáceos, peces, anfibios), ya sea fresco o conservado mediante procedimientos autorizados.

La morfología del pescado externa es la siguiente:

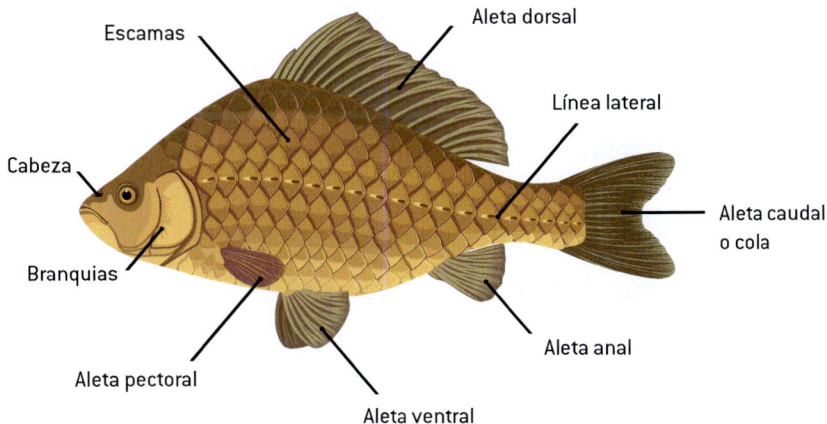

Figura 1.8. Anatomía externa del pescado.

El pescado puede clasificarse según su contenido graso:

- **Pescado azul o graso:** contiene más del 5 % de grasa, pudiendo alcanzar hasta un 28 %. Su carne es más oscura y menos gelatinosa. Se denomina pelágico, ya que habita en la superficie del agua.

  Ejemplos: anguila, sardina, anchoa, bonito, verdel, salmón, jurel, caballa, chicharro, lamprea, bonito del norte, atún, albacora.

- **Pescado blanco o magro:** su contenido graso no supera el 2 %, presentando un alto contenido en gelatina y sales minerales. La carne es blanca y de fácil digestión. Se denomina demersal, ya que habita en el fondo del agua.

  Ejemplos: gallo, rape, faneca, merluza, lenguado, maruca, bacalao, cabracho, congrio, gallineta, lubina, rodaballo, zapatero.

- **Pescado semigraso:** contiene entre 2 y 5 % de grasa, con abundante gelatina. Su contenido graso varía según la época del año.

  Ejemplos: besugo, lubina, salmonete, bacalao, cabracho, congrio, dorada, esturión, mero, trucha.

¿SABÍAS QUE…?

Algunos pescados como el bacalao, el cabracho y el congrio son pescados considerados blancos, pero en determinadas épocas superan su contenido graso.

© Ediciones Paraninfo

Características del pescado

El pescado es un alimento de alto valor nutritivo y una fuente importante de proteínas y minerales esenciales, entre otros beneficios, de alta calidad para la salud. Se caracteriza por su fácil digestión y su bajo contenido en grasas saturadas, siendo uno de los alimentos más consumidos, por ello debemos de tener unos conocimientos exhaustivos a la hora de consumirlos.

- **Fresco:**
  - Olor ligero y agradable, con matices a algas marinas o plantas acuáticas en peces de agua dulce.
  - Aspecto brillante con reflejos irisados.
  - Escamas firmes y adheridas.
  - Cuerpo rígido y arqueado, consistente y elástico.
  - Branquias rosas o rojas.
  - Ojos transparentes y vivos.
  - Vísceras limpias y peritoneo adherido.
  - Carne firme, blanca o rosada con reflejos nacarados y espinas adheridas.
- **No fresco:**
  - Olor desagradable, ácido o amoniacal.
  - Aspecto apagado.
  - Cuerpo blando.
  - Escamas y piel que se desprenden fácilmente.
  - Branquias grisáceas y pegajosas.
  - Ojos vidriosos y opacos.
  - Carne marrón a lo largo de la columna.
  - Espinas y columna que se desprenden fácilmente.

Corte y racionado del pescado

El pescado debe limpiarse y prepararse inmediatamente al recibirlo, en un área separada, fría, fácil de limpiar y desinfectar. Los procesos comprenden:

- Retirada de aletas dorsales, laterales, ventrales y hermoseado de la caudal.
- Eliminación de branquias.
- Eviscerado por opérculos o incisión ventral.
- Escamado cuando sea necesario.

© Ediciones Paraninfo

Limpieza de pescados cilíndricos

La limpieza de los pescados cilíndricos, tales como la sardina, el jurel, la caballa, etc., consiste en eliminar las partes no comestibles, lavándolos muy bien con agua bien fría para eliminar los restos de sangre y las impurezas, para dejarlos listos para su preparación o cocción. Su limpieza incluye los siguientes procesos:

- **Eliminación de aletas:** se retiran las aletas (desbarbado) y, en caso necesario, los barbillones.

- **Corte de la aleta dorsal:** se realiza desde la cola hasta la cabeza.

- **Verificación de espinas externas:** se revisa que no queden espinas visibles, cerca de los opérculos (como en la araña) o en los laterales de la cola en especies como la caballa, donde se retira la especie de sierra.

- **Corte de la aleta caudal:** se da una forma redondeada a la aleta.

- **Escamado:** se sostiene firmemente el pescado por la cola, utilizando un paño si es necesario. Con un desescamador, se retiran todas las escamas raspando de la cola hacia la cabeza, cuidando de no dañar la carne.

- **Enjuague:** se lava el pescado de manera uniforme para eliminar restos de escamas y suciedad.

- **Retiro de branquias:** se levantan los opérculos y, con la mano o con la ayuda de una puntilla o tijeras, se extraen las branquias. Al realizar este paso, es posible que también se eviscere parcialmente el pescado, siempre con cuidado.

- **Eviscerado:** se efectúa una incisión ventral de 2 a 3 cm desde el orificio anal y se retiran las vísceras, evitando abrir demasiado para no comprometer la presentación final. Se debe eliminar la telilla negra que cubre la cavidad visceral.

Limpieza de pescados planos

La limpieza de los pescados planos, como el lenguado o el rodaballo, requiere de un procedimiento cuidadoso debido a su forma particular. Generalmente, se empieza retirando las escamas de ambos lados, luego se corta la cabeza y se realiza una incisión para extraer las vísceras. En algunos casos, también se separan los filetes siguiendo la estructura del espinazo. Este tipo de limpieza permite aprovechar mejor la carne y mantener la calidad del pescado para su posterior preparación. Su limpieza incluye los siguientes procesos:

- **Corte de aletas:** se abren las aletas laterales para identificar la dirección del corte y se retiran las aletas pectorales y pélvicas.

© Ediciones Paraninfo

- **Despielado:** se realiza una incisión en la parte superior de la aleta caudal, únicamente sobre la piel. Se comienza a retirar la piel de la zona más oscura introduciendo la uña y levantándola hasta poder sujetarla con los dedos.

  Se tira con cuidado, apoyando la otra mano sobre el pescado para evitar dañar la carne.

  Se da la vuelta al pescado y se repite el proceso, o en algunos pescados se deja la piel más clara, pero en ese caso debe estar previamente escamada.

- **Retiro de branquias y eviscerado:** se levantan los opérculos y se extraen las branquias.

  Se realiza una incisión pequeña a lo largo de la parte ventral cercana a la cabeza, retirando coágulos de sangre y huevas si las hubiera.

- **Preparación de especies especiales:** en pescados como el rape, generalmente se retira la cabeza y se tira de la piel, que carece de escamas, dejando la carne limpia y lista para su manipulación.

Tipos de corte del pescado

Los distintos tipos de corte del pescado permiten aprovechar al máximo su carne y adaptarla a diferentes preparaciones culinarias. Entre los más comunes se encuentran los filetes, que son porciones sin espinas; los lomos, que se obtienen de ejemplares grandes; las rodajas, que se cortan transversalmente en pescados cilíndricos; y los troncos o supremas, que son porciones más gruesas. Cada tipo de corte se elige según la especie y el método de cocción deseado, garantizando una mejor textura, presentación y sabor en el plato. A continuación, vemos los diferentes tipos de corte:

- *Darné*: rodaja de 200-450 g de la parte central de pescados cilíndricos.

- **Filete:** parte delgada, carnosa y sin espinas, con o sin piel.

- *Goujons*: tiras cilíndricas de 6 cm, rebozadas y fritas.

- **Medallón:** rodaja gruesa, circular, sin piel ni espinas.

- *Paupiettes*: filetes enrollados con farsa, generalmente de pescados planos.

- **Rodaja:** sinónimo de trancha para pescados redondos.

- **Suprema:** obtenida tras extraer las hojas, sin piel ni espinas.

- *Trancha*: corte vertical con o sin piel, espina central incluida.

- **Pescado troceado:** cortes que permiten extraer de seis a ocho piezas por ración.

© Ediciones Paraninfo

Figura 1.9. Diferentes cortes en el pescado.

Principales métodos de cocinado del pescado

Hay diversos tipos de cocinado del pescado, cada uno con características que resaltan su sabor y textura. Entre los métodos más comunes se encuentran el asado, el hervido, el frito, al vapor y a la plancha. También pueden prepararse al horno o en papillote, conservando mejor sus nutrientes. La elección del método depende del tipo de pescado y del resultado deseado: algunos realzan su jugosidad, otros su sabor o su ligereza, permitiendo una gran variedad de platos saludables y apetitosos. A continuación, vemos la realización de cada uno de los métodos:

- **Hervido partiendo desde líquido frío**

  Indicado para rodajas, *tranchas*, supremas y piezas enteras; puede servirse caliente o frío (bufé).

  - Colocar el pescado en un recipiente de tamaño adecuado. Para piezas enteras, es recomendable envolverlas y bridarlas para mantener su forma.

  - Cubrir con el líquido adecuado (agua, caldo, vino, etc.) frío y cocinar a fuego lento.

    ○ Piezas pequeñas: calentar hasta casi la ebullición y retirar, dejando enfriar en el líquido.

    ○ Piezas grandes: mantener entre 85-95 °C, evitando la ebullición, aproximadamente 15 minutos por kilo, añadiendo 5 minutos por cada kilo adicional.

© Ediciones Paraninfo

Cocidos en caldo corto: agua, vinagre o vino blanco, zumo de limón, zanahoria, cebolla, *bouquet garni*, pimienta en grano y sal.

— Piezas de color rojo o rosado: evitar ácidos que decoloran la carne.

— Proporción de agua, zumo de limón y sal: 15 g de sal por litro de líquido.

— Agua con leche: realza el color blanco de algunos pescados.

Salsas recomendadas: holandesa, muselina, mantequilla a punto de avellana y mantequilla negra.

- **Hervido partiendo de líquido hirviendo**

  Se emplea caldo corto con hortalizas cortadas uniformemente, ideal para pescados vivos (truchas, carpas) o para *quenelles*.

- **Al vapor**

  Es un método sencillo para preparar el pescado, ya que conserva sus nutrientes, sabor y textura natural. Se realiza colocando el pescado limpio y sazonado sobre una rejilla o vaporera, para evitar el contacto directo con el agua hirviendo. El vapor caliente cocina el pescado de manera uniforme y suave. Este método puede complementarse con hierbas aromáticas, limón, verduras, etc., logrando un plato ligero, nutritivo y de sabor delicado:

  — Indicado para todas las piezas pequeñas.

  — Permite conservar la forma y jugos del pescado.

  — Puede realizarse en horno de vapor o en cazuela con rejilla.

- **Pochado**

  Es un método de cocción suave en el que el pescado se cocina a baja temperatura, sumergido parcialmente en un líquido caliente sin que llegue a hervir. Para realizar un pescado pochado, se coloca el pescado limpio en un recipiente con caldo, vino blanco, agua o una mezcla aromatizada con hierbas, verduras y especias. Se cuece lentamente, manteniendo el líquido entre 70 °C y 80 °C, hasta que la carne quede tierna y jugosa. Este método realza el sabor natural del pescado y conserva su textura delicada:

  — Adecuado para filetes o rodajas, aunque también se puede aplicar a piezas enteras.

  — Procedimiento: engrasar pescado y bandeja, añadir *brunoise* de chalota o cebolla, sazonar con sal y pimienta, verter vino blanco o fumé hasta la mitad, tapar con papel engrasado y cocinar en horno suave sin hervir.

  — Salsa: reducir el fondo, añadir nata y *velouté* de pescado.

© Ediciones Paraninfo

  – Aplicaciones: elaboraciones al vino blanco, guisos y calderetas, piezas pequeñas, *tranchas*, rodajas, supremas y medallones. El pescado puede saltearse previamente o no.

- **Frito**

  Es una preparación muy sabrosa y tradicional en algunas zonas, que consiste en cocinar el pescado en aceite caliente hasta obtener una textura crujiente por fuera y jugosa por dentro. Para realizarlo, se limpia y seca bien el pescado, se sazona y, generalmente, se pasa por harina o rebozado antes de freírlo. Luego se introduce en abundante aceite caliente, cocinándolo por ambos lados hasta que adquiera un color dorado. Finalmente, se escurre el exceso de grasa. Este método resalta el sabor del pescado y ofrece una textura atractiva y apetecible:

  – Con poca grasa: la cantidad justa para que quede poco aceite residual.

  – Rebozados: sazonar, pasar por harina, huevo y freír.

  – En grasa abundante (gran fritura): sumergir en aceite caliente hasta que esté cocido.

  – Enharinado: harina de trigo, maíz, garbanzo o avena para una costra crujiente. Ej.: pescadito frito en Andalucía.

  – Empanado: harina, huevo y pan rallado; variante inglesa con mantequilla fundida, huevo y pan rallado.

  – Orly: adobar, rebozar en pasta Orly y freír en abundante aceite.

- **Salteado**

  Técnica de cocción rápida que permite conservar la jugosidad y el sabor del pescado. Para realizarlo, se corta el pescado en trozos pequeños o filetes delgados y se cocina a fuego medio-alto en una sartén con poco aceite. Se remueve constantemente para que se dore de manera uniforme sin llegar a deshacerse. Puede acompañarse con verduras, salsas o condimentos, lo que aporta color y sabor al plato. Este método es ideal para preparaciones ligeras y nutritivas:

  – A la *meunière* o molinera: sazonar, introducir en leche, enharinar, freír en mantequilla clarificada o mezcla de mantequilla y aceite. Terminar con zumo de limón y perejil espumado sobre el pescado.

  – Mixto: se realiza la salsa en la grasa de freír tras cocinar el pescado (truchas al roquefort, lenguado a la naranja).

  – A la Murat: para pescados planos como el lenguado; cortados en *goujons*, sazonados y enharinados ligeramente.

© Ediciones Paraninfo

- **Al horno**

  Es otra forma sencilla de preparación que resalta el sabor natural del producto. Para realizarlo, se limpia el pescado, se sazona al gusto y se coloca en una bandeja con un poco de aceite, vino blanco, limón o hierbas aromáticas. A continuación, se hornea a temperatura moderada hasta que la carne quede tierna y jugosa. Este método permite una cocción uniforme, conserva los nutrientes y ofrece una presentación atractiva y aromática:

  – Braseados: para pescados grandes o cilíndricos. Cocinar en recipiente profundo con guarnición aromática y fumé reducido, vino blanco o tinto; el líquido no debe cubrir el pescado. Ideal para cocción prolongada (bonito, atún).

  – Asados: similar al braseado, pero en fuente abierta con hortalizas y líquidos.

  – A la sal: piezas enteras (doradas, lubinas), evisceradas, pero no escamadas. Cubrir con mezcla de sal gorda y agua, y opcionalmente clara de huevo.

  – En hojaldre: marcar previamente la pieza y envolverla en pasta de hojaldre, generalmente con *duxelle*.

  – En papillote: envolver en papel sulfurizado o aluminio, cocinar al horno; aplicable a pequeños peces enteros, rodajas, supremas o *tranchas*.

  – Al vacío a baja temperatura: cocción lenta y controlada para texturas melosas, ideal para supremas, filetes y lomos.

- **A la parrilla**

  Método de cocción que realza su sabor mediante el contacto directo con el calor, generando un exterior ligeramente dorado y una carne jugosa por dentro. Para prepararlo, se limpia y sazona el pescado, a veces se marina previamente para intensificar su sabor, y se coloca sobre la parrilla caliente, girándolo según sea necesario para una cocción uniforme. Este método aporta un característico aroma ahumado y es ideal para disfrutar de un plato ligero y nutritivo:

  – Ideal para piezas de ración, supremas, *tranchas*, troceados para brochetas y grandes piezas.

  – Pescados grasos: no se resecan, aprovechando su propia grasa.

  – Pescados poco grasos: se pueden rociar con aceite o marinadas.

  – Se recomienda asar enteros con piel.

© Ediciones Paraninfo

Mariscos

Se consideran animales acuáticos marinos, invertebrados y comestibles, clasificados en:

- **Crustáceos**

  Cuerpo segmentado, apéndices articulados, dermatoesqueleto quitinoso y cálcico.

  - **Langosta.** Su preparación más habitual es cocida y servida con salsas frías como mayonesa, vinagreta o tártara.

  - **Bogavante.** Se consume principalmente cocido y acompañado de salsas frías, en ensaladas, a la plancha (abierto longitudinalmente) o en arroces.

  - **Cigala.** Se elabora principalmente cocida o a la plancha y suele utilizarse como guarnición de otros platos.

  - **Langostino.** Lo más común es presentarlo cocido, a menudo en cascada para bufés.

  - **Carabinero.** Similar al langostino, pero con color rojo oscuro y carne más firme. Se emplea en sopas, farsas, arroces y *bisqué*, entre otros.

  - **Gamba.** Existen diversas variedades y métodos de cocinado, como en gabardina, al ajillo, en cóctel, en farsas, salpicón, etcétera.

  - **Centollo.** Generalmente se presenta vivo y se consume siempre cocido, adquiriendo un color rojizo. En algunos casos, su caparazón se rellena y se gratina.

  - **Buey de mar.** El cangrejo más grande de Europa, con peso de hasta 6 kg. Su carne es de menor calidad que la del centollo, pero sus aplicaciones son similares.

  - **Nécora.** Se prepara fundamentalmente cocida, aunque en algunos casos también a la plancha.

Figura 1.10. Diferentes tipos de crustáceos.

© Ediciones Paraninfo

- **Moluscos**

  Invertebrados de cuerpo blando, generalmente con concha.

  Ejemplos: ostras, vieiras, zamburiñas, almejas, berberechos, mejillones, navajas.

  - **Ostra.** La resistencia al abrirlas y la firmeza de su carne son signos de frescura. Destacan por su alto contenido en proteínas y minerales. Se consumen principalmente crudas, al natural, aunque también se pueden gratinar o rebozar.

  - **Vieira.** De carne blanca y sabor delicado. Sus preparaciones más habituales incluyen a la gallega, en ensalada, en empanadas o al vapor.

  - **Zamburiña y *volandeira*.** Muy similares a la vieira, pero de mayor tamaño. Admiten las mismas elaboraciones culinarias que la vieira.

  - **Almeja.** Para su comercialización, deben estar previamente depuradas. Las grandes se preparan al natural, a la plancha, a la marinera, en salsa verde, rellenas, al vapor o como guarnición. Existen diversas variedades, diferenciables por el sifón o músculo retráctil y por su concha, entre las que destacan: fina, babosa, japonesa, coquina y chirla.

  - **Berberecho.** Suelen contener arena, por lo que se recomienda dejarlos en agua durante 12 horas antes de su uso. Se elaboran en empanadas, como guarnición o al vapor.

  - **Mejillón.** El ejemplar vivo debe estar bien cerrado; los abiertos o rotos se descartan. Antes de cocinar, requieren raspado de las valvas y eliminación de los hilos (desbarbado). Se preparan de múltiples formas: a la marinera, rellenos, empanados, al vapor, en ensaladas o como guarnición.

  - **Navaja.** Se elaboran principalmente a la plancha o cocidas, aunque admiten diversas preparaciones. No deben confundirse con los *longueirones*, de menor calidad, que tienen valvas totalmente rectas, a diferencia de las navajas, ligeramente curvadas.

- **Moluscos cefalópodos**

  Los cefalópodos se caracterizan por tener sus órganos internos dentro de una bolsa o cuerpo. Su concha (valva) está muy reducida y presentan glándulas que segregan tinta, la cual es tóxica en crudo. Entre los principales cefalópodos destacan:

  - **Pulpo.** Octópodo con ocho tentáculos iguales, cada uno con dos hileras de ventosas. Para ablandar la carne en su preelaboración, es recomendable golpearlo o congelarlo. Se cocina de diversas formas: en empanadas, «a feira», en vinagreta, con cachelos, en ensaladas, etcétera.

© Ediciones Paraninfo

Figura 1.11. Diferentes tipos de moluscos.

– **Calamar.** Presenta diez tentáculos desiguales y dos aletas en forma de rombo, con una concha o pluma interna que debe retirarse. Cuando es joven se denomina chipirón. Sus preparaciones incluyen: en su tinta, rellenos, salteados, a la andaluza o a la plancha.

– **Pota.** Similar al calamar, pero de menor calidad. Su tinta es parda y su carne más dura. Se puede cocinar de las mismas formas que el calamar.

– **Sepia o jibia.** Contiene una concha interna (jibia) que debe retirarse antes de cocinar. Cuando es pequeña, se denomina chopito. Se suele elaborar a la plancha, acompañada de alioli o refrito de ajo, perejil y guindilla.

Figura 1.12. Moluscos caracterizados por la presencia de tentáculos que se originan en la región cefálica.

Métodos de cocinado de los mariscos crustáceos

Los mariscos crustáceos, como camarones, langostas, cangrejos y langostinos, pueden cocinarse mediante distintos métodos que resaltan su sabor y textura. Los más comunes incluyen la cocción al vapor, que conserva su jugosidad y

© Ediciones Paraninfo

nutrientes; la ebullición, rápida y uniforme; la parrilla o plancha, que aporta un sabor ahumado; y el salteado o frito, que genera una textura crujiente. La elección del método depende de la especie, el tamaño y la preparación deseada, buscando siempre resaltar el delicado sabor del marisco:

- **Hervido.** Consiste en la inmersión del crustáceo en agua salada o en un caldo corto hirviendo. Para ejemplares de pequeño tamaño o previamente muertos, se inicia la cocción con el líquido ya en ebullición; para crustáceos de gran tamaño y vivos, se introduce en líquido hirviendo. El tiempo de cocción varía según la especie y el peso, estimándose aproximadamente 15 minutos por kilogramo de crustáceo. Una vez finalizado, se escurren rápidamente y, en algunos casos, se procede a un enfriamiento inmediato para interrumpir la cocción.

- **A la parrilla.** El crustáceo se cocina sobre una parrilla muy caliente, previamente aceitado y sazonado. Este método se aplica generalmente a macruros de tamaño mediano o grande. En piezas de gran tamaño, se recomienda cortarlas longitudinalmente, colocando los caparazones en contacto con la parrilla para evitar la pérdida de jugos, como ocurre con bogavantes o cigalas.

- **A la plancha.** Similar a la cocción a la parrilla, con la diferencia de que se utiliza un generador de calor distinto, lo que permite trabajar con macruros de menor tamaño.

- **Salteados.** Se distinguen dos variantes: crustáceos pelados, salteados con grasa, elementos aromáticos y condimentos (por ejemplo, gambas al ajillo); y crustáceos sin pelar, salteados con grasa, aromatizados y condimentados, finalizando la preparación con un hervor o con salsa (a la americana, calderetas).

- **Fritos.** Crustáceos pelados y con rebozado exterior, fritos en abundante aceite. Este método se emplea principalmente para aperitivos, como gambas a la gabardina o gambas Orly.

- **Mixtas.** Técnica aplicada principalmente a crustáceos de gran tamaño, combinando diferentes métodos de cocción. Ejemplos representativos incluyen crepes de marisco y changurro a la donostiarra.

- **Cremas.** Método aplicable a crustáceos de cualquier tipo. Se elaboran con la participación de un fumé de pescado, un fondo de verduras y los caparazones y cabezas de los crustáceos, que aportan sabor y consistencia al preparado.

Métodos de cocinado de los moluscos

Los moluscos, como mejillones, almejas, ostras y calamares, requieren métodos de cocinado que preserven su sabor delicado y su textura tierna. Entre los

© Ediciones Paraninfo

más utilizados se encuentran la cocción al vapor, ideal para bivalvos como meji-llones y almejas; la ebullición suave, que permite mantener su jugosidad; el salteado rápido, usado especialmente para calamares y pulpo; y el horneado o gratinado, que realza su sabor con hierbas y condimentos. Estos métodos bus-can resaltar las cualidades naturales de los moluscos sin pasarlos de cocinado:

- **Crudos.** Esta técnica se emplea exclusivamente para ostras, almejas y erizos de mar. Se presentan sobre hielo picado o *pilé*, acompañados de gajos de limón. La preparación consiste en abrir las valvas con cuchillo fino o abreostras, retirar la bolsa en el caso de las almejas, despegar el cuerpo y colocarlo en una sola valva, realizando una limpieza adicional de fragmentos si fuera necesario.

- **Hervidos.** Se aplica a los acéfalos, que son ostras, vieiras, zamburiñas, alme-jas, berberechos, mejillones y navajas, y a los gasterópodos, como lapas y bígaros. Se cuecen en pequeñas cantidades de agua o en un caldo corto. Tras la cocción, se abren las valvas y se utilizan directamente. Este método recibe también la denominación de «al vapor». En el caso de los mejillones, constituye una preelaboración obligatoria.

- **Plancha o parrilla.** Los acéfalos se elaboran únicamente en plancha calien-te con grasa hasta que se abran las valvas. Los cefalópodos como pulpos, calamares, potas y jibias, pueden cocinarse en ambos tipos de generador de calor, enteros o troceados según el tamaño. Habitualmente se finaliza la preparación con un refrito o salsa ligera.

- **En salsa.** En los acéfalos, las valvas se abren dentro de la salsa, transfiriendo todo su sabor al preparado. La salsa define el nombre del plato, como en «almejas en salsa verde» o «almejas a la marinera». En los cefalópodos, se aplica de manera similar, como en calamares o chipirones en su tinta.

- **Glaseados o gratinados.** Este método consiste en abrir las valvas con cuchi-llo, retirar la bolsa, rellenar con una farsa determinada y gratinar al momento de servir. Es común en vieiras y puede aplicarse también a almejas de gran tamaño.

- **Fritura.** Principalmente utilizada para cefalópodos. Consiste en recubrir los productos con protección como harina, pan rallado, rebozado, pasta Orly o tempura antes de freírlos.

Tiempo de cocción del marisco y cantidad de sal

Seguidamente se presenta una tabla genérica que indica la cantidad de sal grue-sa por litro para disolver en el agua, así como el tiempo necesario de cocción para los distintos mariscos. El tiempo indicado se cuenta a partir del primer hervor tras la incorporación del marisco.

© Ediciones Paraninfo

Para determinados mariscos, como gamba, langostino, quisquilla, cigala peque-ña y percebe, el control del tiempo de cocción se realiza de la siguiente manera: una vez que el agua con sal ha hervido, de uno a cinco minutos, se incorporan los mariscos previamente descongelados. Se espera a que el agua recupere el hervor; a partir de ese momento se contabiliza el tiempo de cocción.

Una vez transcurrido el tiempo indicado, los mariscos se sumergen en un reci-piente con agua muy fría, hielo y sal en la misma proporción utilizada para la cocción, manteniéndolos unos minutos. Este enfriamiento brusco detiene la coc-ción y facilita que la carne se desprenda del caparazón, simplificando su pelado.

Tabla 1.1. Nociones efectivas sobre la cocción del marisco

Marisco congelado	Gramos de sal por litro	Minutos de cocción
Boca	45	10
Bogavante	60	20
Buey de mar	60	20
Camarón	60	2 máximo
Cangrejo	45	6 máximo
Cañaílla	30	8 máximo
Caracola	45	10 máximo
Centollo	60	15 máximo
Cigala	60	8 máximo
Gamba	50	2 máximo
Galera	50	2 máximo
Langosta	60	20 máximo
Langostino	50	2 máximo
Nécora	60	6 máximo
Percebe	70	2 máximo
Quisquilla	50	2 máximo

Una vez realizada la limpieza y partición del pescado, las escamas y vísceras deben desecharse de forma inmediata, debido a su rápida descomposición, que puede generar malos olores, atraer insectos e incluso roedores, con el con-siguiente riesgo de contaminación. Las espinas y cabezas de muchos pesca-dos pueden aprovecharse para la elaboración de fondos, siempre retirando los ojos, ya que estos enturbian el caldo. Los restos que no se utilicen de inmediato deben congelarse, teniendo que etiquetar los envases con el nombre del pro-ducto y la fecha de congelación.

El marisco, una vez limpiado y preparado para su uso, debe conservarse en los recipientes adecuados y en su cámara de refrigeración exclusiva. Asimismo, es fundamental mantener el área de trabajo completamente limpia y desinfectada

© Ediciones Paraninfo

tras la realización de estas tareas, ya que los restos de marisco y pescado se descomponen rápidamente.

> **IMPORTANTE**
>
> Las espinas y cabezas de pescado que se pueden aprovechar posteriormente deben ser congeladas para su conservación. Es fundamental etiquetar el envase con el nombre del producto y la fecha de congelación, garantizando así un adecuado control de almacenamiento y trazabilidad.

■ Preelaboración de las carnes de vacuno

La carne se define como el conjunto de músculos de los animales destinado al consumo humano, incluyéndose también las vísceras. Estas se clasifican en dos grandes grupos:

- **Carnes rojas:** procedentes de animales adultos, como vaca, buey, cordero, caballo, caza de pluma y pelo, así como aves como pato, oca, pintada o avestruz.

- **Carnes blancas:** obtenidas de animales jóvenes, como ternera, cordero lechal, conejo y algunas aves de corral, entre ellas pollo, gallina y pavo.

Clasificación comercial del ganado vacuno

- **Canal:** cuerpo completo del animal de abasto tras el sangrado y eviscerado, sin cabeza ni extremidades.

- **Media canal:** cada una de las dos partes resultantes de dividir la canal por la columna vertebral; la cola suele permanecer en la media canal izquierda.

- **Cuarto delantero:** parte anterior de la media canal, cortada entre la quinta y la sexta costilla.

- **Cuarto trasero:** parte posterior de la media canal, separada entre la quinta y la sexta costilla.

- **Pistola:** cuarto trasero sin falda, cuya forma recuerda a una pistola.

- **Lomo:** considerada la parte más noble, formada por el lomo propiamente dicho, el solomillo y el riñón.

- **Falda:** zona paralela al lomo, que incluye vacío, falda, costillar y aleta.

- **Despojos:** carnes frescas que no pertenecen a la canal.

- **Vísceras:** conjunto de despojos contenidos en cavidades torácica, abdominal y pélvica, incluyendo tráquea y esófago.

© Ediciones Paraninfo

Categorías de la carne

La clasificación de la carne se establece en función de su rendimiento y de las posibilidades culinarias:

- **Extra:** piezas muy tiernas y jugosas, aptas para cualquier técnica de cocinado. Incluye solomillo y lomo.

- **Primera categoría:** piezas jugosas, de calidad inferior a la extra, que admiten casi todas las técnicas de preparación. Comprende cadera, babilla, tapa, tapilla, contra, redondo, aguja, espaldilla, culata de contra, pez y rabillo de cadera.

- **Segunda categoría:** carnes menos jugosas, que requieren cocción lenta y acompañamiento de líquidos y hortalizas. Son adecuadas para guisos, estofados o braseados. Incluye llana, brazuelo, aleta, morcillo y morrillo.

- **Tercera categoría:** piezas con abundantes nervios y tendones, con usos limitados en cocina (carne picada, caldos o algunos braseados). Comprende pescuezo, pecho, costillar, falda, vacío y rabo.

Despiece de la canal

Una vez eviscerada la res y preparada la canal, se procede a su refrigeración inmediata con el fin de reducir la contaminación bacteriana.

Cuarto delantero

Se caracteriza por presentar carnes más ejercitadas, tendinosas y de menor valor comercial. Sus piezas son pez, llana, brazuelo, aleta, morrillo, aguja, pecho, costillar y morcillo. Se subdivide en:

- **Pandero:** incluye aguja, pescuezo, aleta, costillar, morrillo y pecho.

- **Espaldilla:** integrada por pez, llana, brazuelo y morcillo.

Cuarto trasero

Constituye la parte más noble de la canal, donde se obtienen las piezas de mayor calidad y valor comercial. Sus carnes presentan mayor terneza, rendimiento superior, menor contenido óseo y un uso más extendido en la hostelería. Incluye solomillo, lomo, cadera, tapa, tapilla, babilla, redondo, contra, culata de contra, morcillo, rabillo de cadera, falda con costillar y rabo.

El cuarto trasero se divide en tres grandes secciones:

1. **Falda**

   Situada en la parte inferior, comprende:

   - **Entraña:** diafragma del animal.

© Ediciones Paraninfo

- **Matambre:** capa muscular delgada situada en el flanco, próxima a la piel. Puede prepararse relleno, asado a la parrilla u horneado.

- **Costillar:** zona de la falda tras la extracción de las costillas.

- **Vacío:** área de la falda sin hueso.

- **Aleta:** porción que queda unida a la falda tras separar el cuarto delantero.

2. **Lomo**

Ubicado entre la aguja y la pierna, comprende las vértebras lumbares y las últimas dorsales. Es la parte más apreciada tras el solomillo. Se divide en:

- **Lomo alto:** localizado en la zona de las costillas, de mayor grosor; se emplea para rosbif y asados.

- **Lomo bajo:** situado entre el lomo alto y la cadera, más estrecho; se utiliza para asados, filetes, chuletones y entrecots.

De esta sección se obtienen los cortes:

- **Entrecot:** corte de 175 g por ración.

- *Villagodio:* chuletón de lomo alto sin deshuesar, con peso mínimo de 1 kg.

- *Porterhouse steak:* corte de origen inglés, similar al *villagodio*, pero con inclusión de solomillo.

3. **Solomillo**

Considerada la pieza de mayor calidad, de forma cilíndrica y gran terneza. Se localiza en la cara interna del costillar bajo. Se subdivide en cabeza, centro, punta y cordón o rosario. Sus cortes más destacados son:

- *Chateaubriand:* obtenido de la cabeza del solomillo, de 250-300 g, indicado para dos personas.

- *Tournedós:* cortes del centro, de 125-150 g, a menudo envueltos en tocino.

- *Filet mignon:* cortes de la punta, de 50-75 g, generalmente servidos en brochetas.

■ **Preelaboración de las carnes de vacuno: pierna y cortes derivados**

El fraccionamiento de la pierna genera las siguientes piezas:

- **Cadera:** ubicada en la parte más alta y externa de la pierna, es la pieza más jugosa y tierna, con excelente rendimiento. Se fracciona en «rumpsteaks» de 300 a 500 g, escalopes, filetes y troceada.

© Ediciones Paraninfo

- **Babilla:** situada en la parte delantera de la pierna, entre la rodilla y la cadera, es tierna y casi sin nervios. Se emplea en filetes y troceada para estofados.

- **Tapa:** pieza de gran tamaño y rendimiento, de carne tierna. Se utiliza en filetes, escalopes, escalopines, troceada o entera para brasear.

- **Tapilla:** de forma triangular, más tierna en la punta que en la base. Puede prepararse en filetes, escalopines o braseada o asada entera.

- **Rabillo de cadera:** pieza pequeña situada en la cara externa de la pierna; la carne de las puntas se trocea para estofados y la del centro se corta en filetes.

- **Redondo:** cilíndrico y sin nervios, con poca grasa, de carne seca; se puede mechar para brasear o cortar en filetes para estofados.

- **Contra:** pieza rectangular con nervio lateral fuerte, carne seca y poco grasa; puede cocinarse entera braseada, en filetes para guisos o troceada para estofados.

- **Culata de contra:** de forma ovalada, con tendones y nervios; se trocea para estofados o se cocina entera para brasear o hervir.

- **Morcillo:** cilíndrico, gelatinoso, ideal para estofados y caldos; se utiliza troceado o hervido entero.

Cortes derivados de cadera, tapa, babilla y tapilla

- **Escalope, filete o bistec:** lonchas de carne tierna, escasa de nervios y grasa, cortadas a «contrahílo» para evitar dureza. Peso recomendado: 125-150 g para plancha/parrilla, 90-100 g para empanado.

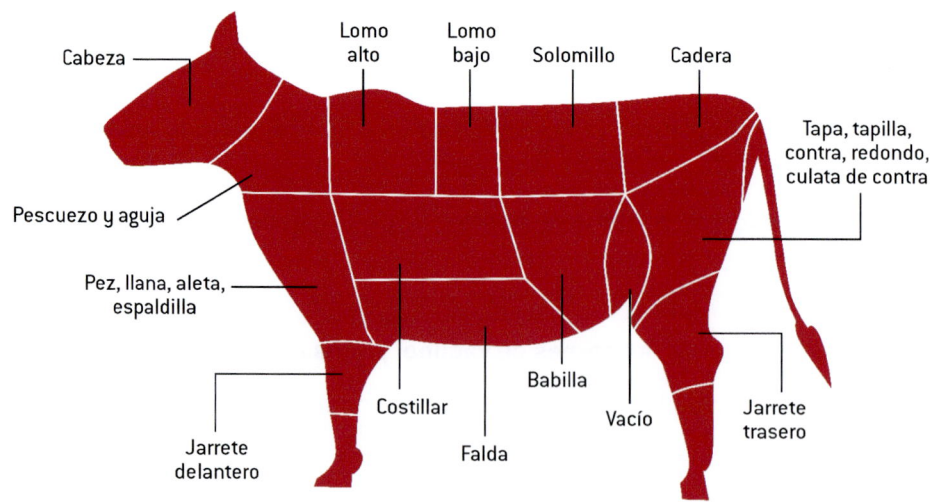

Figura 1.13. Partes del ganado vacuno.

© Ediciones Paraninfo

- **Escalopines:** filetes pequeños y delgados, preferiblemente de tapa, cadera, babilla o tapilla; peso: 50-75 g según la preparación.
- **Osobuco:** pieza que incluye hueso, obtenida del morcillo; peso aproximado: 250-350 g. Normalmente se utiliza estofada y guarnecida.

■ Preelaboraciones de las carnes de porcino

En el cerdo todas las partes del cuerpo son comestibles. Algunas se destinan a charcutería y otras al consumo fresco. La grasa adherida a la piel se denomina **tocino**, que al fundirse proporciona **manteca**.

Clasificación comercial del ganado porcino

- **Extra:** cinta de lomo y solomillo.
- **Primera:** jamón, chuletas de riñonada y chuletas de lomo de la zona central.
- **Segunda:** paleta y chuletas de aguja (zona del pescuezo).
- **Tercera:** manos, patas, codillo, cabeza, tocino, panceta y costillar.

Despiece y usos culinarios

- *Carré*: incluye la zona cercana al pescuezo (aguja), el lomo con costillas y el solomillo.
  - **Chuleta de aguja:** cortada sin retirar el hueso de la columna; se fríe o saltea.
  - **Escalope:** de la zona de la aguja, jugoso por la grasa intramuscular, ideal para empanar.
  - **Chuletas:** con o sin costilla.
  - **Filetes de lomo:** adobados o no, para plancha o empanado.
  - *Carré* **de lomo:** principalmente para asados, dejando las costillas para cortar posteriormente.
  - **Lagarto:** pieza alargada y fina que recorre el costillar, entre las costillas y el lomo, de textura tierna y muy jugosa, ideal para la plancha, brasa o sartén.
- **Otras piezas de gran rendimiento y múltiples usos:**
  - **Jamón:** muy apreciado, especialmente de cerdos de calidad y curados; se puede asar entero o deshuesar para filetes.
  - **Paleta:** pata delantera, con aplicaciones similares al jamón.
  - **Panceta:** de la falda del cerdo, fresca o adobada, para freír, asar o guisos.
  - **Codillo:** con piel y hueso, equivalente al morcillo en vacuno; se cocina hervido.
  - **Manos:** utilizadas en guisos por su textura gelatinosa.

© Ediciones Paraninfo

- **Tocino:** fresco o salado, empleado en guisos de legumbres por su sabor.

- **Cabeza:** aprovechable casi en su totalidad (careta, lengua, carrilladas, sesos, orejas, papada), principalmente en guisos.

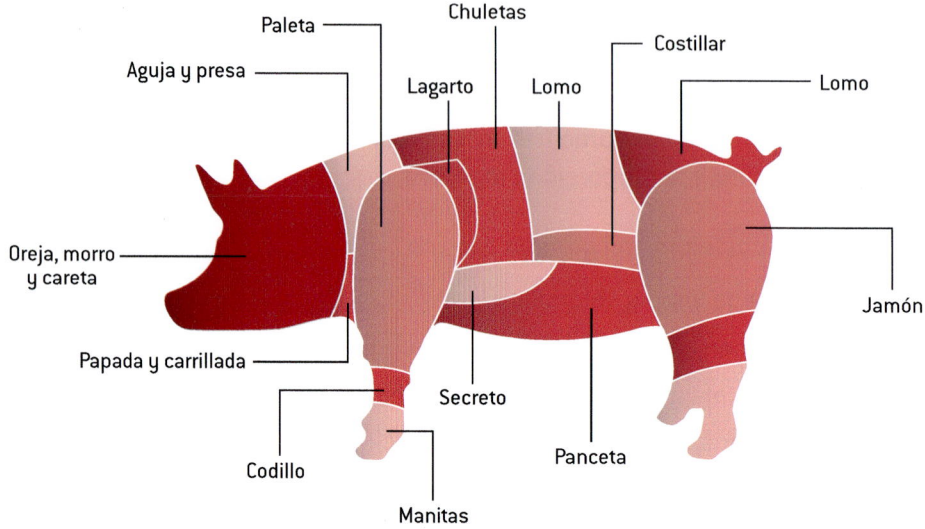

Figura 1.14. Partes del ganado porcino.

■ Cerdo ibérico

Es una raza autóctona de la península ibérica, criada en algunas regiones de España y Portugal. Se caracteriza por pezuñas negras y gran capacidad de almacenar grasa entre los músculos. Los productos derivados presentan infiltraciones de grasa (vetas) que mejoran aroma, sabor y textura. Son alimentos nutritivos y de alto valor gastronómico, destacando especialmente el jamón ibérico, símbolo de la cultura gastronómica española.

Despiece del cerdo ibérico y sus piezas

- **Abanico:** envoltura externa de las costillas; pieza relativamente fina y muy infiltrada de grasa.

- **Aguja:** carne del pescuezo; músculos muy trabajados, duros y con alto contenido de colágeno, por lo que requieren cocción prolongada para ablandar y gelificar. Adecuada para guisos tipo carrilleras.

- **Cabezada sin hueso:** carne magra de la parte baja del cuello; las tajadas contienen grasa y son aptas para rebozar, guisar o picar.

- **Carrilleras:** músculos de masticación, duros; requieren cocción prolongada y guisado.

© Ediciones Paraninfo

- **Castañuelas:** amígdalas, típicas en Andalucía; conviene adobarlas por su sabor intenso, similar a las criadillas.

- **Criadillas:** testículos del cerdo; suelen venderse únicamente en casquerías.

- **Jamón:** parte trasera del cerdo sin incluir la pata; generalmente destinada a curado. Incluye babilla, cadera, tapa, contra, redondo y codillo. Puede prepararse asado en fresco.

- **Lomo:** pieza comercialmente relevante; con hueso se denomina chuleta.

- **Morro:** carne con abundante grasa y alto porcentaje de cartílago.

- **Oreja:** pieza con grasa y cartílago; apreciada por su sabor y textura crujiente al freírse.

- **Panceta:** falda que recubre la costilla; utilizada principalmente para asar a la barbacoa en tiras finas.

- **Papada:** parte muy grasa; empleada en cocidos con legumbres.

- **Pluma:** extraída junto a la cinta de lomo; cada animal proporciona dos piezas de 250 a 400 g. Exenta de grasa, se comercializa en fresco o se utiliza para elaborar caña de lomo.

- **Presa:** adosada a la escápula, forma parte del cabecero de lomo; pieza muy veteada de grasa intramuscular, apreciada por su marmoleado. Se obtienen dos piezas por animal de aproximadamente 600 g cada una; frecuentemente usada en embutidos selectos (lomito, morcón de lomo).

- **Rabo:** carne sabrosa y melosa; se destina principalmente a guisos y, en menor medida, a la brasa.

- **Secreto:** músculo en forma de abanico, oculto entre 10 a 12 cm de grasa; peso de 400 a 600 g. Situado en el extremo superior de la falda y próximo al cabecero de lomo. Muy popular en consumo reciente.

- **Sesos:** requieren limpieza para eliminar sangre; se preparan principalmente rebozados o a la romana.

- **Solomillo:** pieza de máxima calidad; carne delicada, perfumada y tierna, con amplio uso culinario.

■ **Preelaboraciones del ganado ovino**

El **cordero** es la cría de la oveja menor de un año, con un peso entre 5,5 y 25 kg, y constituye la forma principal de consumo de esta especie.

- **Cordero lechal o lechazo:** aún no ha sido destetado, de 4 a 6 semanas de edad y un peso de 5,5 a 8 kg. Su carne, a la parrilla o asada, se considera de mayor calidad que la del cordero mayor.

© Ediciones Paraninfo

- **Borrego:** animal mayor de un año; su carne es menos tierna y de sabor más intenso que la del cordero.
- **Carnero:** oveja adulta; carne más dura y de sabor fuerte.

Denominaciones del ganado ovino

- **Lechal:** animal joven de ambos sexos, sacrificado entre 25 y 45 días, con un peso de 5 a 8 kg. Se alimenta exclusivamente de leche materna. Su carne es muy tierna, delicada, con poca grasa y rica en gelatina. Se cocina entero o fraccionado, al horno o en preparaciones como cochifrito, chilindrón y chanfaina.
- **Recental:** animal de 60 a 100 días, complementa la leche con pienso desde el décimo día. Peso en vivo de unos 25 kg, canales de 10 a 12 kg. Carne rosa oscura, de fibras firmes que se ablandan al cocinar, con grasa totalmente blanca.
- **Pascual o de pasto:** de 4 a 7 meses, pudiendo llegar al año. Alimentado con pasto, da canales de 12 a 13 kg.
- **Cordero pantesco:** 5 a 6 meses, canales de 12 a 15 kg, alimentado en régimen extensivo con pastos primaverales. Carne con sabor más pronunciado.
- **Ternasco:** sacrificado con menos de 4 meses, canales de 9 a 15 kg. Destetado a los 45 días y alimentado con piensos compuestos, perdiendo parte de su grasa inicial. Carne menos tierna, más sabrosa y de color más rojo que la del lechal.

Despiece del ganado ovino y aplicaciones culinarias

- **Cabeza:** se prepara asada; los sesos y el morro son los más consumidos, con sabor intenso.
- **Chuletas o *carré*:** asadas, fritas, a la parrilla o plancha y Villaroy. El chuletero puede asarse entero en corona, silla asada, lomo deshuesado y relleno.
- **Falda:** guisada, asada, cocida; utilizada en calderetas, frita o picada.
- **Paletilla:** asada, en calderetas o rellena; más tierna que el *gigot*.
- **Patas:** cocidas, rellenas, estofadas o cocidas a baja temperatura y luego a la plancha; muy gelatinosas.
- **Pecho:** cocido y frito para rellenos.
- **Pescuezo:** guisado, asado (relleno o sin rellenar), cocido o en calderetas.
- **Pierna o *gigot*:** asada, rellena, en filetes con hueso, mechada o braseada; algo más dura que la paletilla.

© Ediciones Paraninfo

Piezas de cordero con nombre propio

- **Barón:** piernas traseras unidas con la silla, sin falda.

- *Chop*: lomo o *carré* deshuesado con riñón, enrollado, bridado y asado a la parrilla.

- **Corona:** lomo envuelto sobre sí mismo en forma circular, con costillas raspadas; se unen dos lomos, se brida y se asa.

- **Cuna:** dos chuleteros unidos con falda y pecho, hasta las primeras costillas recortadas.

- *Gigot*: pierna trasera del cordero, puede ir rellena o sin rellenar.

- **Silla:** lomos unidos en la parte baja del cordero hasta el inicio de las costillas, con falda recogida sobre los lomos; se asa entera, rellena o no.

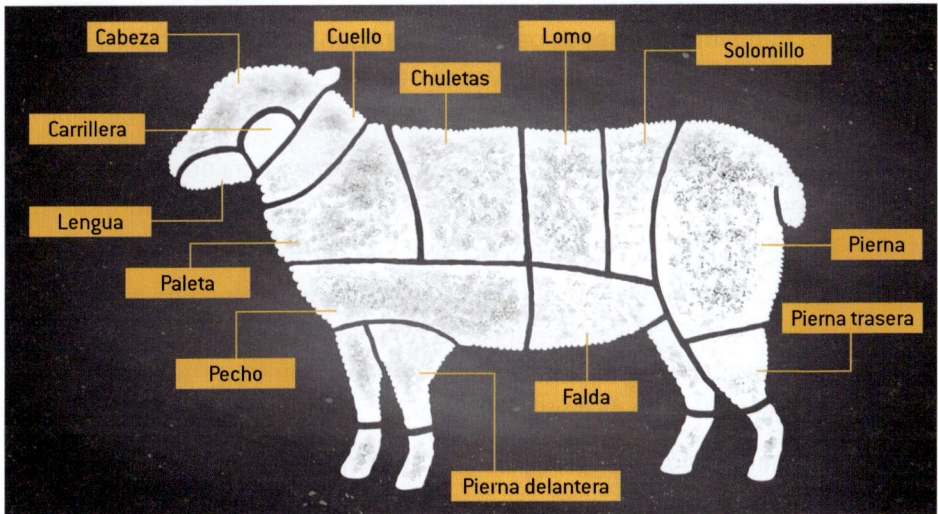

Figura 1.15. Partes del ganado ovino.

■ Preelaboración de las aves

Se consideran aves a los animales vertebrados que han adaptado su cuerpo al vuelo, existiendo tanto especies domésticas como silvestres. Dentro de las aves de abasto se incluyen aquellas de carne blanca, como gallina, pollo, gallo, pavo y otras especies domésticas que cumplan con la normativa vigente. Las aves de carne oscura incluyen pato, ganso y avestruz, entre otras.

La **preelaboración de las aves** requiere seguir una serie de precauciones específicas:

- Debe realizarse en un local separado o en una zona aislada del resto de los alimentos.

© Ediciones Paraninfo

- Durante la manipulación, las vísceras y despojos no deben entrar en contacto con la tabla de trabajo; si se van a utilizar, deben colocarse en recipientes separados y etiquetados.

- Todo el material empleado debe ser lavado, desinfectado y secado adecuadamente.

- La ruptura de los intestinos puede favorecer la propagación de gérmenes y microbios patógenos, como salmonela.

El **proceso de preparación de las aves** comprende los siguientes pasos:

1. **Lavado inicial** del ave.

2. **Separación de vísceras**, como hígado, mollejas y corazón, colocándolas en recipientes distintos y apropiados. Posteriormente, se lavan y acondicionan para su uso en cocina.

3. **Aprovechamiento de huesos** para la elaboración de fondos. En caso de conservación en congelación, los envases deben estar herméticamente cerrados, fechados y datados.

4. **Porcionado de piezas**, que se enviarán directamente a cocina en envases adecuados según el tipo de preparación. Si no se usan de inmediato, se almacenarán en cámara en un lugar exclusivo y propicio para ello.

5. **Gestión de residuos**, separando piel, grasa y otros despojos, seguido de limpieza y desinfección inmediata de la zona de trabajo. Las tablas utilizadas deben ser exclusivas y desinfectadas cuidadosamente, ya que representan un riesgo significativo de contaminación.

El **orden recomendado para la limpieza** de aves enteras, no listas para cocinar, es el siguiente:

- Preparación del puesto de trabajo.

- Flameado, si corresponde.

- Eviscerado, evitando que las vísceras entren en contacto con la tabla.

- Separación: aves limpias, por un lado; vísceras, por otro, y despojos, en otro recipiente distinto.

Clasificación de las canales de pollo y método de cocinado

- **Pollo *coquelet*:** ave de pequeño tamaño, con un peso aproximado de 300 g en limpio. Su carne es muy tierna, adecuada para cocinar abierta a la parrilla.

- **Pollo tomatero o picantón:** pollo joven y tierno, de alrededor de 500 g en limpio. Resulta ideal para guisos, asados y parrilla.

© Ediciones Paraninfo

- **Pollo de grano:** considerado de mayor calidad por su alimentación a base de grano. Su carne es tierna y su peso varía entre ¾ kg y 1 kg. Se emplea para asar, parrilla o troceado para salteados.

- **Pollo de crianza:** ave de consumo común, criada y engordada en recintos cerrados hasta alcanzar un peso aproximado de 1,5 kg.

- **Pollo gallo:** macho destinado a la reproducción; algunos son castrados a los cuatro meses para engorde. Su carne, oscura y más dura, requiere marinado previo y es recomendable para braseados o cocinado en salsa.

- **Pollo capón:** pollo castrado a los cuatro meses para su engorde, con un peso promedio de 3 a 4 kg (puede llegar hasta 5 kg). Su carne es más fina y tierna que la del pollo no castrado.

- **Gallina:** hembra adulta destinada a la reproducción y producción de huevos, sacrificada alrededor de los dos años, con un peso de 1 a 2 kg. La carne es dura pero sabrosa; las gallinas de 1 kg se emplean para caldos y galantinas, mientras que las de 2 kg, con piel amarilla y mayor grasa, se utilizan troceadas para caldos, estofados y salsas.

- **Pularda:** hembra de pollo de 7 a 10 meses, criada antes de la primera puesta y cebada con alimentos de alta calidad. Su peso supera generalmente los 2 kg. Al mantenerse en oscuridad y sin movimiento, su carne resulta especialmente tierna y fina, apta para diversos métodos de cocinado.

Operaciones previas al cocinado de aves

- **Despojado:** eliminación de partes no deseadas del ave, como patas, pescuezo y alones, cortando por la mitad del húmero.

- **Deshuesado:** retirada total o parcial del esqueleto. Se realiza una incisión a lo largo de la espalda para exponer los laterales derecho e izquierdo de la carcasa, retirando el esqueleto y descoyuntando alas y muslos. En esta operación, las alas y muslos deben conservar sus huesos.

- **Cuarteado:** división del ave, tras el despojado, en cuartos delanteros y traseros.

- **Fraccionado:** cada cuarto se divide en porciones menores, adecuadas para salteados, estofados u otras preparaciones.

- **Bridado:** sujeción del ave con hilo bramante para mantener la forma durante la cocción.

- **Albardado:** envolvimiento del ave con finas lonchas de tocino para evitar la resequedad durante cocciones prolongadas en horno.

© Ediciones Paraninfo

Despiece y corte de aves

- **Cuarto delantero:**
  - **Suprema:** pechuga y ala completamente deshuesadas.
  - **Chuleta:** suprema que incluye el hueso húmero limpio.
  - **Filete:** pechuga abierta por la mitad en forma de libro.
  - **Alón:** ala completa cortada desde la base del húmero, separada del cuerpo.
- **Cuarto trasero:**
  - **Muslo (jamoncito):** pieza entera con piel.
  - **Contramuslo:** separación del muslo por la coyuntura del hueso, conservando la piel.
  - **Jamoncito:** retirada del fémur y punta de tibia, la carne se envuelve con la piel y se sujeta con el hueso.
  - **Muslitos:** preparados retirando la carne de la tibia y envolviéndola con la piel hacia dentro, sin necesidad de pincharla.

Métodos de cocinado

- **Hervido:** cocción por inmersión en líquido, caldo o salsa (fricasé, blanquetas, pepitorias). Recomendada para gallina en caldos.
- **Asado al horno:** aves enteras, bridadas y albardadas según receta, cocinadas en su propio jugo, regadas continuamente.
- **Asado al asador:** ensartado en un espadín giratorio sobre calor (generalmente gas), rociando con sus propios jugos.
- **A la parrilla:** cocción sobre barrotes metálicos con calor generado por carbón, leña u otra fuente.
- **A la plancha:** cocción rápida de las piezas de pechuga o contramuslo; hay que evitar que se reseque con el sobrecocinado.
- **Estofado o guisado:** generalmente pollo troceado y cocción lenta.
- **Escalfado o pochado:** tierno y jugoso ideal para piezas como el pavo. Se debe evitar la ebullición.
- **Confitado:** cocinado lento en grasa, ideal para el pato y la oca.
- **Cocción al vacío:** previamente se envasa la pieza seleccionada en una bolsa resistente al calor herméticamente y posterior cocinado en un baño de agua a temperatura controlada, por un tiempo prolongado.
- **Salteado:** cocción rápida en sartén o cazuela a fuego vivo, con poca grasa, sin líquido y destapado, removiendo constantemente.

© Ediciones Paraninfo

- **En *cocotte*:** cocción en recipiente cerrado con mínima pérdida de humedad, acompañado de aromáticos y hortalizas.

- **Rellenos:** deshuesado total o parcial, relleno con farsas de carne y otros ingredientes, bridado y cocinado según método elegido. Tipos principales:

  - *Ballotina*: deshuesado parcial, relleno, bridado y asado. Servible en frío o caliente.

  - **Galantina:** deshuesado completo, farsa de carnes mezcladas con huevo, nata, harina, especias y otros ingredientes. Se envuelve, brida y cuece en caldo o molde, enfriando con peso y cubriendo con gelatina.

- **Fritura:** inmersión de piezas troceadas, marinadas o protegidas (enharinadas, empanadas, pasta Orly, etc.) en aceite caliente. Resultado: interior jugoso, y por fuera dorado y crujiente.

Manipulación y almacenamiento

- Los despieces se deben colocar en envases únicos, correctamente etiquetados.

- Conservación en cámara de refrigeración: 1 a 4 °C.

- Conservación en congelación: −18 °C.

- Tras la manipulación, se realiza limpieza y desinfección completa del puesto de trabajo y utensilios, utilizando tablas exclusivas para estas operaciones.

La preparación de las carnes requiere procedimientos específicos. Los despieces deben almacenarse en envases individuales, correctamente etiquetados. Posteriormente, se conservarán en cámara de refrigeración a una temperatura de 1 a 4 °C, o en congelación a −18 °C cuando corresponda. Tras la manipulación, se procederá a la limpieza y desinfección completa del puesto de trabajo y de los utensilios utilizados. Se emplearán exclusivamente las tablas designadas para este tipo de operaciones.

Técnicas de cocinado en frío

- **Ceviche:** preparación realizada con pescado o marisco fresco crudo, cortado en trozos pequeños y macerado con jugo de cítricos (limón o naranja agria), cebolla, cilantro, jengibre, sal, ají u otros aromatizantes. Cada profesional puede adaptar los aliños según su estilo. Este método forma parte de la gastronomía de los países costeros de América Latina, especialmente en el Pacífico.

- **Carpacho:** elaboración basada en carne cruda, tradicionalmente de solomillo de buey, que se enfría para poder cortarla en láminas finas. Las láminas se disponen en el plato y se aderezan con queso parmesano, aceite de oliva, zumo de limón, sal, pimienta y trufa rallada (o champiñones crudos como

© Ediciones Paraninfo

sustituto). Actualmente, también se emplea pescado sin piel ni espinas, aderezado con aceite de oliva, limón, sal, pimienta y hierbas aromáticas.

- **Nitrógeno líquido:** nitrógeno en estado líquido a −195,8 °C a presión atmosférica, incoloro e inodoro. Su capacidad para mantener temperaturas extremadamente bajas permite la obtención de sorbetes y helados de textura muy fina, debido al reducido tamaño de los cristales de hielo. Su uso en cocina molecular genera contrastes de frío y calor, pero requiere estrictas medidas de seguridad: evitar inhalación, contacto con piel y ojos.

- **Marinadas:** preparaciones líquidas aromáticas utilizadas para aromatizar, ablandar y prolongar la conservación de carnes y pescados. Se clasifican en:

  - **Crudas:** indicadas para carnes de vacuno mayor y caza. Ingredientes típicos: zanahoria, cebolla, puerro, apio, ajo, perejil, tomillo, laurel, pimienta, vino blanco o tinto y aceite.

    Elaboración: la pieza se sazona y se coloca sobre la mitad de la guarnición en el recipiente, cubriéndola con el resto y añadiendo el vino. Se cubre con una película de aceite y se tapa con film, manteniéndola a 3 °C y volteando periódicamente.

  - **Cocidas:** diseñadas para grandes piezas de animales mayores y de caza de sabor intenso. Se rehogan las hortalizas en aceite, se cuecen con vino y se añade *bouquet garni*, ajo, sal y especias. La pieza se introduce cuando la marinada está completamente fría y se conserva a 3 °C. Este método acelera la penetración de los compuestos aromáticos.

  - **Instantáneas:** aplicables a piezas pequeñas, como carnes y pescados a la parrilla o crudos en láminas finas y hortalizas.

    Elaboración: se extiende el alimento en una placa y se cubre con la marinada. El tiempo de reposo depende de la pieza, su grosor y peso.

- **Salmuera:** procedimiento de conservación y preelaboración de pescados, carnes y hortalizas. Existen dos modalidades:

  - **En seco:** la pieza se frota con una mezcla de sal, nitrato potásico y sacarosa, se cubre con sal marina y se mantiene en lugar seco durante al menos tantos días como kilos pese la pieza. Luego se enjuaga con agua fría. El nitrato potásico (5 % de la sal común) aporta color a ciertas carnes, como lengua escarlata o patas de cerdo.

  - **En solución salina:** mezcla de agua, sal y azúcar, con aromatizantes como pimienta, tomillo y laurel, cocida y enfriada hasta alcanzar 18° de densidad. En charcutería, se utiliza a menudo mediante inyección. El tiempo de reposo es similar al del método en seco.

© Ediciones Paraninfo

Técnicas de cocinado con calor

- **Asar:** consiste en cocinar los alimentos mediante la acción directa del calor, ya sea en plancha, horno o parrilla, utilizando grasa o algún líquido. Este proceso provoca el dorado superficial, la coagulación y la caramelización de las proteínas, generando la reacción de Maillard, mientras el interior permanece jugoso. Es especialmente adecuado para piezas grandes y gruesas de carnes, pescados y hortalizas enteras.

- **Brasear o estofar:** se trata de cocer lentamente los alimentos con una pequeña cantidad de líquido en un recipiente tapado, junto con condimentos, jugos y grasa. El proceso se realiza en dos etapas: primero, se dora lentamente la pieza en su propio jugo para concentrar los sabores; posteriormente, se cocina a fuego lento con líquido (caldo, vino o licor) y, si se desea, verduras blanqueadas en el caso de hortalizas fibrosas. Este método permite intensificar el sabor y mejorar la textura de los alimentos.

- **Confitar:** técnica que consiste en cocinar alimentos, generalmente carnes como pato u oca, sumergidos en su propia grasa con especias, a una temperatura controlada inferior a 90 °C y tapados, evitando que tomen color. Este método, originariamente de conservación, se utiliza actualmente para diversos géneros. Los alimentos confitados se pueden conservar sumergidos en la grasa.

- **Escalfar o pochar:** comprende varios procesos de cocción suave:
  - Cocción breve de pocos minutos.
  - Cocción de alimentos sumergidos en un líquido a una temperatura inferior a la ebullición, aproximadamente 90 °C.
  - Cocción en un líquido graso y escaso.
  - Preparación de huevos sin cáscara en agua hirviendo con vinagre y sal.

- **Freír:** consiste en sumergir los alimentos en grasa caliente, como aceite o mantequilla, con el objetivo de formar una costra crujiente. La temperatura de fritura se ajusta según el grosor y la naturaleza de la pieza, respetando los puntos críticos de las grasas utilizadas en cocina.

Tabla 1.2. Temperatura máxima de los aceites

Tipo de aceite	Temperatura máxima
Aceite de oliva	210 °C
Aceite de soja	170 °C
Aceite de girasol	170 °C
Aceite de maíz	160 °C
Manteca de cerdo	180 °C
Margarina	150 °C
Mantequilla	110 °C

© Ediciones Paraninfo

- **Gratinar:** consiste en recubrir los alimentos con queso, mantequilla, pan rallado o salsas, y someterlos a calor mediante horno, salamandra o gratinadora, hasta que se forme una capa dorada y crujiente en la superficie.

- **Pochar:** técnica derivada del término francés *pocher*, que originalmente significa 'escalfar'. En cocina, se refiere a cocinar suavemente los alimentos en grasa, aceite o salsas, evitando hervor intenso.

  Ejemplos:

  - Pochar cebolla: cocinar a fuego lento hasta que se vuelva transparente.

  - Pochar verduras: cocerlas lentamente en la salsa en la que se servirán.

- **Saltear:** consiste en cocinar alimentos en sartén o cazuela a fuego vivo, con poca grasa y sin líquido, removiendo constantemente. Es especialmente adecuado para piezas pequeñas, permitiendo mantener textura, color y sabor.

IMPORTANTE

Todos los consejos que se presentan a continuación son de alto interés para el establecimiento, ya que su correcta aplicación impacta directamente en la seguridad alimentaria y en la calidad de los productos. La implementación de estas medidas contribuye a garantizar el reconocimiento positivo del establecimiento por parte de la clientela.

A continuación, se presenta una serie de recomendaciones que deben ser estrictamente cumplidas en la manipulación de alimentos:

- Disponer de espacios adecuados para la manipulación de alimentos crudos (carnes, pescados, etc.) y de alimentos elaborados o listos para el consumo (productos cárnicos, quesos, etcétera).

- Utilizar, en la medida de lo posible, equipos y utensilios distintos para productos crudos y productos elaborados o listos para el consumo, especialmente tablas de corte.

- Emplear tablas de corte de diferentes colores según el tipo de alimento. Si no es posible utilizar utensilios separados, se debe lavar y desinfectar a fondo todo el equipamiento, superficies y utensilios tras manipular alimentos distintos, crudos y elaborados.

- Está prohibido el uso de trapos de tela en la cintura para secado de manos, tablas u otros utensilios, según normativa sanitaria vigente.

- Evitar el contacto directo de los alimentos con el suelo, incluso si están envasados.

© Ediciones Paraninfo

- Contar con espacios diferenciados para la preparación de alimentos crudos y cocinados.

- Mantener los alimentos cubiertos hasta el momento de su preparación o servicio, evitando la contaminación por residuos o suciedad.

- Retirar las capas superficiales de hortalizas y verduras de hoja antes de su manipulación.

- Sumergir todos los productos vegetales que se consuman crudos (lechugas, tomates, pimientos, frutas, etc.) en agua potable con una solución de hipoclorito sódico a 70 ppm durante 5 minutos; posteriormente, aclarar con abundante agua potable, preferiblemente a chorro. El hipoclorito sódico empleado deberá estar autorizado para desinfección de alimentos o agua potable.

- Utilizar únicamente productos autorizados para desinfección, aplicando la dosificación y tiempos indicados por el fabricante.

- Supervisar el pescado para asegurar la ausencia de parásitos en la carne.

- Raspar las conchas de los mariscos antes de cocinarlos para eliminar posibles contaminantes.

- Aplicar cualquier otra medida que la práctica profesional indique como necesaria para garantizar la seguridad y calidad de los alimentos.

Figura 1.16. Las preelaboraciones se efectúan en la sección de «cuarto frío».

IMPORTANTE

Es fundamental que las tablas de corte empleadas en este tipo de operaciones sean exclusivas para su uso y se mantengan siempre correctamente desinfectadas, ya que representan un foco importante de contaminación.

© Ediciones Paraninfo

1.1.5. Terminación

La finalización de todos los productos se realiza siguiendo estrictamente las pautas de elaboración y control de procesos establecidas para su cocinado. En esta fase, los productos deben cumplir con todos los procedimientos culinarios y técnicos descritos en su ficha técnica.

- Se deben establecer límites de tiempo y temperatura para la cocción, considerando el sistema de cocción elegido, el tipo de producto y la cantidad que se va a cocinar. La relación tiempo-temperatura debe garantizar que el alimento sea seguro para el consumo. Se recomienda alcanzar una temperatura interna de **70 °C** en las piezas. Las temperaturas deben controlarse y registrarse según el Plan de Control de Temperaturas exigido por las autoridades sanitarias.

- Especial atención se prestará a la temperatura interna de piezas de gran tamaño, tanto de carne como de pescado.

- Cuando se requiera añadir líquido durante la cocción, este debe incorporarse a **temperatura de ebullición**.

- Los restos de comida deben desecharse lo más pronto posible.

- Para recalentar alimentos cocinados previamente refrigerados o congelados, se debe alcanzar **70 °C en el centro del producto** en el menor tiempo posible.

- Es obligatorio controlar y registrar las temperaturas durante todo el proceso.

- Los recipientes utilizados deben estar autorizados para el contacto con alimentos.

- El aceite de fritura debe renovarse con frecuencia.

- Las carnes adobadas que se cocinen en plancha, barbacoa o parrilla no deben superar los **190 °C**, evitando la formación de sustancias nocivas como las nitrosaminas.

- Se deben emplear huevos y ovoproductos pasteurizados para alimentos que se consuman sin posterior calentamiento. El uso de huevos frescos en mayonesas u otras salsas que se consuman crudas está prohibido.

- Para alimentos que se cocinen antes de su consumo, se pueden usar huevos frescos, verificando mediante instrumentos adecuados que el producto alcance **75 °C en su interior**, controlando y registrando las temperaturas según el Plan de Control de Temperaturas.

- La conservación de los alimentos no debe superar las **24 horas**.

- Todos los alimentos deben mantenerse cubiertos en todas sus fases.

- La temperatura interna de los alimentos debe reducirse de **60 °C a 10 °C en menos de 2 horas**. En ausencia de abatidor de temperatura, se recomienda

© Ediciones Paraninfo

enfriar los recipientes en baño de agua fría antes de introducirlos en equipos frigoríficos.

- Es obligatorio controlar y registrar las temperaturas en esta fase mediante el Plan de Control de Temperaturas.

1.1.6. Presentación

La presentación de un plato consiste en organizar, decorar y emplatar los alimentos de forma que se potencie su atractivo visual, lo que influye directamente en la percepción del sabor por parte del comensal. La creatividad y la inspiración del equipo de cocina permiten que la presentación refuerce la experiencia gastronómica, elevando el nivel del servicio.

La presentación requiere un equilibrio entre **reglas establecidas y creatividad**, permitiendo que el chef tome decisiones que personalicen y distingan cada plato. Constituye el broche final del proceso culinario, tan importante como la preparación y el sabor del alimento.

■ Desarrollo y formas de presentación

El emplatado y la decoración son elementos esenciales para el éxito de un plato. Las tendencias actuales buscan composiciones sencillas, elegantes y equilibradas. Para ello, se recomienda:

- Conocer las composiciones básicas y sus reglas para guiar la creatividad.
- Aplicar la intuición y buen gusto en la presentación.
- Incorporar elementos originales que sorprendan al cliente y distingan al plato.

Composiciones

- **Composición simétrica:** se basa en un equilibrio bilateral, otorgando igual importancia a todos los componentes del plato. Esta disposición transmite orden y armonía.

Figura 1.17. Presentación simétrica.

© Ediciones Paraninfo

- **Composición asimétrica:** divide la composición en dos partes desiguales, otorgando mayor peso a una de ellas. Esta técnica genera dinamismo, tensión visual y vigorosidad en el plato.

Figura 1.18. Presentación asimétrica.

- **Composición rítmica:** alterna los elementos principales con los secundarios, creando un efecto visual dinámico y estimulante que capta la atención del comensal.

Figura 1.19. Presentación rítmica.

- **Composición oblicua:** utiliza líneas diagonales o giradas respecto al comensal, generando un efecto tridimensional y mayor sensación de movimiento en el plato.

Figura 1.20. Presentación oblicua.

© Ediciones Paraninfo

- **Composición en escala:** se basa en la repetición de elementos de diferentes tamaños de manera proporcional, aportando armonía y progresión visual.

Figura 1.21. Presentación en escala.

- **Composición triangular o piramidal:** se juega con las alturas de los elementos para formar pirámides o triángulos en el plano del plato, aportando equilibrio y volumen.

Figura 1.22. Presentación triangular o piramidal.

- **Composición en cuadrado:** distribuye los elementos siguiendo formas cuadradas o rectangulares, ya sea en horizontal o vertical, generando orden y simetría.

Figura 1.23. Presentación en cuadrado.

© Ediciones Paraninfo

- **Composición circular:** los alimentos se disponen alrededor de un punto central en forma circular u ovalada, creando un efecto dinámico y atractivo.

Figura 1.24. Presentación circular.

- **Emplatado horizontal:** organiza los elementos en líneas horizontales, ideal para vajillas rectangulares. Esta disposición aporta elegancia y sencillez.

Figura 1.25. Presentación horizontal.

- **Emplatado transversal:** los ingredientes se colocan cruzando líneas diagonales, creando una composición sencilla, pero visualmente dinámica.

Figura 1.26. Presentación transversal.

De las composiciones básicas pueden concebirse múltiples estructuras, combinables entre sí mediante imaginación y creatividad. La experiencia y el dominio técnico constituyen las mejores herramientas para lograr una presentación adecuada.

© Ediciones Paraninfo

En este proceso resulta fundamental considerar aspectos clave como:

- **La vajilla empleada**, que debe estar en consonancia con la composición y el estilo del plato.

- **La cantidad de alimento servida**, que ha de ser equilibrada y proporcional.

- **La temperatura del producto en el momento del servicio**, que debe mantenerse en niveles seguros y óptimos:

  - Platos calientes: **mínimo 65 °C.**

  - Preparaciones frías: **máximo 10 °C.**

  - Elaboraciones heladas: **no superior a −2 °C.**

Es imprescindible evitar decoraciones con elementos no comestibles, dado que el objetivo del comensal es disfrutar de los alimentos. Asimismo, la limpieza y pulcritud de la vajilla es un requisito ineludible. En el caso de platos con salsa, esta debe servirse en pequeña cantidad sobre la preparación, ofreciendo el resto en salsera aparte.

1.2. PROCEDIMIENTOS DE SUPERVISIÓN

La jefatura de cocina es la responsable de gestionar, coordinar, controlar y supervisar todos los procedimientos relacionados con el trabajo en cocina. También se encarga de la elaboración de los distintos platos, la planificación y redacción de la minuta diaria, la realización de inventarios, la selección del personal, la organización de compras y del aprovisionamiento (alimentos, bebidas, etc.), así como del control y supervisión de la calidad y la administración de materias primas y elaboraciones.

Entre las funciones, se incluyen también las operaciones de cierre, la instrucción del equipo de cocina, la presentación y condimentación de algunos platos, y el estudio de precios de coste y venta. Por tanto, además de dominar las actividades operativas, es necesario contar con conocimientos de gestión empresarial que permitan evaluar resultados económicos, aplicar medidas correctivas y diseñar acciones comerciales orientadas a mejorar los niveles de venta, productividad, eficacia y resultados globales.

1.2.1. La compra

El proceso de compras comienza cuando la empresa busca en el mercado los productos necesarios para cumplir con sus objetivos. La organización y el detalle de las compras y aprovisionamientos corresponden a la jefatura de cocina,

© Ediciones Paraninfo

siempre en consonancia con la planificación establecida y los objetivos de la empresa. Se trata de un apartado clave, ya que la compra debe estar programada de manera diaria en función del sistema productivo.

Generalmente, la previsión parte del gasto del día anterior o de un estadillo de control elaborado al inicio de la jornada. Para asegurar el cumplimiento de objetivos, resulta fundamental establecer relaciones cordiales y periódicas con las personas proveedoras, lo que facilita obtener mejores condiciones y precios.

Un esquema de control adecuado permite mantener bajo control los costes, garantizando el abastecimiento con materias primas de calidad y en condiciones ventajosas. Para ello, se recomienda:

- Localizar y elegir a las personas proveedoras más convenientes.
- Comprar al precio más bajo posible sin comprometer la calidad.
- Mantener inventarios en niveles bajos, sin afectar el servicio.
- Establecer comunicación constante con economato o almacén para conocer los costes diarios.

■ Errores frecuentes en las compras

Pueden producirse errores que afecten negativamente a la rentabilidad, como el exceso de compras, que genera:

- Mayor gasto por disponer de más género del necesario.
- Necesidad de espacio y condiciones de almacenamiento (temperatura, cámaras, etc.), con costes adicionales.
- Aumento del dinero inmovilizado en *stock*.

Por el contrario, la compra insuficiente también conlleva consecuencias negativas, como:

- Compras de emergencia que rompen el control de costes y obligan a adquirir productos en condiciones de calidad o precio no planificadas.
- Riesgo de pérdida de clientela por falta de disponibilidad de platos ofrecidos en carta o menú.

■ Coordinación y procesos de compra

El cumplimiento de los objetivos de la empresa requiere una comunicación fluida entre la jefatura de cocina, el departamento de compras y otros sectores. La reducción del precio en determinados productos repercute directamente en los resultados económicos, y para ello actualmente existen programas informáticos que facilitan la gestión y el control.

© Ediciones Paraninfo

Algunos puntos clave del proceso son:

- Los pedidos deben ser solicitados por la jefatura de cada sector (cocina, barra, etc.) con la debida responsabilidad y mediante documentos firmados por la persona responsable.

- Los pedidos deben estar alineados con la programación de los menús.

- Es obligatorio mantener un inventario permanente de *stock*, lo que permite conocer existencias disponibles y garantizar resultados eficientes.

- Deben evitarse compras motivadas por caprichos o sin justificación operativa.

■ Previsión de ventas y *stock* de seguridad

La previsión de ventas debe apoyarse en el historial de ventas, considerando los platos más solicitados, fechas específicas y productos de temporada. Esto permite proyectar la demanda futura y ajustar los pedidos al ámbito adecuado.

Resulta recomendable mantener un **stock de seguridad o mínimo**, que garantice el normal desarrollo de las actividades frente a factores como tiempos de entrega, capacidad de almacenamiento o ubicación geográfica.

■ Documentación esencial

Para garantizar un control eficiente del *stock*, es necesario utilizar herramientas como:

- **Ficha de inventario permanente:** documento de control interno que registra de forma actualizada las existencias de cada producto, en especial los no

FICHA DE INVENTARIO PERMANENTE									
Artículo:									
Fecha	**Entradas**			**Salidas**			**Existencias**		
	Cantidad	Precio	Total	Cantidad	Precio	Total	Cantidad	Precio	Total

Figura 1.27. La ficha de inventario permanente tampoco debe ser personalizada, puesto que sirve como control interno de la empresa.

© Ediciones Paraninfo

perecederos. Permite vigilar los niveles máximo y mínimo y facilita la reposición al llegar al *stock* de seguridad.

- **Ficha de producto en almacén:** permite controlar las existencias de cada artículo. En la ficha se describe el producto y su coste inicial. Además, funciona como una base de datos donde se registran las fechas de los distintos movimientos, es decir, se anotan las entradas y salidas de unidades, calculando en cada caso el total disponible.

FICHA DE PRODUCTO EN ALMACÉN				Grupo Hostelero Galbume S. A.					
Artículo: Mantequilla / Marca: ****** / Peso: 1 kg Precio: 10,00 € / Fecha: **/**/**** Código:00246							Método de valoración Tipo de contabilidad FIFO- LIFO - PMP		
Fecha	Entradas			Salidas			Existencias		
	Cantidad	Precio	Valor	Cantidad	Precio	Valor	Cantidad en *stock*	Precio	Valor
07/09/20**	50	10	500	10	10	100	40	10	400
08/09/20**				10	10	100	30	10	300
09/09/20**				10	10	100	20	10	200

Figura 1.28. Existen muchos modelos de fichas de almacén para llevar los registros adecuados y cada empresa adapta el suyo personal.

- **Parte de consumos diarios:** documento que registra todas las salidas de productos realizadas en el área de economato o almacén mediante vales de pedido. En él se imputan los consumos, los cuales son controlados y verificados desde el departamento de compras. Este parte incluye la siguiente información:
  - Géneros.
  - Cantidad.
  - Precio de salida.
  - Importe en euros.

© Ediciones Paraninfo

PARTE DE CONSUMOS DIARIOS				Grupo Hostelero Galbume S. A.			
Artículo	Kg	Unidad	Precio	Artículo	Kg	Unidad	Precio
Fecha: 19/08/20**				Firma:			

Figura 1.29. Modelo de parte de consumo diario, aunque cada empresa elige su formato personal.

- **Relevé**: documento que refleja el consumo diario en el establecimiento. Partiendo del inventario inicial, sumando las entradas y restando el *stock*

RELEVÉ Fecha: 19/08/20**			Grupo Hostelero Galbume S. A.		
Artículos	Kilos	Unidades	Artículos	Kilos	Unidades
Harina de trigo			Patatas		
Maicena o fécula			Cebollas		
Frutos secos			Pimientos		
Sal			Ajos		
Azúcar			Guisantes		
Aceite de girasol			Morrones		
Aceite de oliva			Vinagre		
Mantequilla			Vino blanco		
Leche			Vino tinto		
Huevos			Ovoproductos		
Chocolates			Mermeladas		
Otros:			Otros:		
Otros:			Otros:		
Fecha:			Firma:		

Figura 1.30. Modelo tipo de *relevé*, aunque cada empresa elige su formato personal.

© Ediciones Paraninfo

final, se calcula el consumo de mercancía diario, incluyendo los productos de mayor demanda.

En el apartado **«otros»** se registran las mercancías utilizadas en menor cantidad. Este documento permite mantener un control más preciso del *stock* en el almacén.

Actividad propuesta 1.2

Realiza un *relevé* del establecimiento donde trabajas.

- **Ficha técnica de producto:** documento detallado que describe el proceso de elaboración de un producto y su metodología, con el objetivo de estandarizarlo y garantizar la homogeneidad en todas las elaboraciones de la empresa. Además, facilita la eficacia en las compras al detallar cantidades, medidas y tipos de ingredientes.

Existen distintas variantes de fichas, que cada empresa adapta a su metodología, pero deben incluir los siguientes datos esenciales:

- **Ingredientes:** listado de todos los ingredientes del producto, ordenados de mayor a menor cantidad.

- **Medidas:** se debe mantener un criterio uniforme para pesar y medir los productos, evitando mezclar unidades diferentes (por ejemplo, kilogramos para sólidos y litros para líquidos).

- **Métodos:** descripción detallada y enumerada de todos los pasos de elaboración, incluyendo temperatura, tiempo de cocción y puntos críticos del proceso.

FICHA TÉCNICA DE PRODUCTO	
Producto: Torta imperial	**Número de raciones: 1**
Ingredientes	**Peso y unidades**
• Almendras • Azúcar • Miel • Claras de huevo • Obleas de papel de arroz	• 500 g • 300 g • 300 ml • 3 unidades • 2 unidades

© Ediciones Paraninfo

FICHA TÉCNICA DE PRODUCTO
Proceso de elaboración
1. En una cacerola, combinar miel y azúcar, removiendo con frecuencia hasta que la mezcla comience a burbujear. 2. Montar las claras de huevo a punto de nieve firme e incorporarlas en hilo fino a la mezcla anterior sin permitir que se enfríe. 3. Una vez integrada la mezcla, devolver a la cacerola y remover continuamente durante aproximadamente diez minutos. 4. Añadir las almendras y mezclar bien durante cinco minutos adicionales. Colocar una oblea, verter la pasta obtenida sobre ella y cubrir con otra oblea en la parte superior. Presionar hasta obtener un grosor aproximado de 1 cm.
Declaración de alérgenos: (según norma vigente) 1. Huevos y derivados X 2. Frutos con cáscara X
Condiciones de conservación: • Conservar en lugar fresco. • En verano, introducir en nevera. • Se puede congelar, pero no es aconsejable.
Descripción del embalaje: • Caja de cartón con ventanilla.
Etiqueta: • Caducidad. • Identificación.
Observaciones:

Figura 1.31. La ficha técnica de producto tiene una misión distinta a la ficha de producto en almacén.

Actividad propuesta 1.3

Realiza una ficha técnica de un producto elegido, de la misma forma de la que acabamos de ver.

- **Ficha técnica del alimento:** documento que permite calcular los ingredientes que componen un plato, facilitando la cuantificación de costes y la determinación de beneficios. Se debe considerar que los componentes de un plato pueden variar con frecuencia, por lo que la ficha debe mantenerse actualizada de manera continua.

© Ediciones Paraninfo

FICHA TÉCNICA DEL ALIMENTO		Grupo Hostelero Galbume S. A.	
Plato: Solomillo de cerdo a la pimienta verde con coles de Bruselas	**Fecha de valoración:** 04/05/20**		**Número de código:** 00152

Estacionalidad: Verano		Región: Murcia

Servicio: *Almuerzo* [X]

Cena [ ]

Guarnición: *Coles de Bruselas*

Artículos	Cantidad	Unid.	Precio	Coste	Calor.	Prote.	Hidra.
Solomillo	0,300	kg	10,00	3,00			
Mantequilla	0,060	kg	8,00	0,48			
Aceite de oliva	0,060	kg	9,00	0,54			
Pimienta verde	0,010	kg	18,00	0,18			
Coñac	0,100	cl	6,00	0,60			
Nata	0,250	cl	4,00	1,00			
Coles de Bruselas	0,200	kg	6,00	1,20			

Total: 1 ración	7,00 €
Precio de venta	14,00 €
Beneficio bruto (%)	100 %

Observaciones:	Presentación:

Figura 1.32. Modelo de ficha técnica del alimento, donde cada empresa opta por su modelo personal para llevarla a cabo.

- **Estudio de mercado de proveedores:** resulta fundamental realizar un análisis de proveedores para asegurar compras seleccionadas y competitivas. Se recomienda contar con al menos dos o tres proveedores por producto, de manera que exista competencia, lo que permite mejorar el producto en aspectos como:

  - Calidad.

  - Precio.

  - Cantidad.

  - Condiciones de pago.

© Ediciones Paraninfo

- Oportunidades de negocio.

- Abastecimiento.

- Otros aspectos relevantes.

- **Regla de tres:** se destaca la utilidad de la regla de tres simple directa, ampliamente empleada en este tipo de establecimientos.

  Aunque las proporciones estén indicadas en los escandallos, en numerosas ocasiones es necesario calcular cantidades adicionales mediante esta operación matemática sencilla.

  La proporcionalidad de la regla de tres simple directa se da cuando la relación entre dos magnitudes es directa: al aumentar una, la otra también aumenta; al disminuir una, la otra disminuye en igual proporción.

  Para aplicar la regla, se requieren tres datos: dos magnitudes proporcionales y una tercera magnitud. El cuarto término, que representa el resultado buscado, se obtiene mediante esta operación.

EJEMPLO

Para determinar el coste de 500 g de harina utilizados en la elaboración de un bizcocho para tarta de fresas y nata, se aplicará la fórmula correspondiente siguiendo los pasos del cálculo.

Solución

Se desea determinar el coste de 500 g de harina utilizados para la elaboración del bizcocho de la tarta de fresas y nata. Para ello, se aplica la siguiente fórmula de la regla de tres simple directa.

Fórmula de la regla simple directa:

$$A \longrightarrow B \qquad \frac{B \times C}{A} = X$$
$$C \longrightarrow X$$

Ejemplo:

$$A = 500 \text{ g} \longrightarrow B = 1 \text{ kg}$$
$$0,80 \text{ €} \longrightarrow X$$

Resultado: 0,40 €

$$\frac{B = 1 \text{ kg} \times C = 0,80 \text{ €}}{A = 500 \text{ g o } 0,5 \text{ kg}} = \mathbf{0,40 \text{ €}}$$

La regla de tres simple directa se usa para resolver problemas donde dos magnitudes son directamente proporcionales; es decir, si una aumenta, la otra también lo hace, y si una disminuye, la otra también. Para resolverla,

© Ediciones Paraninfo

se multiplican los números en diagonal y se divide entre el número restante para encontrar la incógnita.

Conclusión

Este cálculo demuestra la utilidad de la regla de tres simple directa. Según el escandallo, se emplearon 500 g de harina para el bizcocho. En caso de elaborar una mayor cantidad de bizcocho, este cálculo permite determinar fácilmente los kilogramos de harina necesarios. Los datos obtenidos se registran en el *relevé* **de consumos diarios**, que, junto con la **ficha de escandallo**, permite mantener un control actualizado del *stock* disponible.

- **Ficha de proveedor:** en este documento se registran los datos del proveedor, incluyendo su nombre y un número de código que facilita el acceso a la ficha. También se anotan el tiempo de entrega, el horario y el día de recepción, los cuales deben ser respetados para permitir una planificación más eficiente del trabajo.

FICHA DE PROVEEDOR			
Código N.º: ******* Grupo Hostelero Galbume S. A.			
Nombre: **Dirección:** **Código postal:** **Teléfono:** **Fax:**	**NIF:** **Ciudad:** **Provincia:** **Correo electrónico:**		
Descripción del artículo:			
Condiciones comerciales			
	Comercial:	**Pronto pago:**	**Rápeles:**
Descuentos:			
Forma de pago:			
Plazo de entrega:			
Observaciones:			

Figura 1.33. Modelo de ficha de proveedor. Al igual que la ficha de almacén, cada empresa adapta la suya propia.

© Ediciones Paraninfo

En la mayoría de las operaciones comerciales se aplican descuentos denominados **rápeles**. Estos consisten en que, si las compras realizadas por un establecimiento durante un periodo determinado superan cierta cantidad, al finalizar el ejercicio el proveedor otorga un porcentaje de descuento superior al habitual.

- **Albarán:** se trata de un documento en el que se registra, por un lado, el nombre del proveedor y, por el otro, el cliente al que se destina la mercancía, en este caso la empresa. El sistema de base de datos del proveedor funciona mediante un código de cliente y la fecha de entrega de los géneros. Según lo acordado, el proveedor envía el total de albaranes agrupados en una sola factura.

El importe total de la factura corresponde a la cantidad que debe abonarse al proveedor y debe pagarse antes de la fecha de vencimiento. Normalmente, se establece un plazo de entre 30 y 90 días para realizar el pago, lo que

DISTRIBUCIONES GALBUME S. A. Fecha de emisión: N.º albarán:		Datos del cliente: Nombre: Dirección: Población: Provincia:	
Cantidad	**Código referencia artículo**	**Precio**	**Euros**
Observaciones:	**Forma de pago:**	**Recibido:**	

Figura 1.34. Modelo de albarán. Al igual que de las fichas anteriores, existen en el mercado gran cantidad de formatos y las empresas ya suelen tenerlos personalizados.

© Ediciones Paraninfo

proporciona una ventaja financiera, ya que para el momento en que se reclama el importe, la empresa ya habrá generado ingresos por la venta total o parcial de la mercancía.

Es necesario resaltar que los medios informáticos han sustituido en gran medida a los métodos tradicionales sobre papel, gracias a la existencia de programas que permiten agilizar los procesos de gestión y administración. Actualmente, este soporte informático resulta indispensable para la gestión de cualquier tipo de establecimiento.

Existen múltiples opciones de *software* para la gestión de establecimientos de hostelería en general. Estas aplicaciones ofrecen funciones que permiten una gestión completa y el control de compras, gastos, ventas, reparto y etiquetado. Entre las prestaciones que suelen incluirse se encuentran:

- Consultas de existencias.

- Altas y bajas.

- Registro de entradas y salidas.

- Emisión de documentos.

- Registro de anotaciones diarias.

- Trabajo con fichas en pantalla.

- Suministro de datos estadísticos.

- Suministro de datos contables.

- Valoración de *stocks*.

1.2.2. La recepción y control de la mercancía

Para garantizar una correcta recepción de materias primas, resulta imprescindible seleccionar cuidadosamente a los proveedores, considerando una serie de normas de control. Entre los aspectos para tener en cuenta se encuentran los artículos que pueden suministrar, el tiempo de entrega, la cantidad mínima de pedido, el precio, la forma de pago y, especialmente, la calidad.

El primer paso consiste en elaborar un listado de existencias para determinar los productos necesarios. Tras la confirmación del departamento comercial o de compras, se realiza el pedido. Los pedidos pueden efectuarse telefónica o directamente con el proveedor, que es la persona o empresa encargada de suministrar la mercancía necesaria para el correcto funcionamiento del establecimiento.

© Ediciones Paraninfo

Durante la recepción, es fundamental comprobar que la mercancía entregada coincida con lo solicitado, verificando cantidades, pesos y estado de los productos. También se debe revisar la fecha de caducidad. Una vez recepcionada, la mercancía se almacena en el departamento de economato o bodega hasta que sea requerida por otro departamento. Es recomendable contar con varios proveedores para un mismo producto, con el fin de evitar dependencia y prevenir posibles abusos por parte de los proveedores.

Los establecimientos de hostelería suelen requerir una capacidad de producción significativa, lo que implica organizar correctamente las previsiones y adquisiciones de géneros alimenticios perecederos y no perecederos. Por ello, la empresa debe disponer de procesos de trabajo y protocolos de actuación que se inician con el pedido y la recepción de mercaderías. Aunque estos protocolos se mantienen en líneas generales, pueden variar según el volumen de trabajo, la categoría del negocio u otros factores.

■ Funciones del departamento de almacén o economato

El departamento de almacén o economato es responsable de la recepción, almacenamiento, conservación y control de todo tipo de productos. Sus principales características son:

- Recepción, almacenamiento, conservación y control de productos alimenticios, destinando los perecederos directamente a las cámaras.

- Conservación y reposición de productos alimentarios y otros artículos, como productos de limpieza, almacenados en lugares específicos y separados de los alimentos.

- Garantizar condiciones óptimas de ventilación, humedad, temperatura e iluminación para la correcta conservación de los productos.

- Gestionar los movimientos de mercancías de manera organizada, asegurando un adecuado tratamiento administrativo y contable.

■ Organización del almacén

Para mantener un almacén bien organizado, se deben considerar los siguientes aspectos:

- Establecer una política de compras eficiente.

- Ordenar los artículos para facilitar su localización.

- Implementar sistemas de control para registrar entradas y salidas de productos.

© Ediciones Paraninfo

- Coordinar las salidas de productos en relación con las entradas.
- Supervisar y mantener los *stocks* de seguridad.

■ Operaciones y procesos fundamentales en el economato

Las tareas principales en el almacén se resumen en cuatro procesos: comprar, recepcionar, controlar y almacenar. Una vez recepcionados los géneros, el trabajo específico del economato incluye:

- Verificar toda la mercancía recibida.
- Pesar los artículos individualmente.
- Comprobar etiquetas y fechas de caducidad.
- Evaluar la calidad de los productos.
- Almacenar géneros perecederos y no perecederos.
- Determinar la ubicación y colocación de los productos según su naturaleza, formato, tamaño y tipo de envase.
- Registrar cronológicamente las entradas y salidas.
- Conservar cada género según las condiciones indicadas en su presentación.
- Controlar máximos y mínimos de *stock*.
- Archivar albaranes de entrada y vales de salida para supervisar los consumos.

Figura 1.35. Un control eficiente del almacenamiento se traduce directamente en mayores ganancias.

© Ediciones Paraninfo

ACTIVIDADES FINALES

Actividades de comprobación

1.1. **¿De qué trata el *chop*?**

a) Se trata de una pieza del lomo o *carré* deshuesado y enrollado, bridado y asado a la parrilla, principalmente.

b) Se trata de una pieza del lomo o *carré* deshuesado con riñón, enrollado, bridado y asado a la parrilla, principalmente.

c) Se trata de una pieza del lomo bridado y asado a la parrilla, principalmente.

d) Se trata de una pieza del lomo o *carré* deshuesado y asado a la parrilla, principalmente.

1.2. **¿Qué molusco cefalópodo posee ocho tentáculos iguales, con 2 hileras de ventosas?**

a) Sepia.

b) Calamar.

c) Pulpo.

d) Jibia.

1.3. **¿Dónde se encuentra situada la presa?**

a) Se encuentra adosada en la escápula.

b) Se encuentra adosada en el costillar.

c) Se encuentra adosada en medio del solomillo.

d) Se encuentra adosada en la riñonada.

1.4. **¿De dónde se obtiene el *porterhouse steak*?**

a) Se obtiene del lomo alto cerca de la riñonada, similar en todo al *villagodio*, pero incluyendo este el solomillo.

b) Se obtiene del lomo bajo cerca de la riñonada, similar en todo al *villagodio*, pero incluyendo este el solomillo.

c) Se obtiene del lomo alto cerca de la riñonada, similar en todo al *villagodio*.

d) Se obtiene del lomo bajo cerca de la riñonada, similar en todo al *villagodio*.

© Ediciones Paraninfo

1.5. ¿Para qué sirve la ficha de producto?

a) Sirve para controlar al proveedor de un artículo.

b) Sirve para controlar las existencias que hay de un artículo.

c) Sirve para controlar todas las existencias que hay de artículos.

d) Las respuestas a y c son correctas.

1.6. ¿Para qué se utiliza la ficha técnica del alimento?

a) Sirve para realizar un plato y así poder cuantificar los costes y establecer los beneficios.

b) Sirve para conocer los ingredientes.

c) Sirve para establecer los beneficios de un alimento.

d) Sirve para calcular los ingredientes que conforman un plato y así poder cuantificar los costes y establecer los beneficios.

1.7. ¿En qué se basa el sistema _cocotte_?

a) Se basa en el empleo de una cocotera de cristal con tapa para que tenga poca pérdida de humedad.

b) Se basa en el empleo de una cocotera de barro o metal sin tapa para que tenga mucha pérdida de humedad.

c) Se basa en el empleo de una cocotera de barro o metal con tapa para que tenga poca pérdida de humedad.

d) Se basa en el empleo de una olla.

1.8. ¿Qué es el anisakis?

a) Es un parásito.

b) Es un microbio.

c) Es una bacteria.

d) Es un microorganismo.

1.9. La temperatura del alimento a la hora de servirlo, ¿cuál debe ser como mínimo?

a) Máximo de 55 °C.

b) Mínimo de 50 °C.

c) Máximo de 60 °C.

d) Mínimo de 65 °C.

© Ediciones Paraninfo

1.10. **¿Cuántos días puede permanecer una pieza en una salmuera en seco?**

    a) Una semana como mínimo.

    b) Como mínimo, tantos días como kg pese la pieza.

    c) Como máximo, tantos días como la mitad del peso de la pieza.

    d) Aproximadamente 10 días.

Actividades de aplicación

1.11. **¿Cuántos grados de temperatura admite el aceite de oliva?**

1.12. **¿Qué temperatura máxima admite el confitado?**

1.13. **¿Qué significa una ruptura de *stock*?**

1.14. **El pescado azul, ¿qué porcentaje de grasa supera?**

1.15. **El término francés *darné* se utiliza para...**

1.16. **¿Qué son las *paupiettes*?**

1.17. **¿De dónde se obtiene la suprema?**

1.18. **¿Cómo es el cuerpo de los crustáceos?**

1.19. **¿Cómo se definen los moluscos?**

1.20. **¿Cómo se caracterizan los cefalópodos?**

1.21. **Centollo congelado: ¿cuántos gramos de sal necesita y cuántos minutos de cocción?**

1.22. **Continúa la frase: «El jefe o jefa de cocina debe mantener con los proveedores unas relaciones...».**

1.23. **Enumera los procedimientos de supervisión en cocina.**

1.24. **¿Cómo se realiza una salmuera en seco?**

1.25. **¿Se puede utilizar el nitrógeno líquido en alguna técnica de cocinado?**

1.26. **¿Para qué y cuándo se utiliza la técnica del bridado?**

1.27. **¿Para qué se utiliza un parte de consumos?**

1.28. **¿Qué significa el término desbarbar en cocina?**

1.29. **Clasificación comercial del ganado porcino de segunda: ¿qué partes lo conforman?**

1.30. **¿De qué se trata el *porterhouse steak*?**

© Ediciones Paraninfo

Actividades de ampliación

1.31. Completa la frase:

El jefe de _____ es el _____ y responsable total de gestionar, _____, controlar y _____ los procedimientos de _____ el trabajo propio de _____.

1.32. ¿Por qué se elabora una ficha técnica de producto?

1.33. Relaciona el punto crítico de cada grasa con su temperatura:

1. Aceite de oliva →

2. Aceite de soja →

3. Aceite de girasol →

4. Aceite de maíz →

5. Manteca de cerdo →

6. Margarina →

7. Mantequilla →

1.34. Observa la imagen. ¿Sabrías identificar qué pieza es y a qué tipo de ganado pertenece?

1.35. Enumera cómo llevar correctamente la organización del departamento de economato.

© Ediciones Paraninfo

2. Organización del trabajo del personal

Contenidos

© Ediciones Paraninfo

INTRODUCCIÓN

La organización del trabajo puede definirse como el conjunto de prácticas, métodos y pautas que implementa un profesional, o empresa, con el objetivo de optimizar la productividad y garantizar la correcta planificación de los proyectos. Cada persona en la organización dispone de un conjunto de normas y sistemas que le permiten planificar y ejecutar su trabajo de manera eficiente.

En este capítulo se explorarán diversas herramientas y estrategias que servirán como guía para la gestión de un establecimiento, considerando que cada organización requiere adaptaciones específicas para lograr resultados óptimos en términos de productividad y eficiencia.

2.1. ORGANIZACIÓN DE LA COCINA

La diversidad de tareas que se realizan en una cocina requiere dividir el espacio en departamentos o partidas, con funciones independientes y personal especializado. Todas las partidas forman la brigada de cocina, que depende directamente de la persona responsable de jefe de cocina.

1. Cocina caliente

La cocina caliente es el departamento más grande y con mayor cantidad de personal y equipamiento. Debe situarse preferentemente en el centro de la cocina, permitiendo comunicación directa con las demás áreas y, especialmente, con el comedor.

Se divide en dos partidas principales:

- **Salsero**: encargado de preparar los platos de carne, sus guarniciones y las salsas.

- *Entremetier*: responsable de potajes, cremas, sopas, guarniciones y frituras.

En establecimientos de gran tamaño, estas partidas pueden subdividirse en áreas especializadas como asador, pescadero o potajero.

2. Cuarto del frío

Esta área tiene la función de conservar alimentos perecederos, preparar y racionar géneros crudos, y elaborar ciertos platos fríos, guarniciones y salsas. Debe estar junto a la cocina caliente, pero separada mediante mamparas acristaladas.

El cuarto frío es crucial, ya que gestiona los productos, los conserva y los aprovecha al máximo, requiriendo instalaciones con temperatura controlada y

© Ediciones Paraninfo

equipamiento como mesas, tajos, picadoras, cortafiambres y balanzas. Además, mantiene comunicación directa con proveedores y cámaras frigoríficas. Se recomienda contar con espacios diferenciados para carnes, pescados y hortalizas.

3. Pastelería

La pastelería se encarga de preparar productos dulces y salados, además de apoyar a la cocina en determinadas elaboraciones. Se divide en dos áreas:

- **Parte caliente:** equipada con hornos, estufas, fogones, mesas auxiliares, amasadoras, laminadoras, *candideras*, utensilios específicos, etcétera.

- **Parte fría:** equipada con armarios frigoríficos, heladoras, sorbeteras y congeladores.

Debe tener conexión directa con la cocina y, en algunos casos, con el comedor.

Figura 2.1. Aunque la pastelería puede operar de manera independiente, depende de la persona responsable de cocina para coordinar su actividad.

2.1.1. Dependencias auxiliares

En el contexto de cocina profesional, las dependencias auxiliares son los espacios complementarios al área principal de cocinado (la cocina en sí) que permiten que todo funcione de manera más eficiente, organizada y segura. No se usan directamente para preparar platos, pero son esenciales para el buen funcionamiento del servicio.

1. Cuarto de verduras

Este espacio cuenta con cámaras frigoríficas y equipamiento específico para el lavado y preparación de frutas y hortalizas. Se sitúa apartado de la cocina, pero mantiene comunicación con esta y con la entrada de proveedores.

© Ediciones Paraninfo

2. Economato

Área destinada al almacenamiento de productos no perecederos. La cocina y otras áreas retiran los productos mediante un sistema de vales. Una encargada supervisa la entrada de mercancías, controla el peso y la rotación de los productos, y mantiene refrigeración para productos que lo requieran, como lácteos o semiconservas. En algunos establecimientos, puede integrarse con la bodega.

3. *Plonge*

Departamento dedicado a la limpieza y mantenimiento de la batería de cocina, con comunicación directa con la cocina y equipado con grandes pilas, mesas, estanterías, etcétera.

4. *Office*

Responsable del lavado, secado y almacenamiento de cristalería, loza y utensilios de acero inoxidable. Su diseño y maquinaria deben facilitar el trabajo, incluyendo lavavajillas industriales, grandes pilas de agua, mesas de apoyo y estanterías.

5. Otras dependencias

Según el espacio disponible, puede incluir el despacho del jefe de cocina, desde donde se supervisa el trabajo de la brigada y se gestionan tareas administrativas como control de comandas, pedidos a proveedores, elaboración de menús y presupuestos, y organización de cuadros de trabajo.

Figura 2.2. Representación del departamento de cocina caliente.

© Ediciones Paraninfo

Para un funcionamiento eficiente de la cocina, es esencial contar con instalaciones, equipos y maquinaria adecuados al volumen de producción previsto, con posibilidad de ampliación, y con personal altamente cualificado.

2.1.2. Organización del trabajo en cocina

En la actualidad, pueden identificarse tres sistemas principales de organización del trabajo en cocina, que pueden resumirse del siguiente modo:

1. Organización tradicional basada en brigadas

La actividad se desarrolla mediante la concentración de tareas en diferentes partidas. En cada una de ellas se inicia la *mise en place*, de manera que todas deben estar perfectamente coordinadas para garantizar la correcta elaboración y el emplatado de los platos durante el servicio.

1. **Brigada reducida:**

   En este tipo de organización, la jefatura de cocina coordina las operaciones desde el cuarto frío, transmitiendo las órdenes a las partidas correspondientes, denominadas salsero y *entremetier*. A continuación, se presenta un pequeño esquema de esta estructura.

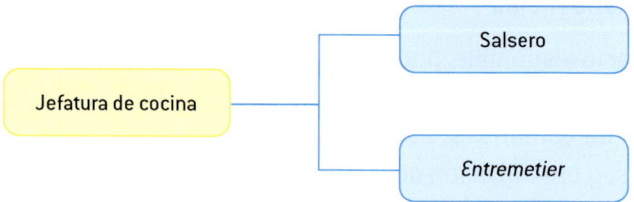

Figura 2.3. Brigada reducida.

2. **Brigada media:**

   En este tipo de organización, la jefatura de cocina imparte las órdenes al conjunto de partidas, entre las que se incluyen el cuarto frío, el *entremetier* y el salsero. A continuación, se muestra su representación gráfica.

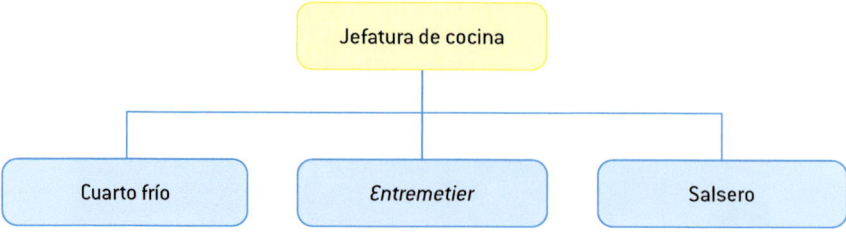

Figura 2.4. Brigada media.

© Ediciones Paraninfo

3. **Brigada grande:**

Este modelo se caracteriza por contar con una segunda jefatura de cocina, que mantiene un contacto más directo con las diferentes partidas. Su estructura se representa del siguiente modo:

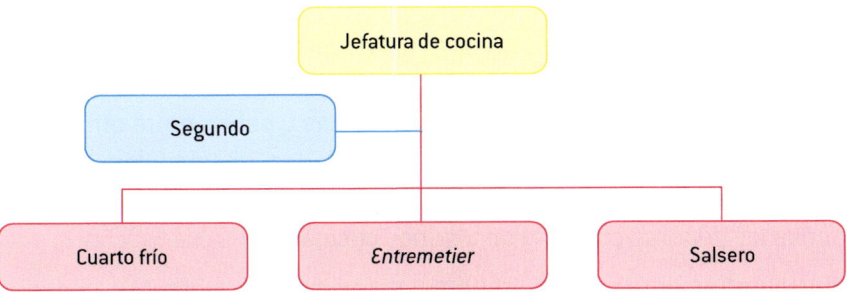

Figura 2.5. Brigada grande.

```
                        Jefatura de cocina

        Segundo

    Cuarto frío        Entremetier        Salsero
```

Figura 2.5. Brigada grande.

```
                        Jefatura de cocina

  Jefatura de economato    Segunda jefatura      Repostero
      y bodega                de cocina

    Ayudante de          Jefatura de partida    Oficial repostero
  economato y bodega

     Cafetero               Cocinero

  Ayudante de cafetero    Ayudante de cocina

                         Pinche o auxiliar

                        Marmitón fregadores
```

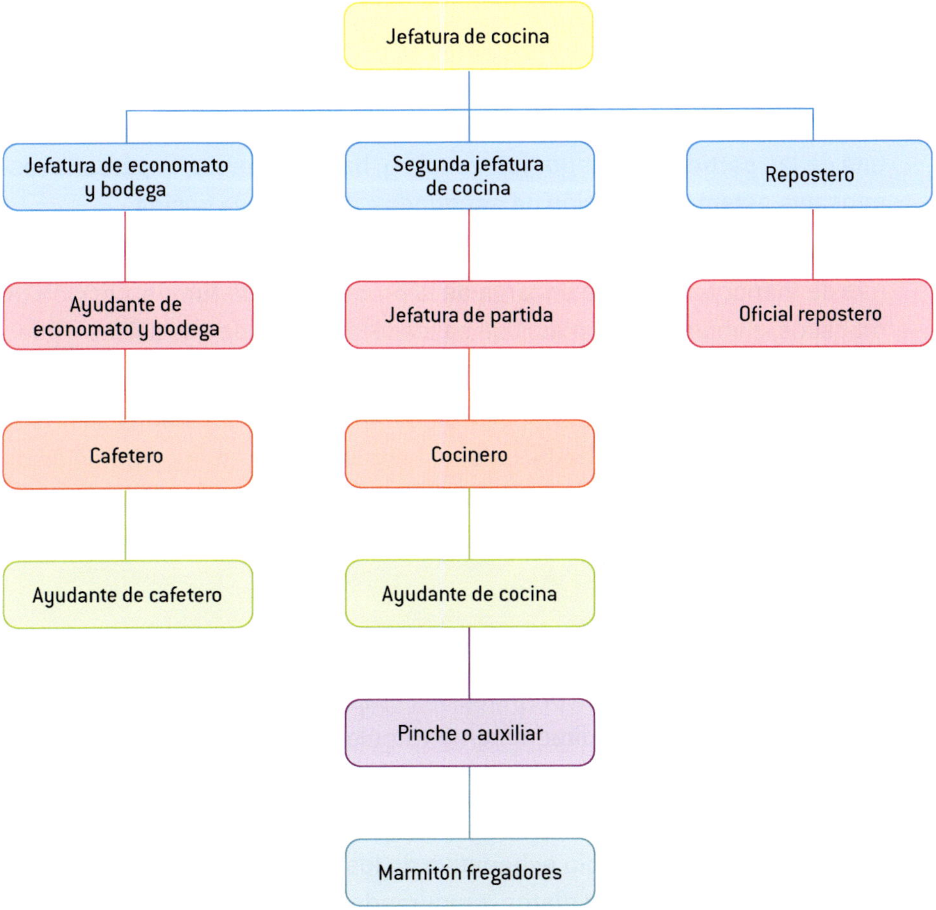

Figura 2.6. Organigrama divisional y funcional conforme al marco legal vigente en España.

© Ediciones Paraninfo

2. Organización basada en la misión de cada partida en sus tareas

En primer lugar, debe realizarse un estudio de planificación y de separación física de las funciones, con el fin de evitar interferencias entre ellas. Como resultado, se obtiene una preparación previa sólida que permite incrementar la eficiencia y la actividad durante el servicio.

1. **Cuarto frío:** esta partida se encarga del despiece, limpieza y racionamiento de carnes y pescados crudos. Además, prepara guarniciones de pescados y carnes, productos de chacinería, galantinas y patés, entre otros. También realiza elaboraciones de platos fríos, ensaladas, ensaladillas, entremeses fríos y montajes de bufés, cuidando siempre la correcta conservación de todos los géneros crudos y de algunos cocinados.

2. *Entremetier:* esta partida prepara potajes, cremas, *veloutés*, consomés y sopas, así como entremeses calientes y frituras, guarniciones de hortalizas cocinadas, arroces, pastas y huevos, entre otros. En cocinas de gran tamaño, suele subdividirse en la partida denominada «potajero».

3. **Salsero:** esta partida elabora los platos de carne (salteadas, braseadas, a la parrilla, estofadas, etc.), así como las salsas correspondientes y sus guarniciones. También se encarga de los platos especiales con carne. Se considera una de las partidas de mayor relevancia y, habitualmente, la persona responsable ostenta la posición de «segundo» dentro de la cocina.

4. **Pescadero:** generalmente, esta partida se asocia a la del salsero en cocinas de menor tamaño. Se encarga de la preparación de fumés, cocción de mariscos, elaboración de platos de pescado, así como de sus salsas y guarniciones específicas.

5. **Repostero:** esta partida se ocupa de elaborar todo lo relacionado con la pastelería, repostería y confitería. Colabora con la cocina en la elaboración de determinados platos, y abastece de productos como postres, bollería, tartaletas, bocaditos, desayunos, meriendas, empanadas, hojaldres y quiches, entre otros.

3. Organización basada en el servicio de *catering, self-service* ...

En este sistema, se realiza una preparación completa de las diferentes elaboraciones, cuyo trabajo no está directamente vinculado al servicio habitual de una cocina de producción. Debe diferenciarse y funcionar de forma independiente respecto a la cocina de servicio.

Requiere, por tanto, un estudio exhaustivo de los procesos de conservación y presentación de productos y platos, procurando que la fase final del servicio quede reducida al mínimo (frituras, parrillas, etcétera).

© Ediciones Paraninfo

Este tipo de organización suele presentar un carácter más industrializado, ya que la cocina de producción funciona de manera similar a una fábrica, con una especialización de tareas que permite desarrollar el trabajo sin las tensiones propias del servicio.

En los establecimientos hoteleros de nueva creación y gran capacidad, este sistema suele proporcionar una mayor rentabilidad, al permitir abastecer los diferentes puntos de venta desde la cocina de producción.

Funciones del personal de cocina según categoría

En una cocina profesional, el trabajo se organiza jerárquicamente para garantizar eficiencia, calidad y coordinación en la preparación de los platos. Cada miembro del equipo cumple funciones específicas según su categoría, lo que permite mantener el orden y asegurar que cada tarea se realice de manera adecuada.

1. **Chef o jefatura de cocina:** máxima autoridad responsable de asignar las atribuciones y de garantizar la calidad del producto y del servicio. En caso de ausencia, sus funciones serán asumidas por la segunda jefatura de cocina, y, en su defecto, por la persona responsable de la partida de salsas.

   La misión principal de la jefatura no es cocinar, sino supervisar el conjunto del servicio, velar por la calidad, el ritmo de trabajo y la correcta comunicación entre cocina y comedor. Quien desempeñe este puesto debe poseer dotes de liderazgo, profesionalidad, prestigio y capacidad de organización.

   Funciones principales:

   - Dirigir la cocina y asumir la responsabilidad ante la dirección del correcto funcionamiento del servicio.

   - Velar por que los platos servidos cumplan las condiciones exigidas en el recetario.

   - Gestionar compras y elaborar escandallos.

   - Distribuir el trabajo entre las distintas partidas.

   - Supervisar la higiene, instalaciones y rendimiento general del equipo.

   - Elaborar menús, cartas de especialidades y platos del día.

   - Formar y guiar a las personas responsables de partida y al personal auxiliar.

   - Marcar el ritmo de trabajo necesario para el servicio.

   - Proponer a la dirección ascensos, ampliaciones o reducciones de la brigada y otros incentivos.

© Ediciones Paraninfo

- Organizar horarios, días libres y vacaciones, y garantizar su cumplimiento.
- Comunicar y explicar las tareas asignadas.
- Controlar la cantidad y rendimiento de los géneros.
- Supervisar la presentación de los platos y su correspondencia con los pedidos.
- Asegurar el cumplimiento de las normas de seguridad y salud laboral.
- Vigilar el mantenimiento del equipamiento y utensilios.

2. **Segunda jefatura de cocina:** sustituye y apoya a la jefatura principal en todas las tareas que se le requieran, especialmente en casos de ausencia. Puede intervenir en partidas con mayor carga de trabajo o supervisar la salida de comandas. A menudo asume la dirección de una partida, colaborando estrechamente con la jefatura de cocina.

   Funciones principales:

   - Prever las necesidades de las distintas partidas.
   - Supervisar la recepción de mercancías.
   - Solicitar la reposición de géneros consumidos.
   - Realizar despieces de carnes y pescados buscando el máximo aprovechamiento.
   - Colaborar en la composición de platos fríos y fiambres, si se requiere.
   - Reforzar partidas con alta demanda.
   - Sustituir ocasionalmente a la jefatura en el control del pase de comandas.

3. **Jefatura de partida:** responsable de la organización, dirección y supervisión de la partida asignada. Debe dominar las técnicas de cocina nacional e internacional, así como la presentación y montaje de platos.

   Funciones principales:

   - Organizar y dirigir el trabajo del equipo asignado.
   - Supervisar el cumplimiento de las tareas.
   - Resolver dudas y mantener comunicación directa con la jefatura de cocina.
   - Elaborar los platos específicos de su partida.
   - Cuidar la presentación y montaje de las elaboraciones.
   - Gestionar pedidos y controlar el inventario.

© Ediciones Paraninfo

4. **Cocinero o cocinera:** dependiendo del establecimiento, puede asumir las mismas funciones que una jefatura de partida o trabajar directamente bajo la supervisión de la jefatura de cocina.

    Funciones principales:

    - Preparación y cocinado de platos.
    - Seguir las recetas y las normas de higiene.
    - Presentar la comida y emplatarla.
    - Control de calidad de alimentos.
    - Colaborar con el resto del equipo de cocina.

5. **Repostero o repostera:** profesional especializado en la elaboración de productos de pastelería, repostería y postres, dominando las técnicas de decoración, combinando el arte y la técnica.

    Funciones principales:

    - Preparar y presentar postres, dulces, bollería y masas.
    - Ejecutar las elaboraciones asignadas en su partida.
    - Gestionar pedidos y conservar materias primas.
    - Preparar productos para bufés y banquetes.
    - Participar en el control de aprovisionamientos y en la organización del equipo a su cargo.

6. **Ayudante de cocina:** colabora con la jefatura de partida o con la persona cocinera en la preparación de platos.

    Funciones principales:

    - Realizar tareas sencillas de apoyo y finalizar elaboraciones concretas.
    - Preparar equipos de cocción (fogones, planchas, etcétera).
    - Mantener el orden y la limpieza de utensilios y áreas de trabajo.
    - Retirar y almacenar géneros en sus recipientes y ubicaciones correspondientes.
    - Gestionar la recogida de productos desde economato o almacén.

7. **Pinche o auxiliar de cocina:** se encarga de la limpieza general de las instalaciones y de apoyar en tareas básicas de preparación.

    Funciones principales:

    - Pelar hortalizas y tubérculos.

© Ediciones Paraninfo

- Encender equipos de cocción.

- Lavar y preparar géneros.

- Transportar pedidos y distribuirlos por partidas.

- Limpiar y ordenar utensilios, cacerolas y superficies.

- Cambiar la ropa de cocina y mantener las zonas en perfecto estado de limpieza y desinfección.

Figura 2.7. Una vez terminado cada servicio los pinches o auxiliares tienen la responsabilidad de dejar todo correctamente dispuesto para el inicio del siguiente.

8. **Responsable de *catering*:** profesional encargado de planificar, coordinar y supervisar todos los aspectos relacionados con el servicio de alimentos y bebidas en eventos o celebraciones. Además, se encarga de la logística, el control de tiempos y la atención al cliente, asegurando que cada evento se desarrolle según lo previsto y satisfaga las expectativas del cliente.

Funciones principales:

- Dirigir, controlar y realizar el seguimiento del proceso de elaboración y distribución de comidas de manera cualificada y responsable.

- Organizar, coordinar y supervisar todo el proceso de preparación y distribución de la producción a su cargo.

- Garantizar que la producción cumpla con las condiciones exigidas, tanto higiénicas como de montaje.

- Organizar, instruir y evaluar al personal a su cargo.

© Ediciones Paraninfo

9. **Ayudante de *catering*:** trabajador que colabora en la preparación, el montaje y el servicio de alimentos y bebidas durante eventos o celebraciones. Este puesto requiere de responsabilidad, buena presentación y capacidad para trabajar en equipo, ya que contribuye directamente al correcto desarrollo del servicio y a la satisfacción del cliente.

   Funciones principales:

   - Apoyar en la organización del material y el transporte de los productos.

   - Participar con autonomía y responsabilidad en las tareas relacionadas con el proceso de preparación y distribución de comidas.

   - Colaborar en la ejecución de los procesos y distribución de servicios y equipos.

   - Participar en la entrega de servicios y equipos a quienes reciben el servicio.

   - Atender al servicio según se requiera.

   - Realizar las tareas derivadas del perfil de la ocupación.

10. **Auxiliar de *catering*:** profesional que asiste de apoyo en las distintas tareas del servicio de *catering*, tanto en la preparación como en la distribución de alimentos y bebidas. Su función principal es colaborar con el equipo en el montaje de mesas, el transporte del material, la atención a los invitados y la limpieza posterior al evento. Requiere de organización y trabajo en equipo para garantizar un servicio eficiente y de calidad.

    Funciones principales:

    - Colaborar de manera no cualificada en las tareas relacionadas con la preparación y distribución de comidas.

    - Transportar pedidos y otros materiales.

    - Realizar trabajos auxiliares en la elaboración y distribución de productos.

    - Llevar a cabo las labores de limpieza que le sean encomendadas.

11. **Responsable de economato:** es quien recibe y verifica las mercancías, aprobando o no su recepción y suministrándolas a las distintas dependencias.

    Funciones principales:

    - Dirigir, controlar y supervisar de forma cualificada todas las tareas de su departamento.

© Ediciones Paraninfo

- Determinar las necesidades de mercancías y materiales según las demandas de las diferentes áreas del establecimiento.

- Elaborar solicitudes de ofertas, evaluar y recomendar adjudicaciones.

- Controlar y planificar las existencias, en coordinación con otras secciones del establecimiento.

- Organizar, supervisar y realizar las labores propias de su área.

12. **Ayudante de economato:** trabajador encargado de colaborar en la gestión, el control y la distribución de los suministros y alimentos dentro de una empresa, hotel o establecimiento de hostelería. Este puesto requiere orden, responsabilidad y atención al detalle para mantener una adecuada organización del economato.

Funciones principales:

- Realizar de manera cualificada, autónoma y responsable la compra y gestión de mercancías y materiales.

- Colaborar en la determinación de las necesidades de mercancías y materiales según las demandas de las distintas secciones del establecimiento.

- Apoyar al encargado en el registro de proveedores y mercancías.

- Recibir mercancías y materiales pedidos, controlando fechas de caducidad, calidad, cantidad y facturación.

- Vigilar y controlar las existencias de mercancías y materiales.

- Se encarga del almacenamiento, manipulación y ordenación de materiales y productos.

- Realizar las tareas derivadas del perfil de la ocupación.

13. **Responsable de bodega:** encargado de la correcta disposición de los vinos en la bodega para su adecuada conservación. Si no existe este puesto, la responsabilidad recae sobre la persona encargada del economato. Lo recomendable es que la supervisión de bodega, selección y control de vinos y licores la realice el chef o un miembro del personal de servicio. Tanto en economato como en bodega puede haber una o dos personas ayudantes, según el tamaño del establecimiento.

14. **Marmitón:** especialmente es responsable de la conservación, orden y limpieza de la batería, placas, utensilios, etcétera.

© Ediciones Paraninfo

Figura 2.8. Generalmente, en los establecimientos de hostelería, la persona responsable de la bodega se encarga también del resto de bebidas.

2.2. REALIZAR CUADROS DE TRABAJO

Un cuadro de trabajo es fundamental en cualquier empresa de hostelería, dado que es esencial para controlar los servicios y organizar la operativa. Permite distribuir los turnos entre el personal, constituyendo una herramienta indispensable para dominar la situación laboral de la empresa. De esta forma, se garantizan los diferentes turnos y servicios, tal como se definen en el «cuadro de turnos» establecido.

1. Pasos para la creación de un cuadro de turnos

La elaboración de un cuadro de turnos requiere seguir una metodología específica:

1. **Determinación del personal necesario:** se debe establecer el número de personas empleadas requeridas para cubrir la totalidad de los turnos, lo cual dependerá del tamaño de la empresa. Una vez definido este requisito de personal, se inicia el diseño del «cuadro de turnos».

2. **Establecimiento de turnos y descansos:** en función de las necesidades operacionales de la empresa, se asignarán los turnos (mañana, tarde o noche). En ellos se incluirán los **días de descanso**, que son obligatorios y necesarios para que el personal desarrolle su trabajo de manera más eficiente.

3. **Diseño del cuadro:** una vez determinados los turnos necesarios para garantizar un servicio correcto, se procede a crear el cuadro. Este puede elaborarse **manualmente** o mediante **programas informáticos o *software***, que resultan muy útiles para este tipo de tareas.

© Ediciones Paraninfo

4. **Publicación y comunicación:** una vez que el cuadro de turnos ha sido finalizado e impreso, se colocará en el tablón designado por la empresa para este fin. El objetivo es que **todo el equipo de servicio** lo visualice y tenga constancia de los turnos que debe cubrir.

2. **Guía detallada para la creación de un cuadro de turnos**

A continuación, se presenta una guía práctica para la correcta elaboración del cuadro de turnos de trabajo:

1. **Identificación de requisitos de personal:** se debe identificar el número de personas empleadas necesarias para un horario de trabajo determinado por la empresa. Esto implica contabilizar al personal que trabajará ese día y distribuirlo en turnos. Por ejemplo, si se cuenta con 10 personas empleadas, se pueden dividir en dos turnos de 5 personas cada uno.

2. **Definición de horarios:** una vez determinada la cantidad y duración de los turnos, es necesario establecer sus horarios de inicio y fin específicos (por ejemplo, hora de inicio del primer turno, hora de fin del primer turno, y así sucesivamente).

3. **Asignación de turnos:** posteriormente, se procede a asignar a cada persona empleada un turno concreto. Esta asignación puede efectuarse de manera voluntaria o rotatoria. En caso de desacuerdo, la dirección de la empresa determinará el sistema para la cobertura de los turnos.

4. **Elaboración del documento:** tras asignar el turno a cada persona, se debe diseñar el cuadro de turnos de trabajo. Para esto se puede utilizar un organigrama proporcionado por la empresa, una hoja de cálculo o una aplicación de gestión de turnos. Esta herramienta permite detallar el número de turnos, los horarios de inicio y fin de cada uno, y el nombre del personal asignado.

5. **Distribución y visibilidad:** finalmente, se debe imprimir el cuadro de turnos de trabajo y colocarlo en un lugar visible para todas las personas. Esto garantiza que la plantilla conozca su horario laboral, evitando confusiones y problemas logísticos.

En conclusión: la elaboración de un cuadro de turnos de trabajo es un procedimiento sistemático. Consiste en identificar el personal requerido para la

RECUERDA

Es de vital importancia no cometer errores al elaborar el cuadro de trabajo, ya que una planificación incorrecta puede generar diversos conflictos y afectar negativamente el funcionamiento y los resultados de la empresa.

© Ediciones Paraninfo

jornada, establecer los horarios de inicio y fin de cada turno, asignar el turno a cada persona, diseñar el documento del cuadro y, por último, imprimirlo y publicarlo en un lugar accesible para todo el equipo.

2.2.1. Fichas de recetas

En primer lugar, vamos a distinguir la ficha técnica de recetas de un escandallo, ya que este optimiza la eficiencia financiera y la ficha técnica garantiza la ejecución de elaboración del plato, siendo ambas fichas unas herramientas muy fundamentales en la gestión profesional en cocina.

La ficha de receta es un documento descriptivo y muy esencial en la planificación de una empresa para todos los platos que vamos a ofrecer a la clientela. Recoge toda la información necesaria de una receta determinada para poder desarrollar su proceso, indicando los productos necesarios, las cantidades exactas de cada ingrediente, sus fases y métodos de elaboración, valor nutricional, calorías, presencia de alérgenos, coste real del plato, método de conservación, forma de presentación en la mesa, etc., convirtiéndose en la herramienta perfecta para mejorar la eficiencia del establecimiento.

Ventajas principales:

- Permite cocinar los platos siempre de la misma forma.
- No concede cambios de sabor.
- Permite reducir costes.
- Ahorra tiempo y esfuerzos.
- Se puede gestionar mejor el trabajo en cocina.
- Más facilidad para organizar el trabajo, los equipos y los turnos.
- Permite que la receta sea del establecimiento, ya que la puede realizar cualquier profesional.

En este documento detallado consta el proceso de la elaboración de un determinado plato y su metodología, de modo que sirve para estandarizarlo y así poder realizar con éxito todos los platos del establecimiento al haber una cierta homogeneidad. También sirve para que las compras ganen en eficacia al tener detalladas las medidas, el peso y los géneros. Existe gran variedad de fichas y cada establecimiento las adapta a su metodología; sin embargo, sí deben llevar una serie de datos muy importantes para su elaboración:

- **Ingredientes:** listado de ingredientes de la elaboración ordenados de mayor a menor cantidad del producto.

© Ediciones Paraninfo

FICHA DE RECETA	
Producto: Carrillada de cerdo en salsa	**Número de raciones:** 4
Ingredientes	**Peso y unidades**
• Carrillada • Harina • Sal y pimienta • Aceite de oliva virgen extra • Aceite de girasol • Zanahoria • Cebolla • Puerro • Pimiento rojo y verde • Ajos • Canela • Laurel • Granos de pimienta • Pimiento choricero • Tomate frito • Vino tinto (vino bueno) • Caldo blanco o de ternera	• 12 piezas • Cantidad suficiente C/S • C/S • 8 cl • 10 cl • 1 grande • 1 pieza mediana • 1 pieza • 40 g a partes iguales • 4 unidades • 1 rama • 3 hojas • 15 unidades • 1 cuchara de café colmada • 10 cl • 20 cl • 75 cl
Proceso de elaboración	
1. Salpimentamos las carrilladas y harinamos. 2. En el aceite de girasol las sellamos y reservamos. 3. En una cacerola ponemos el aceite de oliva virgen extra y hacemos un sofrito con las verduras: cebolla, zanahoria, puerro, pimientos y ajos. 4. Una vez realizado el sofrito añadimos las hojas de laurel y la rama de canela, rehogamos un par de minutos y acto seguido agregamos la salsa de tomate. 5. Rehogamos unos dos minutos. 6. Introducimos las carrilladas, removemos otro par de minutos y agregamos el vino tinto. 7. Una vez que el vino ha evaporado el alcohol, introducimos el caldo. 8. Cuando vuelva a hervir, bajamos el fuego y tapamos, por un espacio de tiempo aprox. de 40 minutos. En olla exprés son 20 minutos. 9. Una vez enfriado el guiso, se retiran las carrilladas, las hojas de laurel y la rama de canela. 10. El resto lo trituramos y colamos por el chino. 11. La salsa se introduce en la cacerola junto con las carrilladas hasta la hora del servicio.	
Declaración de alérgenos (según norma vigente): 1. Ninguno.	
Condiciones de conservación: • Conservar en lugar fresco, por un espacio de poco tiempo. • En verano, introducir en nevera. • Se puede congelar, pero no es aconsejable.	
Puntos críticos: • Al haber harinado las carrilladas, tiende a pegarse el fondo de la cacerola, lo cual se nos puede quemar el fondo y estropear el guiso. Para evitarlo hay que vigilarlo continuamente y remover.	
Observaciones:	

Figura 2.9. Modelo de ficha de receta; existen muchos otros tipos de fichas.

© Ediciones Paraninfo

- **Medidas:** se debe tener el mismo criterio a la hora de pesar los productos, no se pueden mezclar distintas medidas; por ejemplo, en sólidos será el kilo y en líquidos, el litro.

- **Métodos:** tienen que ser detallados y enumerados todos los procesos de elaboración de los productos indicando especialmente la temperatura, el tiempo de cocción y determinar los puntos críticos.

En resumen, esta ficha es el documento en el que se consolidan todas las especificaciones técnicas que se requieren para la elaboración de los productos, de esta forma podemos garantizar la continuidad y calidad de las elaboraciones en el tiempo.

2.2.2. Cuadros de eventos

Los eventos gastronómicos son encuentros o acontecimientos en los que se ofrece alimentación y bebidas a las personas invitadas. La naturaleza de estos servicios varía considerablemente, dependiendo del número de participantes y del menú que se vaya a ofrecer. Este tipo de servicio se basa fundamentalmente en la combinación de dos componentes esenciales: la organización y el arte culinario.

Existen diversos tipos de eventos gastronómicos, y cada uno posee una serie de características distintivas. No obstante, en todos ellos, los factores más importantes son la creatividad, la innovación y, crucialmente, el elemento sorpresa para lograr que la experiencia sea memorable.

Un evento gastronómico debe concebirse como una experiencia que involucra los cinco sentidos. Por consiguiente, se deben considerar todos los aspectos de gran relevancia, como son el ambiente, la decoración y la calidad del servicio.

Los tipos de eventos que se pueden encontrar incluyen desayunos, *brunchs*, almuerzos, cenas, presentaciones y bodas, entre otros.

1. Planificación y documentación del evento

La correcta ejecución de estos eventos requiere una planificación exhaustiva. Dicha planificación debe ser compartida con todos los miembros del equipo de trabajo para determinar y organizar las diferentes actividades y su calendario. Es imprescindible contar siempre con un plan «B» para poder afrontar rápidamente cualquier imprevisto.

Toda la información debe estar recogida en un documento formal que incluya un formulario preciso para asegurar los mejores resultados. Este documento debe detallar aspectos cruciales como:

- Día y horario.

© Ediciones Paraninfo

SALÓN DE CELEBRACIONES «GALBUME»	
Información del evento	**Detalles**
Persona de contacto	Antonio García Márquez
Documento de identidad	76195642P
Teléfono	957 32 50 12
Correo electrónico	antoniogarciamarquez@gmail.es
Fecha del evento	30-11-2030
Horario	19:00
Tipo de evento	Banquete de boda
Montaje	Mesas circulares para 8 personas
Número de comensales	180
Salón asignado	Alhambra
Menús	

Entrantes	• Jamón ibérico al corte
	• Selección de productos ibéricos
	• Selección de quesos
	• Salmorejo
	• Croquetas
	• Gambas rebozadas
	• Canapés variados:
	  – Salmón con espárragos trigueros
	  – *Foie* con anchoas y lámina fina de tocino ibérico
	  – Sobrasada con queso fundido
	  – Huevo duro de codorniz con pimientos asados

Menú principal	• Ensalada tropical • Bacalao al pilpil • Solomillo de ternera al jerez • Tarta de fresas con nata
Menús especiales (10 pax)	• 6 menús infantiles • 3 menús sin gluten • 1 menú sin cacahuete
Bebidas (180 pax)	• Cerveza • Refrescos • Vino tinto rioja crianza • Vino blanco de Rueda • Café, copas y licores
Detalle económico	
Concepto	Importe
Total, contratado	15 900,00 €
Anticipo	4000,00 €
Pendiente de pago	11 900,00 €

Figura 2.10. Modelo de formulario, cada empresa cuenta con el suyo propio.

© Ediciones Paraninfo

- Naturaleza del evento.

- Número de personas invitadas.

- Información de contacto (teléfono, correo electrónico, nombre completo del responsable).

- Elección del menú contratado y de las bebidas.

Es importante señalar que la información contenida en el formulario puede requerir ajustes, incluso el mismo día de la celebración del evento.

Actividad propuesta 2.1

Realiza un formulario de un evento, donde intervengan:

- Adultos: 199

- Niños: 14

- Celíacos: 2

- Alérgicos a moluscos: 3

- Alérgicos a lácteos: 2

- Total: 220 pax

Se pueden ofertar las diferentes variedades:

El desayuno y sus modalidades

En la actualidad, se observa un notable aumento en la demanda del servicio de desayuno para eventos corporativos, congresos, presentaciones y encuentros periodísticos. Dentro de este tipo de servicio, las dos formas de presentación más comunes son el desayuno continental y el desayuno americano.

- **Desayuno continental:** es el estilo más extendido en los países europeos. Consiste esencialmente en tostadas de distintas variedades, bollería, zumos, cafés, leches, embutidos y cereales, entre otros productos.

- **Desayuno americano:** su contenido es considerablemente más amplio, ya que abarca prácticamente todo lo ofrecido en el continental e incluye, además, productos de elaboración culinaria como tortillas, beicon, huevos, frutas, salchichas y sándwiches.

La oferta habitual de los establecimientos tiende a recoger, por lo general, todas las modalidades de desayuno. La tendencia y abundancia de ciertos artículos dependerá del tipo de clientela. Estos servicios han supuesto una

© Ediciones Paraninfo

solución efectiva al problema de la saturación que se producía en los hoteles a la hora del desayuno, al coincidir un elevado número de clientes y tener que duplicar el servicio tanto en el comedor como en las habitaciones.

La opción del bufé de desayuno ha fomentado su uso por parte de la clientela debido a su atractivo y ventajas. Esto ha permitido resolver tanto un problema de servicio como, principalmente, la dificultad de gestionar el aspecto económico.

El servicio de bufé

Este servicio ha suscitado una gran importancia debido a las nuevas tecnologías y los hábitos socioculturales. Este servicio también representa una amplia gama de platos, pero la abundancia de la oferta debe estar rigurosamente planificada y organizada para garantizar su efectividad.

La oferta del bufé puede incluir diferentes tipos de productos:

- **Géneros crudos de la región:** con un alto potencial gastronómico.
- **Géneros semielaborados:** de calidad y prestigio.
- **Géneros elaborados:** que se utilizan como oferta para ser preparados y servidos.

Las características esenciales de un bufé son las siguientes:

- **Situación:** debe estar ubicado de manera que coincida con la posible trayectoria visual de la clientela.
- **Montaje:** debe ser proporcional al lugar de ubicación, con niveles o relieves que permitan diferenciar la oferta, entre otros elementos.
- **Equipos:** se requieren todos aquellos equipos necesarios para la refrigeración, las mesas calientes para la conservación de todo tipo de elaboraciones culinarias, los calientaplatos, etcétera.
- **Decoración:** a ser posible, se recomienda el uso de productos naturales o elementos relacionados, junto con una buena iluminación.

El contenido habitual de un bufé de desayuno abarca:

- **Cafés, infusiones…:** se sirven en máquinas expendedoras de este tipo de bebida, o bien, son ofrecidos directamente en la mesa por el personal de comedor. Por lo general, en los establecimientos de categoría es el camarero quien ofrece la bebida caliente en la mesa.
- **Zumos:** se deben presentar en jarras transparentes, sobre un recipiente con hielo. En algunos casos, también existen máquinas expendedoras de zumos para que la clientela pueda preparar su propio zumo natural al momento. Actualmente, lo más habitual es presentar los zumos en máquinas expendedoras de zumo prefabricado, si bien esta no es la opción ideal.

© Ediciones Paraninfo

- **Tostadas o pan tostado:** se debe ofrecer el pan cortado y, a su lado, un tostador para que la propia clientela pueda consumirlas recién hechas. También se ofrece pan tostado industrial.

- **Bollería y panes:** magdalenas, suizos, *plum cake*, cruasanes, pan integral, panecillos de diferentes mezclas de harinas, productos regionales, etc., presentados en cestos de mimbre sobre paños tradicionales.

- **Cereales:** estos cereales hinchados y tostados (*corn flakes*, *krispies*), etc., se acompañan con miel o azúcar y leche. Para servirlos, se deben colocar pequeños platos soperos o cuencos a su lado.

- **Productos lácteos:** principalmente toda clase de yogures y quesos o quesitos tiernos, entre otros.

- **Embutidos:** se deben presentar cortados en lonchas finas sobre bandejas o platos regionales típicos: jamón york, jamón serrano, mortadela, pavo trufado, productos autóctonos de la región, etcétera.

- **Chafing dish:** son equipos donde se conservan en caliente las salchichas, el beicon, los huevos… Es recomendable no preparar grandes cantidades e ir reponiendo a medida que se consumen, ya que, de lo contrario, se pueden resecar considerablemente y adquirir un aspecto desagradable.

- **Hortalizas frescas:** tales como tomate, lechuga, zanahoria… Se colocan en cerámica o platos típicos y, a su lado, diferentes tipos de aderezos, aceites, vinagres, etc. Se deben cortar según el consumo que se vaya realizando, con el objetivo de mantener una buena frescura y presentación.

- **Frutas:** se pueden encontrar preparadas o frescas de temporada, tales como piña, melón, sandía, etc. Se presentan en recipientes de cerámica o boles de cristal y, a ser posible, sobre frío.

- **Otros productos** propios del bufé de desayuno son los churros, las mermeladas, las mantequillas, las aceitunas, la miel y diversos tipos de azúcares tales como el azúcar moreno, en terrón, molido, etcétera.

El brunch

Tipo de evento importado de **Estados Unidos** que surge en **España** en los años ochenta. La palabra se forma por la unión de *breakfast* (desayuno) y *lunch* (almuerzo), y, como su nombre indica, es una alternativa de comida que se puede considerar como la fusión del desayuno y el almuerzo ligero al servirse los alimentos característicos de cada uno. Este tipo de evento es cada vez más solicitado para reuniones de trabajo, congresos y presentaciones, debido

© Ediciones Paraninfo

también a su franja horaria, que suele ser alrededor de las once de la mañana. En esencia, se trata de un **desayuno enriquecido** con otros platos.

El bufé libre de almuerzo y cena

El bufé libre, tanto de almuerzo como de cena, es una oferta que sustituye al menú en los hoteles y negocios similares, con la ventaja de que la clientela tiene un mayor número de opciones para configurar su propia comida. En los hoteles, se ha convertido en una oferta casi imprescindible tanto al mediodía como en las cenas.

Este tipo de bufé o evento suele presentarse señalizado por su decoración en zonas frías, calientes, de postres, etc., con una cuidada iluminación de las áreas preferentes y el uso de diferentes alturas en función de la colocación del producto y su consumo.

Las bebidas casi siempre se ofrecen y se sirven directamente a la clientela en la mesa, al no estar incluidas en el precio. No obstante, existen bufés donde esta oferta sí está incluida, con vino de la casa, agua mineral, cerveza, etcétera.

Los platos más comunes que se encuentran en un bufé son:

- **Entrantes:** aceitunas, berenjenas en vinagre, asadillo de pimiento, jamón serrano, salchichón, patés, etcétera.

- **Sopas y cremas frías:** gazpacho, ajo blanco, crema de melón, salmorejo, *vichyssoise,* etcétera.

- **Ensaladas:** simples (con lechuga, tomate, pepino, espárragos, cebolla, etc.) o preparadas (como la ensalada rusa, de verano, de arroz, de pasta, etcétera).

- **Huevos:** rellenos; cocidos; tortilla española, de atún, etcétera.

- **Pastas y arroces:** tales como la lasaña, los canelones, los espaguetis, los ñoquis, las paellas, etcétera.

- **Pescados:** se pueden encontrar como entrantes, plato frío o caliente: boquerones en vinagre, truchas escabechadas, ahumados, salmón decorado, lubina en medallones, bacalao a la vizcaína, ajo arriero, rape en salsa, bonito, etcétera.

- **Aves:** son elaboraciones de buena aceptación y su coste es bastante considerable. Normalmente se presentan al chilindrón, asadas, escabechadas, etcétera.

- **Carnes:** son de gran vistosidad y tienen múltiples aplicaciones en diferentes partes del bufé: frías decoradas, ragús, salsas, empanados o simplemente asadas en grandes piezas como el rosbif o el jamón asado, servidas frías o

© Ediciones Paraninfo

calientes. En el bufé al aire libre de la época estival, se reduce parte de la oferta tradicional para enriquecerla con el uso de parrillas.

- **Postres:** se presentan con diferentes tipos de pastelería variada, fruta de temporada y repostería casera con las especificidades propias de la región: arroz con leche, natillas, flanes, púdines, etcétera.

Figura 2.11. El bufé es un tipo de servicio de comida en el que cada persona se sirve a sí misma. Cada establecimiento, sin embargo, busca diferenciarse ofreciendo algún detalle especial o valor añadido que lo haga único para quienes lo visitan.

2. Modalidades especiales de oferta gastronómica

Comprenden todas aquellas propuestas que se adaptan a necesidades, preferencias o circunstancias particulares de los clientes, con el objetivo de diversificar la oferta, mejorar la satisfacción del cliente y diferenciar el establecimiento dentro de un mercado cada vez más competitivo.

El bufé específico concertado

El bufé específico concertado constituye una oferta gastronómica de alta calidad, caracterizada por la inclusión de productos selectos, preparaciones culinarias muy laboriosas y una rica ornamentación, incluso en la presentación del propio producto, este tipo de servicio se realiza por contratación previa y, generalmente, el precio de la bebida se encuentra incluido.

El aperitivo

El aperitivo es una pequeña comida que se sirve habitualmente para abrir el apetito de las personas comensales antes del inicio de un evento principal, ya sea almuerzo o cena. Generalmente, se ofrece mientras llegan todas las personas

© Ediciones Paraninfo

invitadas y las principales anfitrionas, esto permite que se puedan realizar las presentaciones pertinentes y amenizar el acontecimiento.

Su duración no suele superar la media hora. En él se suelen servir alimentos tanto fríos como calientes, pero siempre en pequeñas porciones y acompañados de sus respectivas bebidas.

Clasificación y características de presentación del bufé

El bufé puede clasificarse según su disposición o presentación en el espacio de la siguiente manera:

- Frontal.
- Circular.
- Lineal.
- De libre disposición.
- En forma de L.

Las características del bufé de exposición (ya sea para desayuno, almuerzo u otros servicios) y el equipo que lo integra son cruciales para determinar el tipo de presentación que se debe utilizar. Un aspecto igualmente importante es la correcta disposición de productos y materiales necesarios en el bufé, en especial en aquellos muebles que se utilizan para diferentes servicios (desayunos, almuerzos o cenas), es conveniente que la ubicación de los productos, junto con sus necesidades específicas y utensilios, sea lo más precisa y estandarizada posible.

2.2.3. Tiempos de realización

En la empresa, los tiempos de organización son de vital importancia, debido a que existe un límite para ofrecer el servicio de forma acorde a las expectativas de la clientela y para que sea realista y consistente con nuestra organización.

Para lograr esto, es fundamental dominar los tiempos y movimientos mediante un análisis controlado. Esto consiste en considerar al detalle los tiempos de elaboración de cada plato incluido en la carta y el tiempo empleado por el equipo de cocina.

El control se basa esencialmente en dos aspectos básicos: el estudio de tiempos y el estudio de movimientos.

■ Estudio de tiempos

Para poder realizar una determinada elaboración, se requiere un esfuerzo y un tiempo. Para establecer un control del tiempo de realización que debe llevar el

© Ediciones Paraninfo

plato, se realiza un estudio previo con el fin de determinar la duración de su eje-cución de la forma más aproximada posible. También se deben tener en cuenta otros factores, como las demoras personales, la fatiga y los retrasos inevitables, pero siempre con la previsión de que no impacten negativamente en el proceso.

■ Estudio de movimientos

Se realiza sobre el personal de cocina debido a que este necesita efectuar una serie de movimientos para llevar a cabo la elaboración de un determinado proceso. Se analizan los desplazamientos u otras acciones dentro del mismo departamento con el objetivo de organizar previamente el espacio requerido para el servicio.

Con este tipo de estudios se puede obtener una serie de ventajas, tales como:

- Minimizar al máximo los márgenes de error en la elaboración mediante la creación de procesos estandarizados.

- Minimizar el tiempo requerido en los procesos de *mise en place*, elabora-ciones, etcétera.

- Controlar procesos de ejecución que sean efectivos y sin llegar a agotar a los recursos humanos.

- Optimizar el buen aprovechamiento de los equipos industriales necesarios con el objeto de hacer más llevadera la carga de trabajo del personal, siendo este un punto de vital importancia.

- Realizar una correcta distribución en las cargas de trabajo de los recursos humanos.

En definitiva, el estudio de tiempos y movimientos ayuda a eliminar una serie de movimientos ineficaces y garantiza una ejecución mucho más eficiente. Por todo ello, la empresa será considerablemente más rentable y tendrá un mejor posicionamiento en el mercado.

Para poder realizar un análisis de tiempos y de movimientos que permita com-prender los pasos requeridos de cada servicio y elaboración, lo cual constitu-ye una de las estrategias principales a la hora de planificar cualquier negocio, se requiere desarrollar un **diagrama de flujo de trabajo** en todas las áreas de la empresa hostelera. El diagrama debe adaptarse al tipo de empresa, espe-cialmente en lo relativo a la elaboración y entrega de las viandas, optimizando los movimientos que se deben llevar a cabo en la relación entre los equipos de cocineros y camareros, que es la interacción más habitual. Para poder diseñar un diagrama de flujo, se debe conocer profundamente el establecimiento para poder establecer los procesos que implican al personal, los materiales, las dis-tancias, etc. Una vez obtenida toda la información, se debe buscar la máxima eficacia y minimizar los riesgos en seguridad y salud de los recursos humanos.

© Ediciones Paraninfo

A continuación, se presenta un diagrama de flujo realizado sobre un producto determinado, a modo de ejemplo.

Estos son unos procedimientos en los que se tienen representados gráficamente los procesos de producción. El diagrama también permitirá elaborar las fichas de tiempos establecidos en cada proceso de elaboración de un producto. Asimismo, sirven para identificar los posibles riesgos y peligros en los sistemas **APPCC** (análisis de peligros y puntos de control críticos). El siguiente diagrama de flujo representa la elaboración de un solomillo al jerez.

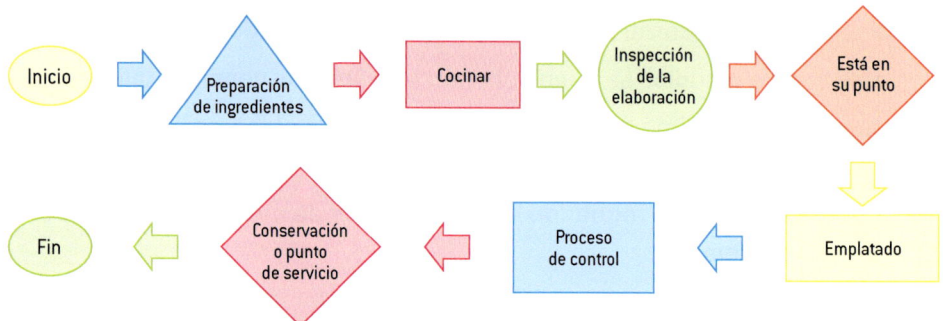

Figura 2.12. Los pasos que se deben seguir para crear un diagrama de flujo, mostrando de manera clara y ordenada cada etapa del proceso.

Lo principal de estos diagramas es su nomenclatura, ya que cada figura representa un estado. Existen muchos símbolos de representación, pero en este caso se utilizan únicamente los que corresponden al tipo de producción tratado:

- Óvalo o elipse: representa el inicio y el final del diagrama.

- Triángulo hacia abajo: indica archivos definitivos, correspondientes a elaboraciones establecidas.

- Triángulo hacia arriba: indica archivos temporales, sin elaboraciones definidas, es decir, archivos transitorios.

- Rectángulo: representa los procesos de las elaboraciones.

- Rombo: señala un punto de toma de decisión entre distintas opciones, equivalente a realizar una pregunta.

- Círculo: funciona como conector que enlaza las actividades dentro de una elaboración.

- Cuadrado: representa los procesos de control.

A continuación, se asigna el tiempo a cada operación del proceso productivo:

En esta ficha se recogen los datos del tiempo que tarda un profesional en realizar una ejecución determinada de cada producto, siguiendo un método de trabajo

© Ediciones Paraninfo

estipulado y definido. Como ejemplo, se muestra un diagrama de flujo de un proceso de elaboración realizado por un profesional, que sirve de referencia para el cronometraje de cada operación.

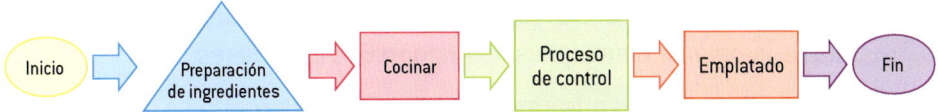

Figura 2.13. Flujo de un proceso productivo.

Supongamos que este diagrama de flujo corresponde al proceso de elaboración de 100 solomillos al jerez. El resultado obtenido es de una hora y media, considerando tanto el tiempo cronometrado como el tiempo estimado, ya que no siempre es exacto.

En la ficha se anotará el tiempo que requiere esta elaboración, lo que permite determinar los costes de la operación. Esta información también proporciona a la empresa una visión objetiva sobre el puesto específico encargado de la elaboración.

A continuación, se muestra un ejemplo de ficha de procesos de tiempo.

Tabla 2.1. Tiempo registrado en la elaboración de los productos, los cuales deben quedar debidamente registrados

Producto	Cantidad	Tiempo
Solomillos al jerez	100	01:30
Bacalao al pilpil	50	01:30
Tarta de fresas y nata	10	04:00
Aperitivos	180	03:00
Placas de ensalada	10	02:30

Actividad propuesta 2.2

Realiza un diagrama de flujo sobre la elaboración de un bacalao al pilpil.

En la industria de la hostelería se cronometra el proceso completo, ya que todo debe estar sincronizado y, en su mayoría, realizado por personal profesional.

Es importante considerar la repercusión de una elaboración que no se incluya correctamente en las cuentas de la empresa. Si una elaboración requiere un tiempo elevado, genera un coste alto de personal, sumado a los gastos fijos asociados a un tiempo de trabajo prolongado, lo que hace que este tipo de procesos no resulte conveniente realizar.

© Ediciones Paraninfo

2.2.4. Fases del proceso

Los procesos de una empresa son un conjunto de actividades que permiten alcanzar los objetivos, con el fin de lograr eficiencia, efectividad y economía. Para controlar las fases del proceso organizativo, es necesario considerar primero la estructura de la organización, que se compone de varias fases:

1. Determinar la actividad que se va a realizar. En este punto se define el tipo de negocio que se llevará a cabo; en este caso, un evento.

2. Efectuar la división de la actividad. Se identifican los servicios que participarán en la organización del evento, como cocina, economato, pastelería y barra, entre otros.

3. Definir a las personas responsables de cada división. El personal asignado será quien coordine y dirija cada área del evento, incluyendo roles clave como el jefe de cocina y el *maître*.

4. Establecer los medios materiales y humanos que requiere cada división. Se asegura que cada área cuente con personal profesional previamente capacitado y con el material necesario para desarrollar el evento con la máxima garantía.

5. Implantar un sistema de comunicación que facilite la toma de decisiones. La relación y la comunicación entre los distintos servicios y departamentos es fundamental para el correcto desarrollo del evento.

6. Definir una política de control. Toda organización debe contar con una misión clara y un sistema de control que permita alcanzar los objetivos establecidos.

Para implementar el sistema de procesos en la organización, es recomendable planificar mediante un organigrama o representación gráfica que refleje toda la estructura de la empresa, tanto en forma vertical como horizontal, incluyendo normas de funcionamiento, métodos de trabajo, descripciones de puestos y responsabilidades.

En cualquier organización, para alcanzar el éxito, es fundamental seguir fases y procedimientos de planificación, control y dirección en cada área o departamento, con el propósito de cumplir metas y objetivos establecidos.

Debido al elevado número de tareas y la complejidad que pueden alcanzar, es necesaria una división del trabajo. Por ello, se configuran unidades denominadas departamentos, divisiones o áreas funcionales, estructuradas de forma jerárquica.

Las cocinas y sus anexos se pueden definir como el conjunto de áreas o locales necesarios para transformar los alimentos y convertirlos en platos elaborados.

Al referirse a cocina industrial, no solo se considera la zona caliente donde se elaboran los alimentos, sino también todos los locales anexos con sus

© Ediciones Paraninfo

equipamientos, que forman parte de la cocina, independientemente de que estén unidos o separados. Estos locales incluyen, entre otros, la pastelería, el cuarto de verduras, el cuarto frío y la *plonge*. El departamento de cocina es uno de los más complejos debido a la diversidad de elaboraciones que se desarrollan en él. Esta diversidad implica que las elaboraciones se preparen en zonas independientes entre sí, pero que forman un conjunto denominado área de cocina.

La actividad se desarrolla concentrando tareas por partidas, iniciando en todas ellas la *mise en place*, de manera que cada una debe estar perfectamente coordinada para elaborar los platos o emplatarlos durante el servicio.

El jefe o la jefa de cocina es la máxima autoridad en cuanto a las elaboraciones culinarias. Sin embargo, una buena comunicación y sincronización por parte del *maître* es fundamental, ya que ambas personas marcan los tiempos y las pausas de cada pase del servicio.

2.3. CONTROL DE COSTES

El control de costes en hostelería es esencial para asegurar la rentabilidad y sostenibilidad de bares, restaurantes y otros negocios del sector. Aquí se expone un resumen de los aspectos clave y estrategias más efectivas:

■ **Definición y clases de costes**

Se define el coste como la inversión que realiza una empresa para producir y obtener los bienes o servicios que las personas clientes demandan. No obstante, esta definición es más amplia y requiere un análisis detallado de los diferentes tipos de gastos que afronta una empresa.

Una contabilidad adecuada permite que una empresa se mantenga en el tiempo y se consolide como una fuente sostenible de ingresos. Para lograrlo, es fundamental conocer con precisión los importes que se gestionan y aplicar una política de precios adecuada, orientada a maximizar las ventas y, en consecuencia, aumentar los beneficios.

Los costes, según su naturaleza, pueden clasificarse en directos, indirectos, fijos o variables.

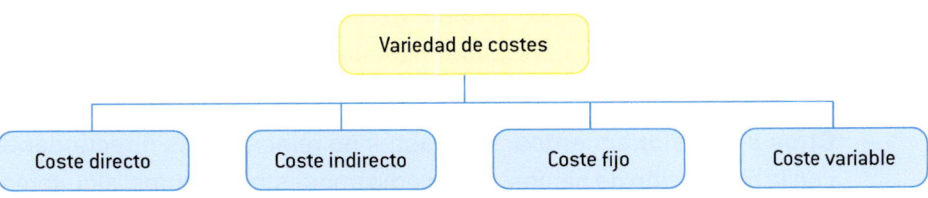

Figura 2.14. Clasificación de los distintos tipos de costes.

© Ediciones Paraninfo

Por otra parte, resulta fundamental distinguir entre **coste y gasto contable.**

- **Costes contables:** son las cantidades que se abonan a otras personas o entidades (proveedoras, trabajadoras, entre otras) con el propósito de obtener bienes o servicios que se encuentran directamente vinculados a la producción propia de la organización.

- **Gastos contables:** son las cantidades destinadas al pago de personas o entidades (proveedoras, trabajadoras, etc.) para atender las necesidades generales de la empresa, sin estar directamente relacionadas con el proceso productivo. Ejemplos de ello son los gastos de administración, seguros sociales y salarios, entre otros.

Teniendo en cuenta todas estas cifras, es posible determinar el precio de venta del producto o servicio. En una empresa existen diferentes tipos de costes, que pueden clasificarse como **fijos** o **variables**, aunque también coexisten otros grupos o subgrupos, tales como los costes derivados de la administración del negocio, costes sociales, financieros, de distribución y de venta, entre otros.

En el caso de un establecimiento de hostelería, se pueden identificar los siguientes tipos de costes:

- **Coste directo:** se caracteriza por poder imputarse de manera directa a los productos o unidades de venta de la organización.

  Dentro de este tipo de costes se incluyen los siguientes:

  - **Coste de materia prima:** son los productos que se utilizan en la elaboración o transformación de bienes de consumo destinados a la venta.

  Ejemplo: el coste directo está constituido por todas las mercancías utilizadas en la preparación de los productos en cocina.

- **Coste indirecto:** se refiere a aquel que no puede imputarse de forma directa a un solo producto, ya que requiere de un criterio de asignación. Estos costes provienen de gastos originados por suministros de electricidad, agua, gas, climatización, limpieza de las instalaciones y administración, entre otros.

- **Coste fijo:** afecta al proceso de producción en general y se imputa de forma global a toda la producción. En este grupo se encuentran:

  - **Mano de obra:** constituye un elemento esencial, responsable de realizar las actividades necesarias e intervenir en los procesos productivos de la organización a cambio de una remuneración.

  - **Otros aprovisionamientos:** son gastos no relacionados directamente con la producción de bienes, tales como impuestos, seguros, alquileres, reparaciones o gastos comerciales, entre otros.

© Ediciones Paraninfo

Asimismo, se deben considerar los costes fijos derivados del uso de capital externo, tales como:

- **Costes financieros:** son aquellos que provienen del uso de recursos externos para atender las necesidades económicas de la empresa.

- **Amortizaciones:** corresponden a la distribución del gasto a lo largo del tiempo sobre inversiones en bienes duraderos, como maquinaria, locales o vehículos.

¿SABÍAS QUE...?

Muchas organizaciones aprovechan oportunidades de negocio para expandirse mediante la utilización de recursos financieros externos.

- **Coste variable:** aquel que varía en función del ritmo de producción y de las ventas de la organización. Generalmente, se asocia de manera proporcional a la mano de obra y a las materias primas. Por ejemplo, si aumenta la producción, este coste también se incrementa, lo que implica la necesidad de más horas laborales o de personal adicional. En este tipo de costes también deben considerarse los gastos derivados del consumo de combustible en caso de que la empresa utilice vehículos.

IMPORTANTE

La determinación de los costes es de gran utilidad para los siguientes fines:

- Estimar los costes de fabricación de los productos.

- Fijar el precio de venta de los productos elaborados.

- Conocer el margen de rentabilidad de cada producto y evaluar si la dirección del negocio es la adecuada o si se requiere realizar ajustes en la línea de productos.

RECUERDA

Resulta fundamental mantener un control riguroso sobre los costes de producción y los costes de los productos, con el objetivo de imputar de forma adecuada los precios de venta. Este control permite analizar la rentabilidad y verificar si los resultados se encuentran alineados con las previsiones establecidas.

© Ediciones Paraninfo

Figura 2.15. El precio final de un producto debe reflejar la suma total de los costes incurridos durante su elaboración y comercialización.

2.3.1. Cálculo del coste de materias primas y registro documental

El coste se refiere al valor económico de los recursos invertidos en materias primas, suministros, equipos, mano de obra y productos, entre otros elementos, los cuales deben registrarse en la contabilidad bajo dicha denominación, es decir, como costes.

Es importante recalcar la diferencia entre coste y gasto. En este sentido, cuando se realiza la compra de una mercancía se genera un gasto, mientras que se convierte en coste en el momento en que dicha mercancía se consume durante el proceso de producción del producto final.

Existen diversas clasificaciones para el registro documental de los costes, que se pueden agrupar de la siguiente manera:

- **Según su origen:** materias primas, mano de obra, servicios externos, costes financieros o de amortización.

- **Según su imputación en la actividad:** costes directos o indirectos.

- **Según el área de consumo:** costes de producción, distribución, administración o financiación.

- **Según su relación con la actividad productiva:** costes fijos o variables.

En los negocios del sector de la hostelería, el cálculo de costes constituye una de las actividades más relevantes, ya que de ello depende una gestión eficiente que garantice la máxima rentabilidad posible. Las materias primas requieren un control constante, dado que representan uno de los factores más determinantes al momento de fijar el precio de venta de los productos.

Mantener un control riguroso sobre las materias primas es fundamental. De lo contrario, pueden generarse pérdidas significativas. Por ejemplo, si se adquiere

© Ediciones Paraninfo

más materia prima de la necesaria, una parte considerable podría desperdiciarse. En cambio, si se compra en cantidades demasiado pequeñas, será necesario realizar adquisiciones frecuentes, lo que incrementará los costes y reducirá el beneficio final.

En los establecimientos hosteleros, cada producto debe contar con su ficha de escandallo actualizada, la cual permite conocer el coste total de cada artículo y sus ingredientes.

Asimismo, la ficha de inventario ofrece la posibilidad de conocer con exactitud la cantidad de materia prima disponible en el almacén, lo que facilita la planificación de futuras compras y un cierre de existencias más preciso.

Contar con un registro documental adecuado permite elaborar fichas de inventario exactas, lo que contribuye significativamente a un control más eficiente de los recursos.

2.3.2. Gestión de materias primas

La gestión de productos e insumos en un establecimiento hostelero requiere la correcta tramitación de documentos y fichas que se completan con el fin de disponer de toda la información de manera ordenada, accesible y actualizada. Este proceso también es esencial en caso de recibir una inspección sanitaria.

En el Capítulo 1 se abordaron los tipos de documentos y fichas que deben elaborarse para controlar los productos, así como las entradas y salidas dentro de un establecimiento de hostelería.

RECUERDA

Conviene recordar los métodos de valoración utilizados en la ficha de almacén:

- FIFO (Primero en Entrar, Primero en Salir).
- LIFO (Último en Entrar, Primero en Salir).
- PMP (Precio Medio Ponderado).

En diversas fuentes de información, como las disponibles en internet, pueden encontrarse explicaciones detalladas sobre estos métodos contables, que resultan esenciales para la correcta gestión financiera del negocio.

- Otros métodos adicionales de control: actualmente, el control y la gestión de las materias primas pueden realizarse de forma mucho más cómoda, rápida y eficaz mediante herramientas informáticas. Las tecnologías digitales

© Ediciones Paraninfo

han sustituido progresivamente a los métodos manuales, siendo hoy en día indispensable contar con soporte informático en cualquier tipo de establecimiento.

Existen múltiples programas de gestión hostelera que permiten controlar compras, gastos, ventas y otros aspectos clave. Entre sus principales funciones se incluyen:

- Consultas de existencias.

- Altas y bajas de productos.

- Registro de entradas y salidas.

- Emisión de documentos.

- Registro de anotaciones diarias.

- Gestión mediante fichas digitales.

- Obtención de datos estadísticos y contables.

- Valoración de existencias o *stocks*.

En el **libro de contabilidad** se registran todas las ventas diarias. Aquellos establecimientos que emplean sistemas informáticos disponen de bases de datos donde se ingresan los datos en tiempo real, lo que permite conocer el coste real de las materias primas de acuerdo con las ventas efectuadas.

El método de control más utilizado actualmente es el digital. Gracias a los escandallos de cada producto, es posible calcular el coste total de producción con exactitud.

Ejemplo: si el coste de materia prima para producir un bollo de pan es de 0,10 €, y el precio de venta al público (PVP) es de 0,50 €, entonces, al vender 180 bollos, el coste total sería de 18 € y los ingresos de 90 €. Al restar el coste de las materias primas, se obtiene un beneficio de 72 €.

Este procedimiento debe aplicarse a todos los artículos del establecimiento para que la suma de los costes de los productos vendidos coincida con el total de la materia prima comprada.

Fórmula del gasto de materia prima:

GASTO DE MATERIA PRIMA = INVENTARIO INICIAL + COMPRAS − INVENTARIO FINAL.

RECUERDA

El valor del producto final depende, en gran medida, del valor y la calidad de las materias primas utilizadas en su elaboración.

© Ediciones Paraninfo

■ **Control de consumos y aplicación de métodos**

La determinación de consumos en empresas hosteleras se realiza a partir del inventario inicial del almacén, sumando las compras del periodo correspondiente y restando las existencias finales.

En organizaciones con varios departamentos (cafetería, pastelería, panadería, heladería, etc.), la gestión y el análisis de resultados deben efectuarse por separado. Esto exige un control estricto de los consumos y de las transferencias entre secciones.

Por ello, los establecimientos suelen separar las entradas y salidas de mercancías, como se detalla a continuación:

- **Entradas:**
  - En almacén general.
- **Salidas:**
  - De almacén a obrador.
  - De almacén a cafetería.
  - De almacén a heladería.
  - De obrador a cafetería.
  - De heladería a cafetería, entre otras.
- **Consumos:**
  - De obrador.
  - De cafetería.
  - De heladería.
  - De pastelería, etcétera.
- **Transferencias:**
  - De obrador a pastelería.
  - De pastelería a cafetería.
  - De heladería a cafetería o pastelería, entre otras.

El cálculo de consumos generales se realiza del mismo modo que el explicado anteriormente, considerando las variaciones entre entradas, salidas y transferencias.

Una vez determinados los consumos de cada sección y analizados los resultados, se pueden detectar posibles desviaciones y adoptar las medidas correctivas necesarias.

© Ediciones Paraninfo

Las **desviaciones** pueden deberse a:

- Racionamiento inadecuado o mal aprovechamiento de los géneros.
- Compras desproporcionadas.
- Deficiente gestión administrativa.
- Errores de cálculo en los consumos.

Entre las herramientas útiles para el control del movimiento de géneros entre departamentos se encuentran:

- El *relevé*.
- La ficha de producto.
- El vale de pedidos.
- La propuesta de pedido.
- La ficha de inventario inicial o permanente.
- El albarán.
- La factura.

2.3.3. Componentes del precio

El precio representa el punto de equilibrio en el que se iguala el valor económico del producto con su intercambio entre la persona vendedora y la compradora.

Es un instrumento clave dentro de la estrategia competitiva y posee un fuerte impacto psicológico sobre las personas consumidoras. Además, constituye el único elemento del *marketing* que genera ingresos directos para la organización.

Definir correctamente el precio implica tomar en cuenta los siguientes factores:

- Garantizar la supervivencia del negocio, estableciendo precios que aseguren su continuidad.
- Evitar conflictos con la competencia fijando precios sostenibles que no afecten la rentabilidad.
- Justificar precios elevados únicamente cuando el producto ofrece un valor añadido o una calidad superior.
- Hay que asegurar que el precio cubra todos los costes y permita un margen comercial adecuado.
- Establecer precios promocionales en determinados productos para estrategias de *marketing* específicas.

© Ediciones Paraninfo

También deben considerarse **factores externos** como:

- Las condiciones del mercado y la demanda, que determinan el límite superior del precio.

- Los precios de la competencia, que pueden ser más competitivos y requieren análisis comparativo.

- La posible reacción del mercado ante cambios en los precios.

- La situación económica general y las políticas de precios vigentes.

En conclusión, el precio ideal depende de los objetivos y del contexto del negocio, pudiendo ajustarse conforme evolucionan la competencia y el mercado.

Una vez establecidos todos los costes que intervienen en la producción, es necesario calcular el beneficio neto, evaluando si se encuentra dentro de los parámetros deseados. En caso contrario, será necesario realizar un análisis exhaustivo y aplicar medidas correctivas.

¿SABÍAS QUE…?

El IVA (impuesto sobre el valor añadido) es un impuesto indirecto que recae sobre los costes de producción. Se incluye en el precio final de los productos y lo abonan todas las personas consumidoras, independientemente de su nivel de ingresos.

2.3.4. Presupuestos sobre eventos

Para controlar los costes de eventos, es recomendable utilizar plantillas digitales mediante programas informáticos o tablas de cálculo, como hojas de Excel. Estas herramientas permiten planificar los costes de menús, bebidas, personal, servicios adicionales y costes fijos, facilitando el cálculo de la rentabilidad esperada por parte de la empresa.

El primer paso en la planificación consiste en determinar el número de comensales y el precio del menú, junto con los servicios complementarios (música, actuaciones o corte de jamón, entre otros).

Para realizar un control completo, deben estar definidas las fichas de escandallo de los platos que componen el menú, siempre actualizadas, ya que los precios y costes pueden variar con rapidez. Estas fichas permiten conocer el coste total por comensal.

La ficha de escandallo es un documento esencial que muestra el rendimiento de un producto una vez transformado, proporcionando los costes finales de cada elaboración. Además, permite establecer un precio de venta correcto,

© Ediciones Paraninfo

considerando otros factores como los costes de personal y los costes generales de producción, que no se incluyen directamente en el escandallo, pero son indispensables para el cálculo final.

FICHA DE ESCANDALLO						
Producto: Solomillo al jerez						
Ingredientes	**Peso bruto**	**Peso neto**	**Unidades**	**Merma**	**Precio unitario**	**Precio total**
Solomillo	300 g	280 g	1	20 g	4,5 €	4,5 €
Pimienta	1 g	1 g			0,05 €	0,05 €
Aceite oliva	25 g	25 g			0,5 €	0,5 €
Cebolla	120 g	100 g			1,75 €	0,30 €
Sal	2 g	2 g			0,01 €	0,01 €
Harina	10 g	10 g			0,10 €	0,10 €
Fondo oscuro	150 cl	150 cl			0,45 €	0,45 €
Pedro Ximénez	150 cl	150 cl			0,90 €	0,90 €
Sumatoria:						5,81 €
Producto obtenido = 1 ración 6,81 €						6,81 €
Precio de venta al público = PVP 14,50 €						14,50 €

Observaciones: se ha obtenido un coste de elaboración de 6,81 € por unidad, sin incluir los gastos de producción, personal, establecimiento, impuestos u otros conceptos adicionales. Es decir, existen gastos fijos y variables que deben sumarse y que se calculan de manera específica según las características de cada negocio.

Nota: en caso de que, por ejemplo, se deba aplicar un coste fijo del 40 %, este porcentaje se añadirá al resultado del escandallo. En el ejemplo presentado, el escandallo arroja un coste de 6,81 €; al incorporar el 40 % de gastos de producción (6,81 × 0,40 = 2,72 €), el coste total sería de 9,53 €. A este importe se suma el margen de beneficio estimado, que en este caso se valora en un 50 % (9,53 × 0,50 = 4,77 €). Por tanto, el precio final del producto resultaría de la suma 9,53 + 4,77 = 14,30 €, pudiendo redondearse a 14,50 € como precio final por ración del plato.

Figura 2.16. Modelo de escandallo utilizado como referencia. Existen diversas modalidades y cada entidad o establecimiento selecciona la opción que mejor se adapta a sus características y necesidades.

La merma se define como la porción del producto que no puede ser aprovechada en una elaboración. Por ejemplo, en la receta anterior, la parte inservible puede incluir piel, grasas y huesos, entre otros. En el caso de recetas de pescado, la merma serían, según corresponda, las cabezas y las espinas. El peso neto se refiere al peso obtenido después de aplicar la merma, es decir, el resultado de restar la merma al peso bruto. Una vez determinado el coste total del menú mediante los escandallos, será posible establecer un precio.

© Ediciones Paraninfo

Actividad propuesta 2.3

Elabora un escandallo sobre una elaboración culinaria de tu elección.

A continuación, será necesario determinar, para el servicio contratado, el número de trabajadoras y trabajadores requeridos para llevar a cabo la actividad sin deficiencias, considerando los costos asociados al personal y sus respectivas

N.º de menú	N.º de asistentes	Coste unitario	Coste total
019	180	18,00 €	3240,00 €

N.º de empleados	Horas × trabajador	Coste previsto	Horas reales	Coste total
Camareros 13	7 horas	12 € × hora	91 horas	1092,00 €
Cocineros 6	14 horas	15 € × hora	84 horas	1260,00 €
Office 4	6 horas	10 € × hora	24 horas	240,00 €
Pers. limpieza 2	8 horas	10 € × hora	16 horas	160,00 €
Seguros 24				960,00 €
				3712,00 €

Gastos adicionales		Precio	Total
Música		300,00 €	300,00 €
Floristería		250,00 €	250,00 €
Gastos fijos		400,00 €	400,00 €
Productos limpieza		50,00 €	50,00 €
Gastos extras			300,00 €
			1300,00 €

Código de evento	E-24072023
Número de asistentes: 180 pax.	Adultos: 174 × 90,00 = 15 660,00 € Infantil: 6 × 40,00 = 240,00 € Total: 15 900,00 €
Precio venta menú × asistente	90,00 €
Precio venta menú × infantil	40,00 €
Total ingresos	15 900,00 €
Costes totales	8252,00 €
Rentabilidad neta	7648,00 €

Figura 2.17. Modelo de cuadro de control de costos y gastos a modo de referencia; sin embargo, existen múltiples modalidades, y cada empresa selecciona el formato que mejor se adapte a sus necesidades y características operativas.

© Ediciones Paraninfo

horas de trabajo. Asimismo, se deberán contemplar los costos generados por servicios subcontratados.

Una vez conocido el número de asistentes al evento, se calcularán los ingresos y gastos reales, obteniéndose la diferencia que permitirá establecer el precio del evento según lo determine la empresa.

Finalmente, se presenta un ejemplo de cuadrante de ingresos, gastos y rentabilidad neta; cada empresa deberá elaborar su propio cuadro adaptado a su actividad.

Estos cuadros se elaborarán preferiblemente en Excel, ya que permiten un control más exhaustivo de la empresa y, actualmente, resulta imprescindible aprovechar las herramientas que brinda la informática.

2.4. MEDIDAS CORRECTIVAS EN LA ELABORACIÓN

Las medidas correctivas son aquellas que permiten prevenir o reducir los riesgos a los que puede estar expuesta la empresa, de cualquier índole. En este apartado, el enfoque se centrará en los manipuladores de alimentos, quienes participarán en el servicio del evento. Para implementar estas correcciones, es necesario elaborar plantillas que identifiquen los puntos críticos y débiles de la empresa, con el objetivo de solucionar cualquier desviación que se produzca, evitando improvisaciones que no siempre resultan efectivas.

Todo el personal involucrado en el evento debe contar previamente con formación sobre manipulación de alimentos. Este personal desempeña un papel primordial en la preservación de la higiene durante todas las etapas: elaboración, transformación, envasado, almacenamiento, distribución y servicio. El cumplimiento de estas normas de higiene contribuye a minimizar los riesgos para la empresa.

La Organización Mundial de la Salud (OMS) ha difundido diversas recomendaciones para prevenir la contaminación de los alimentos y reducir el riesgo de enfermedades de origen alimentario. Entre estas recomendaciones se incluyen:

- Consumir únicamente alimentos elaborados y manipulados de manera higiénica.

- Consumir los alimentos inmediatamente después de su elaboración, cocinando a una temperatura mínima de 75 °C en el centro del producto, evitando partes crudas que puedan favorecer el desarrollo de gérmenes.

- No dejar los alimentos a temperatura ambiente.

© Ediciones Paraninfo

- Almacenar los alimentos cocinados de manera ordenada; si no se consumen de inmediato, colocarlos en refrigerador o cámara siguiendo normas de separación para prevenir contaminaciones cruzadas, aplicando lo mismo a los alimentos congelados.

- Calentar adecuadamente los alimentos refrigerados antes de su consumo; los alimentos que se presentan fríos deben ser consumidos rápidamente.

- Evitar la contaminación cruzada entre alimentos crudos y cocinados, prestando atención a utensilios, tablas de corte y menaje.

- Mantener una higiene personal correcta.

- Extremar la limpieza de locales, maquinarias, utensilios, paños, menaje, suelos, paredes, cámaras, refrigeradores y mesas.

- Prevenir la entrada de insectos y roedores.

- Conservar los productos químicos de limpieza y desinfección en sus envases originales, con información del fabricante, en lugares seguros y exclusivos.

- No manipular maquinaria eléctrica con manos húmedas.

- No trabajar con síntomas de enfermedades infectocontagiosas o heridas.

- Usar siempre equipos de protección personal (EPI), como chaquetones isotérmicos, guantes de protección o calzado de seguridad, entre otros.

- Recibir formación conforme a los Reales Decretos 485, 486 y 487/1997 sobre riesgos laborales.

- Conocer y aplicar el Reglamento (CE) n.º 852/2004 relativo a la higiene de los productos alimenticios.

- Desinfectar hortalizas y verduras con soluciones aprobadas.

- Lavarse las manos con frecuencia.

- Mantener la ropa de trabajo limpia y utilizar gorro o redecilla para evitar la caída de cabello sobre los alimentos.

- Secar utensilios y menaje con papel desechable.

- Controlar la limpieza de cubos de basura, mantenerlos cerrados y retirar las bolsas antes de que se llenen completamente.

- Aplicar otras medidas preventivas necesarias según las condiciones del establecimiento.

© Ediciones Paraninfo

IMPORTANTE

Se recomienda consultar las siguientes normativas y extraer las conclusiones principales:

- Reales Decretos 485, 486 y 487/1997, de 14 de abril, sobre riesgos laborales.

- Reglamento (CE) n.º 852/2004 sobre higiene de los productos alimenticios.

RECUERDA

Es responsabilidad de cada establecimiento garantizar que el personal cuente con la formación adecuada para su puesto de trabajo.

Las medidas correctivas son las actuaciones o decisiones que deben aplicarse al detectar irregularidades, dejando constancia por escrito en el registro de incidencias. Algunas medidas se orientan a la protección colectiva del personal y otras al correcto desarrollo del evento y la seguridad de los clientes.

Para elaborar un plan de medidas correctivas, el primer paso consiste en analizar la causa raíz del problema, seguido de la definición de la acción correctiva y, posteriormente, la verificación de su eficacia.

Estas acciones representan propuestas de mejora derivadas del análisis de no conformidades detectadas en la empresa, debiendo implementarse en todos los niveles de la organización, tanto para la gestión de riesgos como para la identificación de oportunidades.

© Ediciones Paraninfo

ACTIVIDADES FINALES

Actividades de comprobación

2.1. **¿Cuál es el departamento más grande y el que cuenta con mayor cantidad de personas trabajadoras?**

a) La cocina caliente.

b) El cuarto frío.

c) La partida del salsero.

d) El economato.

2.2. **¿Cuál es el departamento encargado de fregar, secar y almacenar todo el material de cristal, loza y acero inoxidable, entre otros?**

a) El economato.

b) La *plonge*.

c) El *office*.

d) El departamento de limpieza.

2.3. **¿A qué se llama materia prima?**

a) A todo producto de consumo.

b) A todos los géneros almacenados.

c) A los productos que se utilizarán para la elaboración o transformación.

d) Las respuestas a y b son correctas.

2.4. **¿Para qué se utiliza un escandallo?**

a) Es el documento que indica el rendimiento que proporciona un producto una vez transformado y permite conocer los costes finales de cada elaboración.

b) Es el documento que indica el rendimiento de cada elaboración.

c) Es el documento que indica los costes finales de cada elaboración.

d) Es el documento que indica el rendimiento que proporciona un producto.

2.5. **¿Qué se entiende por coste contable?**

a) Toda compra de materias primas.

b) Toda suma de dinero que implica la producción de un servicio o bien de consumo.

c) Las respuestas a y b son correctas.

d) La salida de dinero para adquirir productos.

© Ediciones Paraninfo

2.6. ¿Qué se entiende por gasto contable?

a) Toda suma de dinero que implica la adquisición de bienes.

b) La salida de dinero para adquirir productos o servicios durante un periodo contable determinado.

c) Toda suma de dinero que implica la producción de un servicio o bien de consumo.

d) La salida de dinero para adquirir productos o servicios en general.

2.7. ¿Cómo se define el precio?

a) Las respuestas b y c son correctas.

b) Es el valor monetario de los productos.

c) Es el valor de las cosas.

d) Es el punto de equilibrio donde se iguala el valor monetario con el producto en una transacción, desde la perspectiva de las personas vendedoras y compradoras.

2.8. ¿Qué representa el óvalo o elipse en un diagrama de flujo?

a) Los procesos de control.

b) Un conector que enlaza las actividades dentro de una elaboración.

c) El INICIO y el FINAL del diagrama.

d) Archivos definitivos de elaboraciones establecidas.

2.9. La OMS, Organización Mundial de la Salud, difundió una serie de sugerencias con el objetivo de:

a) Eliminar la contaminación de los alimentos tanto como sea posible.

b) Disminuir el riesgo de contraer enfermedades de origen alimentario.

c) Respetar el medio ambiente.

d) Las respuestas a y b son correctas.

2.10. ¿Cuáles son las responsabilidades del marmitón?

a) Conservar, ordenar y limpiar la batería, placas y utensilios, entre otros.

b) Solo lavar ollas y marmitas.

c) Ser responsable del tren de lavado.

d) Colocar las marmitas en su lugar.

© Ediciones Paraninfo

Actividades de aplicación

2.11. Indica los diferentes tipos de costes explicados en este capítulo.

2.12. Explica qué se entiende por coste contable.

2.13. ¿Para qué se realiza un escandallo? Justifica la respuesta.

2.14. ¿Cuáles son los gastos que se originan en el coste indirecto?

2.15. ¿Qué significa definir una política de control?

2.16. ¿Qué se entiende por costes indirectos? Justifica la respuesta.

2.17. Comenta con tus propias palabras para qué sirve un sistema de comunicación.

2.18. ¿Qué se entiende por costes fijos? Desarrolla la respuesta.

2.19. Explica con tus propias palabras qué es la cocina caliente.

2.20. ¿Cuál es la función del cuarto frío?

2.21. ¿De qué se encarga el economato?

2.22. ¿A qué se dedica la *plonge*?

2.23. ¿Cuál es la función del *entremetier*?

2.24. ¿Qué competencias debe dominar la persona a cargo de la partida?

2.25. ¿Para qué se elabora un cuadro de eventos?

2.26. Desarrolla la diferencia entre desayuno continental y desayuno americano.

2.27. ¿Qué se puede considerar un *brunch*?

2.28. ¿Qué se entiende por *mise en place*?

2.29. ¿Sobre qué tratan las amortizaciones?

2.30. ¿Qué información proporciona la ficha de inventario inicial como referencia?

Actividades de ampliación

2.31. Enumera y comenta todas las funciones del encargado del economato que se han visto en este capítulo.

2.32. Para poder controlar las fases del proceso organizativo, lo primero que se debe considerar es la estructura de la organización, la cual consta de varias fases. Enumera y comenta estas fases.

© Ediciones Paraninfo

2.33. **Completa la siguiente frase:**

_____ _____: es quien puede _____ _ _____ del ritmo de producción y __ _____ de la empresa. Suelen ir _____ _____ y de forma principal a la _____ __ _____ y materias primas.

2.34. **Realiza un organigrama divisional y funcional conforme a la legislación española.**

2.35. **Enumera y comenta todas las funciones del jefe o jefa de cocina que se han visto en esta unidad.**

© Ediciones Paraninfo

3. Presentación y decoración de elaboraciones culinarias

Contenidos

© Ediciones Paraninfo

INTRODUCCIÓN

La presentación de las elaboraciones culinarias constituye un elemento esencial en la experiencia gastronómica, ya que la percepción visual representa el primer contacto de quien degusta el plato. Por ello, la disposición estética de los alimentos influye de manera determinante en el disfrute integral de la comida. Esta tarea requiere la aplicación de diversas técnicas orientadas a realzar la apariencia de los productos, siendo indispensable contar con conocimientos especializados en la materia. Un plato carente de atractivo visual puede generar indiferencia incluso antes de ser probado. En este capítulo se abordarán herramientas y criterios fundamentales para el desarrollo de competencias en presentación y decoración culinaria.

3.1. DEFINICIONES

En la actualidad, la decoración culinaria se basa en el uso de ingredientes naturales y comestibles que generen contrastes armónicos o complementarios. En general, la cocina tradicional o regional no recurre a presentaciones demasiado vistosas, y muchos de sus platos se sirven en los mismos recipientes donde fueron cocinados, acompañados únicamente por alguna hierba aromática o guarnición sencilla. La decoración en cocina no depende del azar, sino que requiere planificación y organización; por ello, resulta imprescindible definir con claridad el tipo de decoración que se desea aplicar para expresar un estilo propio. Tanto los alimentos destinados a la decoración como los recipientes en que se presentarán deben preverse.

La decoración culinaria se rige por técnicas específicas y precisas; sin embargo, la creatividad de quien cocina es un factor determinante para lograr una presentación que resulte agradable a la vista incluso antes de despertar el gusto o el olfato.

Los factores que condicionan la decoración son los siguientes:

1. El alimento que constituye el objeto de presentación, ya que representa el elemento principal, sea de origen vegetal o animal.

2. Los ingredientes destinados a la decoración, que suelen incluir guarniciones de hortalizas y verduras; almidones como pastas, patatas o cereales; guarniciones clásicas; salsas o, como es cada vez más frecuente, elementos decorativos como flores comestibles, brotes, crujientes o polvos. Este aspecto se desarrollará con mayor profundidad a lo largo del capítulo.

3. El tiempo disponible para la preparación, dado que, según el tipo de establecimiento o servicio, se podrá destinar mayor o menor dedicación a la elaboración de guarniciones y decoraciones más complejas.

© Ediciones Paraninfo

4. Las circunstancias del entorno laboral, tales como retrasos en la cocina o un aumento repentino de comensales sin reserva previa. Para prevenir este tipo de situaciones, resulta imprescindible una adecuada organización dentro del establecimiento.

5. En definitiva, el objetivo principal consiste en presentar una creación original y personalizada, ya que ello aporta al establecimiento un sello distintivo de calidad.

3.2. TIPOLOGÍA SEGÚN SU FINALIDAD

La persona que cocina dispone de una amplia variedad de recursos para la elaboración de diferentes tipos de presentaciones. Entre ellos destacan los colores naturales de los alimentos, por ejemplo, verde de las espinacas, rojo de las remolachas o negro de las aceitunas; las formas y volúmenes, como bolas, cubos o conos, y las diversas texturas, sólidas, blandas o gelatinosas.

En el contexto actual, caracterizado por la rapidez y el dinamismo, es fundamental dedicar el tiempo necesario a planificar y ejecutar las decoraciones, definiendo con claridad el tipo de montaje que se va a realizar según el plato, con el propósito de ofrecer una experiencia completa a quienes degustan las preparaciones y obtener la satisfacción de un trabajo bien hecho.

Al referirse a los elementos de decoración, es importante diferenciar entre aquellos que son comestibles, diseñados para realizar la presentación y aportar sabor o textura, y los que no lo son, por tanto, estos deben utilizarse con precaución y ayudan a destacar el alimento principal, pero nunca deben imitar una preparación comestible que pueda inducir a confusión. Por ello, es fundamental contar con conocimientos básicos de decoración culinaria, ya que existen múltiples posibilidades de presentación.

En el Capítulo 1 se abordó, de forma introductoria, la fase final de las elaboraciones culinarias, centrada en la presentación del plato y sus diferentes composiciones.

A continuación, se presentarán los tipos de montaje más comunes: el tradicional y el no tradicional.

■ Montaje tradicional

Este tipo de montaje no requiere una técnica avanzada, ya que consiste en disponer los alimentos en el plato de manera sencilla. Generalmente, el elemento principal —frecuentemente una proteína, salseada o no— se ubica en el centro, acompañado de la guarnición a un lado. En caso de existir varias guarniciones,

© Ediciones Paraninfo

se colocan siguiendo una disposición imaginaria en el sentido de las manecillas del reloj.

Figura 3.1. Clásico montaje tradicional.

■ Montaje no tradicional

Este tipo de montaje surge en Francia con el auge de la *nouvelle cuisine*, corriente que promueve la libertad creativa y rompe con los diseños clásicos, destacando el aspecto artístico de la persona que cocina. Para aplicar este estilo, es necesario conocer las nuevas técnicas culinarias y practicar de forma constante el estudio de composiciones innovadoras.

Dentro de este estilo se distinguen dos variantes principales:

- **Montaje estructurado:** la guarnición constituye la base del plato; sobre ella se coloca el elemento principal, se añade la salsa por encima y se finaliza con los toques decorativos, como hojas, crujientes, brotes o flores. En ocasiones,

Figura 3.2. En este tipo de estructura, cada chef dispone sus elementos de forma particular.

© Ediciones Paraninfo

los elementos se presentan superpuestos, lo que dificulta distinguirlos a simple vista. En cambio, en el **montaje disperso**, los componentes se disponen separados, permitiendo apreciarlos individualmente desde el primer momento.

- **Montaje disperso:** como se ha visto, el montaje estructurado se caracteriza por una disposición de tipo piramidal; en cambio, el montaje disperso representa el enfoque opuesto. Este se basa en distribuir de manera equilibrada y armónica, a lo largo de toda la superficie del plato, los diferentes elementos que componen la preparación. De esta forma, cada componente puede apreciarse individualmente, permitiendo valorar la técnica aplicada en su elaboración y disposición.

Figura 3.3. Ejemplo de emplatado en el que los componentes se presentan de forma dispersa.

Actividad propuesta 3.1

Diseña una presentación culinaria aplicando la técnica de montaje disperso, teniendo en cuenta la armonía visual, la proporción de los elementos, el contraste de colores y texturas, así como la coherencia general del plato.

3.3. NORMAS Y COMBINACIONES ORGANOLÉPTICAS BÁSICAS

En la actualidad, se concede una importancia cada vez mayor a los recipientes en los que se sirven y consumen los alimentos. La elección de una vajilla adecuada posee un valor significativo, ya que constituye el soporte sobre el cual se presentan las diferentes elaboraciones. A partir de esta elección se empieza a valorar la calidad y el nivel del establecimiento donde se brinda el servicio.

© Ediciones Paraninfo

En definitiva, una buena vajilla puede facilitar la decoración del plato y contribuir a superar las expectativas de los comensales.

La primera norma, y una de las más importantes, se relaciona con la higiene y limpieza de los platos, del establecimiento y del área de trabajo. El cumplimiento de esta norma resulta esencial para garantizar la seguridad alimentaria y evitar cualquier tipo de riesgo, sin importar la elaboración que se presente.

Si la vajilla incorpora el anagrama o logotipo del establecimiento, se añade un valor adicional al servicio. Este debe colocarse siempre en la parte superior del plato, frente a quien va a degustar la preparación, sirviendo de referencia para distribuir el producto de forma armónica. Para seleccionar la vajilla correcta, deben considerarse los siguientes factores:

- Que esté elaborada con un material que facilite la presentación.

- Que su forma y tamaño guarden coherencia con los alimentos que se sirvan en ella.

- Evitar colores excesivamente llamativos o estridentes, ya que pueden distraer o alterar la percepción del plato.

- Que el material sea liso y de fácil limpieza.

En relación con los alimentos que se presentan, es necesario respetar una serie de normas:

- Las temperaturas de servicio deben ajustarse a las disposiciones del código alimentario:

  - Plato caliente: mínimo 65 ºC.

  - Plato frío: máximo 4 ºC.

  - Plato helado: −12 ºC.

- La cantidad y el porcionado del producto principal, así como de los elementos complementarios, deben mantener equilibrio con el tamaño del recipiente. Por ejemplo, las tazas de consomé, cremas o sopas no deben llenarse más de tres cuartas partes.

El orden clásico de disposición de los ingredientes en el plato es el siguiente:

- El **elemento principal** se ubica en la parte central derecha del plato, mostrando a simple vista su porción más noble.

- La **guarnición** se sitúa en el margen superior izquierdo, combinando con el ingrediente principal. Puede formar parte de la preparación o tener una función decorativa, pero siempre debe ser comestible. Su color, tamaño y forma determinan su posición.

© Ediciones Paraninfo

- Los **elementos decorativos** deben colocarse en un punto destacado, cumpliendo una función complementaria en relación con el color y la textura del alimento principal.

- El alimento presentado debe transmitir sensaciones acordes con su elaboración y complementar el equilibrio nutricional del plato.

- Todos los alimentos empleados con fines decorativos deben ser comestibles.

- Las **salsas** pueden utilizarse como elementos decorativos, pero nunca deben opacar o dominar el sabor del producto principal.

- No deben existir manchas ni elementos ajenos a la comida en el plato.

- La consonancia y armonía entre sabores debe seguir una línea coherente o complementaria, presentando primero los sabores más suaves.

- Se debe procurar un buen contraste de colores.

- Las carnes y fiambres no deben cortarse en láminas excesivamente finas.

- Los pescados deben ser frescos y cortarse de manera que faciliten la decoración y el servicio.

En conclusión, la decoración debe potenciar la degustación del plato y contribuir a superar las expectativas de quienes disfrutan la experiencia gastronómica.

Las propiedades organolépticas de los alimentos son aquellas características que se perciben mediante los sentidos, tales como el sabor, la textura, el color y el aroma. Los cinco sentidos principales —vista, oído, olfato, gusto y tacto— influyen directamente en la forma en que se experimenta un plato, ya que permiten identificar sabores, aromas y texturas, los cuales determinan la percepción del gusto y la sensación de saciedad.

■ Visión

A través de la vista se pueden distinguir los diferentes colores, formas y patrones estéticos que revelan la naturaleza artística del plato. Es sabido que la comida «entra por los ojos» antes de ser probada, lo cual es un hecho inherente al comportamiento humano. Además, el mismo alimento puede generar percepciones

¿SABÍAS QUE...?

Los establecimientos de restauración deben cuidar el diseño de sus platos para que resulten atractivos no solo desde el punto de vista gustativo, sino también visual, despertando así emociones y placer estético en la mente de las personas consumidoras.

© Ediciones Paraninfo

distintas dependiendo del tipo de vajilla en el que se sirva, ya que el cerebro asocia formas y colores con diferentes emociones y expectativas.

■ Olfato

Este sentido desempeña un papel fundamental en la apreciación de los alimentos. Gracias a los múltiples receptores olfativos presentes en la nariz, es posible detectar una amplia gama de aromas. El sabor de los alimentos se percibe cuando, al masticar, los compuestos aromáticos ascienden por la parte posterior de la garganta y se combinan en la boca, generando una experiencia sensorial completa. Los cinco receptores gustativos básicos son el dulce, salado, ácido, amargo y umami.

■ Oído

Aunque en apariencia este sentido no influya directamente en la degustación, en la gastronomía contemporánea tiene una relevancia notable. Las nuevas técnicas culinarias y el uso de texturas crujientes o crocantes aportan una dimensión auditiva que incrementa la satisfacción sensorial. El sonido que produce un alimento al morderlo puede intensificar la percepción de frescura, calidad y placer, influyendo positivamente en la experiencia de los comensales.

■ Textura

La textura agrupa las propiedades físicas de los alimentos que se perciben a través del tacto bucal. Estas sensaciones son detectadas principalmente por la lengua y contribuyen de manera decisiva a la aceptación del plato. Entre las características que pueden apreciarse se encuentran la suavidad, dureza,

Figura 3.4. Elaboración caracterizada por texturas variadas: crujiente, cremosa o granulada.

© Ediciones Paraninfo

aspereza, crocancia, cremosidad, rugosidad, grumosidad, lisura, granulosidad, grasitud, temperatura y estados físicos como sólido o líquido, entre otros.

La presentación y decoración de las elaboraciones culinarias constituyen un elemento esencial de toda oferta gastronómica en sus diferentes manifestaciones, ya que contribuyen a realzar su nivel y categoría. Estas varían según el tipo de cocina, puesto que influyen directamente en las características de las preparaciones, de acuerdo con su diseño y los elementos que las componen.

3.4. NECESIDADES DE PRESENTACIÓN Y DECORACIÓN SEGÚN EL TIPO DE ELABORACIÓN Y FORMA DE COCINA

Las necesidades de presentación y decoración varían según el tipo de elaboración y la forma de cocina, ya que cada preparación requiere resaltar sus características visuales, aromas y texturas. En platos tradicionales, la presentación suele ser más sencilla y rústica, enfocándose en la abundancia y el color natural de los ingredientes. En la alta cocina o la gastronomía moderna se busca una presentación más artística y minimalista, donde el equilibrio de formas, colores y la disposición generan impacto visual. En técnicas específicas como la cocina al horno, a la parrilla o al vapor, la decoración complementa el método de cocción, destacando el dorado, la jugosidad o la frescura del plato.

3.4.1. Cocina tradicional

Se considera cocina tradicional, que no debe confundirse con cocina típica, aquella práctica culinaria cuyas técnicas y procesos se transmiten de generación en generación dentro de un contexto cultural propio de cada lugar. Esta cocina se caracteriza por basarse en productos locales y autóctonos, elaborados generalmente a fuego lento, y por mantenerse vigente a lo largo del tiempo gracias a la práctica continuada de numerosas generaciones. Suele tener un importante precedente histórico dentro de la gastronomía regional o local, infundiendo un fuerte sentimiento de identidad. En algunos casos, ciertas elaboraciones tradicionales han alcanzado reconocimientos oficiales como la *Denominación de Origen Protegida (DOP)*, designada por la Unión Europea, u otras distinciones de carácter similar.

En sus inicios, la cocina tradicional incluía guarniciones que podían ser preparaciones simples o compuestas, destinadas a acompañar a la mayoría de los platos. Estas guarniciones han evolucionado con el tiempo: de ser elementos meramente decorativos han pasado a mejorar el sabor, aumentar el valor nutritivo y complementar el género principal, ya sea de manera conjunta o separada.

© Ediciones Paraninfo

En la actualidad, el concepto de guarnición ha cambiado, ya que no se entiende únicamente como el acompañamiento del plato, sino como un componente principal más, que forma un conjunto armonioso con el resto de los ingredientes.

Según el número de ingredientes, las guarniciones se clasifican en dos tipos principales: simples, compuestas por un solo tipo de género, y compuestas, integradas por varios ingredientes. Su finalidad es contribuir a:

- **Mejorar el sabor:** se debe acompañar cada género con los elementos que mejor combinen con él, complementando o equilibrando su sabor.

- **Realzar el aspecto:** la guarnición debe potenciar la presentación del plato, considerando los colores, formas, volúmenes y texturas de sus elementos, de modo que enaltezcan el género principal sin llegar a eclipsarlo.

- **Complementar el valor nutritivo:** es necesario tener en cuenta el aporte nutricional del género principal para combinarlo adecuadamente con el de la guarnición. Por ejemplo, un plato de carne con alto contenido proteico se complementa perfectamente con vegetales ricos en vitaminas y elementos reguladores.

Las guarniciones se dividen en:

- Guarniciones simples.

- Guarniciones compuestas o con nombre propio.

Las guarniciones simples son aquellas constituidas por un único género, aunque pueden aplicarse a distintas clases de alimentos como carnes, pescados o piezas de caza. Para su mejor comprensión, pueden clasificarse según el género utilizado en: guarniciones de patata, de arroz, de pasta y elementos harinosos, de hortalizas y de huevo.

■ Guarniciones simples

Son acompañamientos básicos que complementan el plato principal, aportando equilibrio en sabor, textura y presentación. Habitualmente se elaboran con ingredientes fáciles de preparar, ya que su función principal es realzar el sabor del alimento principal sin restarle protagonismo, además de contribuir al valor nutricional y al atractivo visual del plato.

Guarniciones de patata

Las guarniciones simples de patata constituyen uno de los acompañamientos más habituales en la cocina tradicional debido a la versatilidad de este tubérculo. La patata puede prepararse de múltiples formas, adaptándose al tipo de plato

© Ediciones Paraninfo

principal y a las técnicas de cocción disponibles. Su sabor neutro y su textura permiten combinaciones variadas, desde preparaciones básicas hasta elaboraciones más complejas.

Dentro de las guarniciones de patata se incluyen:

- **Patatas cocidas:** se hierven enteras o en trozos y se sirven como acompañamiento sencillo, permitiendo que el plato principal mantenga protagonismo. Son ideales para platos con salsas, ya que absorben el líquido y aportan consistencia.

- **Patatas fritas:** cortadas en rodajas, bastones o cubos, se fríen en aceite caliente hasta alcanzar una textura crujiente por fuera y tierna por dentro. Se utilizan frecuentemente con carnes, pescados o aves.

Existen dos métodos para freírlas, según la forma y el corte que tengan:

1. Se fríen en abundante aceite a 180 °C, hasta que se observen muy doradas y crujientes.

2. Se fríen en abundante aceite a 130 °C, hasta que queden tiernas en el interior sin llegar a dorarse. Se reservan hasta el momento de su utilización, entonces se les da un golpe final de fritura, sumergiéndolas en aceite a 180 °C, para dorarlas.

Todas las patatas fritas deben escurrirse sobre papel absorbente o antigraso y espolvorearse con sal fina inmediatamente después de la fritura.

Atendiendo a su forma, se distinguen dos tipos principales de patatas fritas: las alargadas o rectangulares y las cortadas en rodajas.

- **Patatas alargadas:** en este grupo entran todas aquellas que son elaboradas de la siguiente forma:

    a) **Patatas paja:** presentan una forma muy delgada y alargada, con un cierto parecido a la paja. Una vez cortadas, deben lavarse varias veces para eliminar completamente el almidón, logrando que queden sueltas, y escurrirse de manera adecuada. Se fríen mediante el método 1, evitando freír grandes cantidades simultáneamente para prevenir derrames de aceite. Pueden conservarse durante varios días en un lugar seco y fresco. Se emplean principalmente como acompañamiento de fritos, especialmente en empanados.

    b) **Patatas cerilla:** son ligeramente más gruesas que las patatas paja, con dimensiones aproximadas de 2 × 2 mm de ancho por 5-6 cm de largo. Se deben lavar, escurrir y freír de manera similar a las patatas paja. Se utilizan en combinación con empanados y, principalmente, con carnes a la parrilla.

© Ediciones Paraninfo

c) **Patatas bastón:** son de un ancho y alto aproximado al doble de las patatas cerilla, manteniendo la misma longitud. Deben lavarse y escurrirse de manera óptima y, por lo general, se fríen mediante el método 1; en caso de necesidad durante el servicio, pueden emplearse frituras por el método 2. Son utilizadas como acompañamiento de carnes a la parrilla y a la sartén.

d) **Patatas españolas:** para su elaboración, las patatas se cuadran inicialmente, y los recortes resultantes se destinan a purés y cremas. Posteriormente, se cortan en rectángulos de aproximadamente 1 cm de ancho por 8 cm de largo. Se fríen mediante el método 2 y son ampliamente utilizadas en España como acompañamiento de huevos fritos a la española, así como de carnes a la parrilla y a la sartén.

e) **Patatas a cuadros o dados:** se cortan en cubos de aproximadamente 1 cm², empleándose generalmente como acompañamiento de carnes en salsa. Existe una variante denominada «patatas en cachelos», de forma irregular, que pueden freírse por el método 1 o 2, siendo utilizadas principalmente en aperitivos, como las patatas bravas.

f) **Patatas puente nuevo:** similar a las patatas españolas, requiere que las patatas se cuadren primero. Luego, se cortan en grandes rectángulos de aproximadamente 2 × 2 cm de ancho y 8-10 cm de largo. Deben freírse mediante el método 2. Se emplean generalmente como acompañamiento de platos de carnes de alta cocina y presentación elaborada, disponiéndose dos a dos en paralelo, sirviéndose un promedio de seis patatas por persona.

Actividad propuesta 3.2

Realiza de forma práctica todos los tipos de corte de patata estudiados previamente, procurando mantener uniformidad en el tamaño y la precisión en cada técnica.

— **Patatas en rodajas:** presentan una forma más o menos redondeada y un grosor muy delgado, generalmente obtenidas con mandolina. Una excepción son las patatas suflé. Todas se fríen mediante el método 1, debiendo resultar crujientes y doradas.

a) **Copos:** lascas finas de patata de formas y tamaños irregulares.

© Ediciones Paraninfo

b) **Patatas chips:** se elaboran cortando rodajas muy finas de patata con mandolina, las cuales deben lavarse varias veces y escurrirse correctamente antes de freír. Se utilizan generalmente como aperitivo y, ocasionalmente, como acompañamiento de carnes a la parrilla o asadas. Pueden conservarse varios días.

c) **Patatas rejilla:** se obtienen exclusivamente mediante mandolina, realizando movimientos de inversión de postura que generan la forma característica de rejilla. Deben lavarse y escurrirse correctamente y pueden conservarse varios días en lugar fresco y seco. Se utilizan como aperitivo y como acompañamiento de carnes a la parrilla.

d) **Patatas nido:** se elaboran a partir de patatas paja, rejilla o chips. Una vez peladas y lavadas, no se vuelven a lavar tras el corte para conservar el almidón y permitir que las láminas se adhieran entre sí. Se colocan en un cestillo especial y se fríen mediante el método 1, obteniendo forma de nido o media esfera hueca, que puede rellenarse con verduras u otros preparados. Se emplean como guarnición decorativa para carnes a la parrilla, asadas, aves o caza.

e) **Patatas suflé:** su nombre indica que se trata de patatas hinchadas. Se pelan, lavan y cortan en lonchas de aproximadamente 3 mm, las cuales no se vuelven a lavar, pero sí se secan con papel absorbente. Para su fritura se requieren dos sartenes con aceite: primero se sumergen a 140-150 °C, agitándolas constantemente, y luego se trasladan a la segunda sartén a 180 °C para que se inflen. Las patatas deben ser de tamaño regular, de alta calidad, no nuevas, sin humedad ni brotes. Se sirven como aperitivo o como guarnición de carnes a la parrilla, a la sartén o asadas.

Figura 3.5. Patatas suflé, fritas en dos tiempos y que son un ejemplo perfecto de control de temperatura y textura en la cocina.

© Ediciones Paraninfo

- **Patatas hervidas:** se someten a cocción completa en agua con sal, con o sin piel, y a veces con la adición de limón, laurel u otras especias.

  a) **Patatas al vapor:** se pelan, se tornean o no, y se cuecen durante 35-40 minutos a partir del hervor, colocadas sobre una rejilla que evita el contacto con el agua, cocinándose únicamente con vapor. Los hornos de vapor reducen a la mitad el tiempo de cocción. Se aplican como guarnición de pescados fritos, hervidos o a la molinera, así como de hortalizas hervidas y carnes salteadas o braseadas.

  b) **Patatas salteadas:** se hierven primero con piel, se enfrían en seco y se cortan en rodajas de aproximadamente 1 cm. Posteriormente, se saltean en sartén o salteadora con aceite de oliva, manteca de cerdo o mantequilla, y se sazonan con sal y perejil picado. Se aplican como guarnición de carnes y aves asadas, empanadas, salteadas o a la sartén. Entre estas se incluyen las patatas parisién y avellana, obtenidas mediante sacabolas, salteadas en mantequilla hasta dorar y espolvoreadas con perejil o perifollo.

  c) **Patatas arrugadas:** son patatas pequeñas, cocidas con piel en agua con abundante sal (aproximadamente 30 g por litro). Una vez cocidas, presentan piel seca, blanquecina y arrugada. Se utilizan como guarnición de carnes a la parrilla o asadas, acompañadas de mojo picón, alioli, mayonesa o derivados.

Actividad propuesta 3.3

Elabora medio kilo de patatas pequeñas según lo descrito y evalúa los resultados.

---

  d) **Patatas en puré:** se pelan, lavan y cuecen en agua fría con sal, destapadas, hasta cocción completa. Luego se escurren, se secan en horno y se tamizan mediante pasapuré o tamiz, incorporando elementos grasos que definen su denominación:

  - **Puré *parmentier:*** por cada kilogramo de patata tamizada, se agregan 2 dl de leche, 100 g de mantequilla, sal y pimienta blanca. Se emplea como guarnición de carnes asadas o braseadas.

  - **Puré duquesa:** por cada kilogramo de patata muy seca, se incorporan 4 yemas de huevo, 100 g de mantequilla, sal, pimienta blanca

© Ediciones Paraninfo

recién molida y nuez moscada rallada. Se utiliza para decorar bordes de fuentes y platos mediante manga pastelera, gratinar en horno o añadir colorantes alimenticios. Es guarnición de carnes asadas y a la sartén.

Variantes derivadas del puré duquesa:

- ○ **Patatas croqueta:** puré duquesa en forma de croqueta empanada.

- ○ **Patatas Berny:** puré duquesa en forma de almendra con trufa, empanadas con almendras picadas o fileteadas.

- ○ **Patatas de castañas:** puré duquesa mezclado a partes iguales con puré de castañas, empanado.

- ○ **Patatas delfín:** se elabora pasta *choux* con 1 kg de patata cocida y seca, 0,100 kg de mantequilla, 0,150 kg de harina, 4 huevos y 30 cl de agua, mezclando hasta homogeneizar. Se forman patatas con dos cucharas, se colocan sobre papel sulfurizado engrasado y se fríen a 170 ºC hasta dorar.

- ○ **Patatas Loreto:** variante de patatas delfín con queso, formadas como cigarros, utilizadas como acompañamiento de carnes en general.

- • **Patatas al horno:** se elaboran parcial o totalmente en horno. Técnicas principales:

  a) **Patatas panadera:** se pelan, cortan en rodajas y se saltean a fuego vivo con cebolla en juliana y aceite de oliva. Se colocan en placa con vino blanco, limón y fondo (fumé o fondo blanco según aplicación) y se terminan en horno. Se aplican como guarnición de carnes a la parrilla, cordero y pescados al horno.

  b) **Patatas lionesas:** se saltean rodajas de patata en aceite o manteca, se colocan en placa con abundante cebolla en juliana, vino blanco, vinagre, sal, pimienta blanca y perejil picado, y se terminan en horno medio o fuerte. Se aplican a carnes braseadas, carnes a la parrilla, aves asadas y caza.

  c) **Patatas a la provenzal:** patatas lionesas con majado de ajo, perejil, miga de pan y láminas de tomate.

  d) **Patatas serranas:** patatas lionesas con tiras de pimiento rojo y verde, una punta de pimentón, majado de tomillo y ajo, y toque de orégano.

  e) **Patatas risoladas:** se blanquean primero en agua durante minutos y se terminan en placa con aceite o mantequilla a horno fuerte hasta cocción

© Ediciones Paraninfo

completa. Deben presentar exterior dorado e interior jugoso. Según forma y tamaño, reciben diferentes denominaciones:

○ **Avellana o *noisettes*:** forma de avellana, obtenida con cucharilla.

○ **Castillo o *château*:** torneadas en forma de huevo.

○ **Diente de ajo o *cocotte*:** torneadas y cortadas en cuatro porciones a lo largo, recortando filos.

Guarniciones de arroz

Se trata de elaboraciones básicas cuyo ingrediente principal es el arroz, utilizadas habitualmente como guarnición. Suelen presentarse moldeadas y entre las preparaciones más comunes destacan el arroz pilaf y el arroz blanco.

- **Arroz pilaf o *pilav*:** la preparación comienza con la cebolla cortada en *brunoise*, que se rehoga en mantequilla sin permitir que se dore. A continuación, se incorpora el arroz y se dora ligeramente, asegurando que quede impregnado de grasa. Posteriormente se añade caldo hirviendo y sazonado, se condimenta con un *bouquet garni* y se deja cocer durante quince a veinte minutos. Al final de la cocción puede agregarse mantequilla y mezclarse suavemente. Este tipo de arroz se emplea como guarnición de huevos, chipirones y calamares en su tinta, ciertos pescados en salsa, algunas carnes estofadas y platos de ave.

- **Arroz blanco:** se trata de un arroz hervido en agua con sal, refrescado y escurrido. A continuación, puede rehogarse o saltearse con grasa y, en ocasiones, enriquecerse con elementos de condimentación. Se utiliza de manera similar al arroz pilaf o al natural como guarnición de sopas, cremas y potajes, así como en ensaladas y entremeses.

Guarniciones de pasta y elementos harinosos

Incluyen pastas italianas frescas o secas, así como ñoquis. Su aplicación es doble:

1. Como acompañamiento de platos de carne de origen italiano, tales como escalopes a la milanesa, osobuco o carnes en salsa, utilizando espaguetis, tallarines, *fusilloni,* o *fettuchini,* entre otros, salteados en mantequilla y queso rallado, o bien ñoquis con diferentes tipos de salsas.

2. Para acompañar consomés, sopas y potajes se emplean fideos, *tufoli*, caracolas o estrellas, hervidos directamente en el propio caldo.

© Ediciones Paraninfo

Figura 3.6. Escalope acompañado de espaguetis como guarnición.

Guarniciones de hortalizas

Comprenden hortalizas crudas o cocidas.

- **Hortalizas en ensalada:** se trata de hortalizas crudas o cocidas, servidas generalmente en un plato aparte y aderezadas con hierbas aromáticas, ajo o vinagreta. Entre las hortalizas crudas destacan la lechuga, el tomate, la cebolla, la zanahoria y el pepino, mientras que entre las cocidas se utilizan principalmente la patata, la alcachofa y la remolacha. Las hortalizas crudas acompañan carnes frías, carnes asadas al horno o a la parrilla, pescados y huevos. Las hortalizas cocidas se aplican a platos fríos de huevos, pescados y carnes, carnes a la parrilla o asadas y a platos calientes de pescado.

- **Hortalizas hervidas o rehogadas:** se elaboran a partir de hortalizas de hoja y semillas, entre las que se incluyen zanahoria, nabo, judías verdes, coliflor, remolacha, guisantes, alcachofas y espinacas. Los métodos de cocción más frecuentes son:

  1. **A la inglesa:** consiste en cocer las hortalizas en abundante agua hirviendo con sal, sin tapar, asegurando una cocción uniforme.

  2. **Cocción en blanco:** evita la oxidación de verduras como alcachofa, endivia, penca o acelga, que tienden a oscurecerse rápidamente. La técnica consiste en preparar una mezcla de agua, harina, sal y zumo de limón. La harina forma una capa protectora sobre las verduras, confiriendo al caldo una tonalidad blanca, mientras que el medio ácido del zumo previene la oxidación. Una vez cocidas, las hortalizas se dejan enfriar en el mismo caldo de cocción antes de desecharlo.

  3. **Cocción al vapor:** permite cocinar las hortalizas mediante vapor de agua, minimizando la pérdida de sabor y nutrientes. Se utiliza una rejilla o placa

© Ediciones Paraninfo

perforada que sostiene los alimentos mientras el vapor los cocina de manera uniforme.

4. **Rehogado:** implica sofreír los alimentos a temperatura media-alta, sin superar los 100 °C, con una cantidad mínima de aceite, y tapando el recipiente. El objetivo es que los alimentos se cocinen sin dorarse; por ejemplo, las cebollas estarán listas cuando adquieran transparencia. Los alimentos rehogados suelen completar su cocción en otros fondos de preparación.

5. **Braseado:** consiste en blanquear las hortalizas, cociéndolas en su propio jugo. Este método es especialmente adecuado para hortalizas fibrosas, ya que intensifica su sabor. Se puede añadir un poco de caldo o agua, pero en cantidades limitadas para evitar exceso de líquido.

Las hortalizas pueden servirse frías, acompañadas de salsas emulsionadas como alioli, mayonesa o sus derivados, o calientes, al vapor o ligeramente rehogadas con mantequilla. Se aplican como guarnición de carnes a la sartén, a la parrilla, asadas, estofadas y de pescados fríos.

¿SABÍAS QUE…?

El glaseado de verduras consiste en cocer las hortalizas con una pequeña cantidad de agua, azúcar, mantequilla y sal. Este procedimiento se utiliza en verduras como cebollitas, zanahorias y nabos, logrando que queden tiernas, doradas y brillantes.

- **Hortalizas salteadas:** se elaboran salteando las hortalizas limpias y cortadas o torneadas, a menudo con grasa y elementos de condimentación. Entre las hortalizas más empleadas se encuentran calabacín, berenjena y pimiento verde. Se aplican en acompañamiento de carnes a la parrilla, carnes en salsa y platos de huevos.

- **Hortalizas rebozadas:** esta técnica consiste en recubrir las hortalizas con harina y huevo batido, o con pastas tipo Orly, antes de freírlas. Se emplean principalmente flores y frutos, como berenjenas, pimientos verdes, alcachofas y flores de calabaza. Algunas requieren escaldado o cocción previa. Las hortalizas se fríen en aceite caliente a 180 °C hasta adquirir color dorado y se sirven como acompañamiento de platos de huevos y carnes a la parrilla, a la sartén o al horno.

- **Hortalizas a la parrilla o a la plancha:** se preparan con flores y frutos de hortalizas limpias, lavadas y fileteadas o enteras, cocinadas en parrilla o

© Ediciones Paraninfo

plancha con aceite de oliva y una mínima cantidad de sal. Entre las más utilizadas se encuentran espárragos, calabacines y alcachofas, que se aplican como guarnición de carnes y pescados a la parrilla.

Guarniciones de huevo

Aquellas preparaciones en las que el huevo constituye el ingrediente principal de la guarnición. Las principales elaboraciones basadas en huevo son las siguientes:

- **Huevos cocinados con cáscara:** generalmente se emplean huevos duros, que pueden rellenarse o no, y se utilizan en preparaciones frías que acompañan piezas de bufé de carnes y pescados. También se elaboran huevos *mollet* fríos sobre hojaldres o tartaletas, napados con una salsa fría, empleando preferentemente huevos pequeños.

- **Huevos elaborados en «royal»:** se trata de un flan cuajado al baño maría en horno, elaborado con huevos enteros o yemas y caldo de ave, que luego se corta en *brunoise* y se utiliza como guarnición en sopas y consomés.

- **Huevos cuajados en forma de crepes:** se emplean como guarnición en sopas y consomés, cortados en rombos, juliana o enteros, acompañando carnes y pescados. Pueden estar rellenos de alguna farsa y cerrados en forma de bolsita, atada con una tira de cebollino blanqueado.

- **Huevos en *quenefas*:** son una especie de croquetas de ave o pescado que no se empanan, sino que se escalfan en caldo o agua, y se aplican como guarnición de aves, pescados y sopas.

Figura 3.7. Huevos en *quenefas*. Preparación donde los huevos se modelan en forma ovalada, recordando la clásica técnica francesa de las *quenelles*, que destaca por su elegancia y precisión en la presentación.

© Ediciones Paraninfo

■ **Guarniciones compuestas o con nombre propio**

Se entiende por guarnición compuesta aquella que está formada por varios ingredientes y puede acompañar diferentes tipos de platos, como carnes, pescados, aves o caza. Constituyen el grupo de guarniciones más importante, debido al gran número de preparaciones, la diversidad de aplicaciones y la habilidad profesional requerida para combinar colores, formas, texturas y sabores que complementen de manera equilibrada al ingrediente principal. Cada guarnición compuesta tiene un nombre propio, que puede estar inspirado en su creador, en una región o ciudad, o en función de sus ingredientes. Las principales guarniciones compuestas o con nombre propio son las siguientes:

- **Albufera:** arroz pilaf con fuagrás, *quenefas* de ave, cabezas de champiñón rellenas de jamón y láminas de trufa.

- **Alemana:** tallarines salteados en mantequilla y puré de patatas.

- **Alsaciana:** chucrut braseada en tartaletas y lámina redonda de tocino ahumado.

- **Americana:** escalope de langosta con láminas de trufa.

- **Anversoise:** tartaletas guarnecidas con lúpulos a la crema y patatas al vapor.

- **Andaluza:** medios pimientos asados guarnecidos con arroz a la griega, berenjena en trozos salteada en aceite con tomate *concassé*, y perejil picado por encima.

- **Antigua:** cebollitas braseadas y champiñones.

- **Argelina:** tomates pequeños al horno o fritos y croquetas de boniato.

- **Argenteuil:** puntas de espárragos napadas con salsa holandesa.

- **Arlesiana:** rodajas de berenjena y aros de cebolla remojados en leche, escurridos, pasados por harina y fritos, acompañados de tomates pequeños a la parrilla o tomate *concassé*.

- **Armenonville:** judías verdes, cuartos de alcachofas, patatas *cocotte* y tomate *concassé*.

- *Badoise*: lombarda braseada, puré de patatas y trocitos de tocino magro.

- **Banquera:** codornices deshuesadas y rellenas, *quenelles* y láminas de trufa.

- **Beatriz:** setas salteadas en mantequilla, zanahorias torneadas, cuartos de alcachofas y patatas *fondant*.

- **Beauharnais:** champiñones rellenos y cuartos de alcachofa.

- **Bella Elena:** champiñones rellenos de tomate, zanahorias torneadas, croquetas de patata y guisantes.

© Ediciones Paraninfo

- **Bella molinera:** pequeños tomatitos escalfados y pelados; aros de cebolla pasados por leche, harina y fritos; patatas hervidas torneadas al vapor; cabezas de champiñones escalfadas; bolas de espinacas y rodajas de limón pelado.

- *Berrichone:* col braseada en forma de bolas, castañas, cebollitas y lonchas finas de tocino.

- **Bizantina:** costradas de patatas duquesa rellenas con puré de coliflor y lechugas braseadas.

- **Bohemiana:** arroz pilaf, tomate *concassé* y rodajas de cebolla frita.

- **Bordelesa:** rodajas de tuétano escalfadas con salsa bordelesa.

- **Borgoñona:** cebollitas glaseadas, champiñones salteados y trocitos de tocino.

- *Brabançonne:* tartaletas rellenas de coles de Bruselas napadas con salsa *mornay* y glaseadas, acompañadas de croquetas de patata.

- **Bretona:** judías blancas cocidas, ligadas con salsa bretona, con perejil picado por encima.

- *Brillat-savarin:* tartaletas rellenas de puré de becadas y trufas, adornadas con trufa.

- **Bruselesa:** endivias braseadas, coles de Bruselas rehogadas en mantequilla y patatas al natural.

- **Buena mujer:** champiñones, cebollitas, tocino en lardones y patatas risoladas, con ajo como condimento principal.

- **Candelesa:** ostras escalfadas, quisquillas y salsa normanda.

- **Cardinal:** escalopes de langosta, láminas de trufa y salsa cardinal.

- **Catalana:** tomates a la parrilla, castañas, cebollitas glaseadas, salchichas y champiñones.

- *Chipolata:* salchichas *chipolatas*, cebollitas, castañas glaseadas y trocitos de tocino magro.

- **Choisy:** lechugas braseadas y patatas *château*.

- *Choron:* fondos de alcachofa rellenos de guisantes y patatas *noisette*.

- **Clamart:** tartaletas o fondos de alcachofas rellenos de guisantes a la francesa o en puré y patatas *château*.

- **Clermont:** tartaleta rellena de puré de castaña ligado con salsa *soubise*, yemas de huevo y rodajas de cebolla frita.

- **Concorde:** zanahorias torneadas y glaseadas, guisantes y puré de patatas.

© Ediciones Paraninfo

- **Conti**: puré de lentejas y trocitos de tocino magro.

- **Cumberland**: gelatina de grosellas con mermelada de manzanas agridulce.

- **Cussy**: champiñones rellenos con puré de castaña, trufas cocidas con vino de Madeira y riñones de ave.

- **Dartois**: nabos y zanahorias torneados, apio braseado y patatas risoladas.

- **Delfina**: croquetas de patata delfín elaboradas en diversas formas.

- **Descar**: fondos de alcachofa rellenos con salpicón de ave y croquetas de patata.

- **Dieppoise**: mejillones escalfados en vino, camarones sin caparazón, champiñones, con salsa al vino blanco y fondo reducido del pescado escalfado.

- **Doria**: pepinos torneados y rehogados en mantequilla.

- **Dubarry**: coliflor gratinada o en puré, acompañada de patatas naturales.

- **Duquesa**: patatas duquesa elaboradas en diferentes formas.

- **Embajador**: patatas duquesa, fondos de alcachofas rellenos con puré de champiñones y rábano rallado.

- **Enrique IV**: patatas *noisette* y fondo de alcachofa con salsa bearnesa.

- **Excelsior**: lechugas braseadas y patatas *fondant*.

- **Favorita**: escalopes de fuagrás, puntas de espárragos y láminas de trufa.

- **Financiera**: *quenelles*, láminas de trufa, cabezas de champiñón, aceitunas, crestas y riñones de gallo.

- **Flamanda**: bolas de berza braseada, zanahorias y nabos torneados, rectángulos de tocino de la cocción de la berza, rodajas de salchichón y patatas al vapor.

- **Florentina**: hojas de espinaca estofadas, napadas con salsa *mornay* y glaseadas.

- **Florián**: lechugas braseadas, cebollitas glaseadas, zanahorias torneadas y patatas *fondant*.

- **Fontainebleau**: pequeños pastelillos de patatas duquesa rellenos con una jardinera de legumbres.

- **Forestal**: setas salteadas, trocitos de tocino magro y patatas *parmentier*.

- **Frascati**: guarnición elaborada con cabezas de champiñones, escalopes de fuagrás, trufas, puntas de espárragos y patatas duquesa.

- **Gastrónomo**: setas salteadas, castañas cocidas y braseadas, trufas, crestas y riñones de gallo.

© Ediciones Paraninfo

- **Granjera:** zanahorias, nabos, cebollas y apio, todo cortado en paisana y rehogado en mantequilla.

- **Grenoblesa:** costrones de pan frito, huevo duro, alcaparras, limón pelado y patatas al vapor.

- **Griega:** arroz a la griega.

Figura 3.8. La guarnición de arroz a la griega acompaña perfectamente a la carne, combinando arroz blanco cocido con verduras como pimientos, cebolla y guisantes, presentándose moldeado o en plato con una textura suelta y colores vivos que contrastan y realzan el plato principal.

- **Húngara:** buqués de coliflor napados en salsa *mornay*, previamente condimentada con paprika y adicionada con trocitos de jamón, acompañados de patatas naturales.

- **Imperial:** champiñones, trufas, *quenelles* y escalopes de fuagrás.

- **Italiana:** fondos de alcachofa napados con salsa italiana y croquetas de macarrones.

- **Japonesa:** tartaletas rellenas de *crosnes* de jamón, ligados con *velouté*, acompañadas de croquetas de patata.

- **Jardinera:** zanahorias y nabos torneados, judías verdes hervidas al estilo inglés, guisantes y ramillete de coliflor hervida, napados con salsa holandesa.

- **Joinville:** champiñones, trufas y colas de cangrejo.

- **Juanita:** puré de fuagrás acompañado de láminas de trufa.

- **Jussière:** lechugas y cebollas rellenas, braseadas, acompañadas de patatas *château*.

- *Ligurienne:* tomates rellenos de arroz milanesa y patatas duquesa.

© Ediciones Paraninfo

- **Lorenesa:** lombarda braseada y patatas *fondant*.
- **Loreto:** puntas de espárragos, croquetas de ave y láminas de trufa.
- **Macedonia:** legumbres torneadas, judías verdes y coliflor.
- **Magdalena:** fondos de alcachofas rellenos de puré *soubise* y tartaletas rellenas de puré de judías blancas, adicionadas con yemas de huevo.
- *Maillot*: nabos y zanahorias torneadas, judías verdes y guisantes, cebollitas glaseadas y lechugas braseadas.
- *Mare Nostrum*: champiñones fileteados, juliana de jamón y gambas peladas; opcionalmente, se incluyen mejillones abiertos cortados en paisana, gajos de naranja y zumo de limón, flambeados con brandi, finalizando con almendras fileteadas tostadas por encima.
- **María Estuardo:** tartaletas rellenas de puré de nabo y láminas de tuétano.
- **María Luisa:** fondos de alcachofas rellenos con puré de champiñones, adicionados con salsa *soubise* y patatas *noisette*.
- **Marigny:** tartaletas rellenas con judías verdes y guisantes, acompañadas de patatas *fondant*.
- **Marinera:** mejillones, colas de gambas o quisquillas.
- **Marsellesa:** tomates salteados en manteca con punta de ajo, acompañados de patatas viruta.
- **Mascota:** cuartos de alcachofa salteados con mantequilla, patatas *parmentier* y láminas de trufa.
- *Masena*: fondos de alcachofas guarnecidos con láminas de tuétano y napados con salsa *périgueux*.
- *Matelote*: cabezas de champiñones, cebollitas glaseadas y costrones de corazón.
- **Médici:** fondos de alcachofas rellenos de guisantes, zanahorias y nabos torneados, acompañados de patatas *noisette* con salsa *choron*.
- **Mercedes:** champiñones y tomates a la parrilla, lechugas braseadas y croquetas de patata.
- *Mignon*: fondos de alcachofas rellenos con guisantes, *quenelles* de ave y láminas de trufa.
- **Milanesa:** juliana de jamón, lechuga, champiñones, trufa y espaguetis, ligados con salsa de tomate, mantequilla y queso rallado.
- **Mirabeau:** aceitunas deshuesadas, filetes de anchoa, perifollo, estragón y mantequilla de anchoa.

© Ediciones Paraninfo

- **Montmorency:** fondos de alcachofa rellenos con bolitas de zanahoria y patatas *noisette*.
- **Montpensier:** fondos de alcachofas guarnecidos con puntas de espárragos y patatas *noisette*, acompañados de juliana de trufas.
- **Montreuil:** fondos de alcachofas rellenos con guisantes y bolitas de zanahoria.
- **Nantesa:** guisantes, nabos glaseados y puré de patatas.
- **Nantua:** colas de cangrejo ligadas con salsa Nantua y láminas de trufa.
- **Nemours:** zanahorias torneadas, guisantes y patatas duquesa.
- **Niçoise:** tomate *concassé* con punta de ajo, alcaparras, rodaja de limón pelado y mantequilla de anchoas.
- **Nivernesa:** zanahorias y nabos torneados y glaseados, cebollitas glaseadas, lechugas braseadas y patatas naturales.
- **Oriental:** tomates rellenos de arroz a la griega y croquetas de batata.
- **Paisana:** zanahorias, cebollas, apio, nabos, trocitos de beicon y patatas, todo cortado en daditos.
- **Panadera:** rodajas finas de cebolla rehogadas en mantequilla, mezcladas con rodajas finas de patata, sazonadas con sal y pimienta, mojadas con fondo blanco y horneadas junto con la pieza que se va a asar.
- **Parisina:** lechugas braseadas y patatas *parisien*.
- **Piamontesa:** arroz piamontesa con trufas blancas.
- **Portuguesa:** tomates rellenos y patatas *château*.
- **Princesa:** puntas de espárragos y patatas *noisette*.
- ***Printanière:*** daditos de verduras y patatas *noisette*.
- **Provenzal:** tomatitos y champiñones rellenos con punta de ajo.
- **Rachel:** fondos de alcachofa con lámina de tuétano y perejil picado por encima.
- **Richelieu:** tomates y champiñones rellenos, lechugas braseadas y patatas *château*.
- **Romana:** tartaletas guarnecidas con ñoquis a la romana y gratinadas, además de moldes pequeños de espinacas ligadas con una farsa de ave.
- **Rossini:** medallones de fuagrás ligeramente salteados en mantequilla, acompañados de láminas de trufa y salsa de Madeira o de Oporto.
- **Samaritana:** arroz con timbales, lechugas braseadas y patatas delfín.
- **San Germán:** puré de guisantes sobre fondos de alcachofa.
- **Savigné:** champiñones a la parrilla, lechugas braseadas y patatas *château*.

© Ediciones Paraninfo

Figura 3.9. Ñoquis a la romana servidos con su característica textura suave
y gratinado dorado.

- **Sultana:** lombarda braseada y patatas duquesa.
- **Talleyrand:** macarrones ligados con mantequilla, queso rallado, juliana de trufas y dados de fuagrás.
- ***Vert-pré:*** berros y patatas paja.
- **Victoria:** macarrones, tomatitos, lechugas braseadas y puré de patatas.
- **Waleska:** escalopes de cola de langosta y láminas de trufa.
- **Washington:** maíz ligado con salsa crema.
- **Zarina:** pepinos torneados ligados con salsa crema.

¿SABÍAS QUE…?

El *crosne* (*Stachys affinis*), también conocido como alcachofa china o alcachofa betónica, es un pequeño tubérculo originario de Asia, perteneciente a la familia de las lamiáceas, como la menta. Este surge de una planta herbácea perenne que crece en zonas húmedas, cultivada específicamente para la obtención de este tubérculo.

Actividad propuesta 3.4

Realiza la guarnición bella molinera y comenta el resultado de la elaboración, así como el grado de dificultad que has experimentado durante el proceso.

© Ediciones Paraninfo

3.4.2. Cocina moderna o creativa

La cocina moderna o creativa está vinculada a la innovación culinaria y tiene sus orígenes en la década de 1970, con la llamada nueva cocina, que surgió como respuesta a la cocina clásica francesa. En la actualidad, se considera una cocina de vanguardia caracterizada por varios elementos fundamentales. Entre ellos destaca la globalización del mercado de productos, que permite disponer de ingredientes de distintas partes del mundo en cualquier época del año. Esta disponibilidad facilita la incorporación de técnicas y sabores diversos, permitiendo desestructurar texturas, aromas y sabores tradicionales y fusionarlos de maneras innovadoras. La forma de elaborar, cocinar y presentar los platos ha adquirido así un papel central en la experiencia gastronómica.

La cocina moderna o creativa requiere conocimientos técnicos, experiencia, buena organización y un paladar desarrollado. La creatividad es esencial para lograr platos innovadores que sorprendan y resulten atractivos en todos los sentidos. Este tipo de cocina suele implicar procesos largos que requieren paciencia, y ha dado lugar a lo que se conoce como cocina de autor.

Entre las principales técnicas que se utilizan se encuentran:

- **Cocina al vacío:** consiste en cocinar los alimentos en condiciones de baja presión, reduciendo los tiempos de cocción y fritura, y conservando la textura, el sabor y los nutrientes.

- **Contrastes:** platos que combinan sabores y presentaciones inesperadas, por ejemplo, un postre con apariencia de plato salado.

- **Deconstrucción:** separación de los ingredientes de recetas tradicionales para reconstruirlos con nuevas texturas y presentaciones, manteniendo el sabor original.

- **Deshidratación:** eliminación del agua de los alimentos para conservarlos o modificar su textura. Tradicionalmente se hacía de manera natural; actualmente se utiliza horno o deshidratadoras, sobre todo para presentaciones crujientes. Por ejemplo, para deshidratar cítricos, se cortan en rodajas finas, se colocan en una bandeja con papel vegetal y se hornean a 85 °C, volteándolas tras una hora y dejando que se sequen completamente antes de almacenar. Las frutas deshidratadas se pueden rehidratar o utilizar como condimento en diferentes platos.

- **Esferificación:** técnica desarrollada por Ferran Adrià que permite encapsular líquidos en pequeñas esferas similares a huevas de pescado, liberando el sabor al contacto con la boca. Se utiliza alginato sódico y cloruro cálcico, o variantes como el gluconolactato de calcio, según el líquido. La esferificación

© Ediciones Paraninfo

puede ser básica o inversa, dependiendo de la composición del líquido y del resultado deseado.

- **Espesamiento:** proceso para aumentar la consistencia de preparaciones líquidas mediante harinas, gelatinas, *roux* u otros agentes.

- **Gases criogénicos:** utilizados para enfriar rápidamente los alimentos, generando contrastes de temperatura y textura.

- **Gastrovac:** equipo que cocina en vacío a baja presión, manteniendo nutrientes, color y textura de los alimentos, y permite la infusión de sabores en distintas combinaciones.

- **Gelificación:** proceso mediante el cual se espesan soluciones líquidas, emulsiones y suspensiones mediante agentes gelificantes. Existen diversos geles, como agar-agar, goma gellan, goma tara, instangel, iota, kappa y metilcelulosa, cada uno con propiedades específicas de textura, temperatura y aplicación en la cocina.

- **Sifón:** herramienta que permite crear emulsiones, espumas y texturas rápidamente. Funciona mediante la presión de óxido nitroso y permite elaborar espumas con base de nata, gelatina o huevo, usando diversos ingredientes y boquillas para la decoración.

- **Terrificación:** técnica que transforma líquidos o grasas en polvo, generalmente mediante maltodextrina, utilizada para decoraciones y combinaciones innovadoras. La maltodextrina es un polisacárido soluble, obtenido del almidón de diversos vegetales, que permite dispersar grasas y estabilizar ingredientes secos.

¿SABÍAS QUE...?

La maltodextrina se presenta como un polvo blanquecino, soluble en agua fría y caliente. Se trata de un polisacárido dulce obtenido por hidrólisis parcial del almidón, por lo que, aunque procesado, es un aditivo de origen natural que se disuelve fácilmente en contacto con la saliva. Generalmente, se produce a partir de almidones como el maíz (principalmente en EE. UU.), el trigo o la cebada (más comunes en Europa), aunque también puede obtenerse del almidón de la patata o la tapioca. Se utiliza como humectante y espesante para estabilizar alimentos con alto contenido graso y para dispersar ingredientes secos. Es importante señalar que este aditivo resulta perjudicial para personas con enfermedad celíaca.

© Ediciones Paraninfo

- **Vaporera:** horno de vapor a presión que transmite calor de manera eficiente, reduciendo los tiempos de cocción hasta un 60 % y el consumo energético más de un 40 %. Es ideal para verduras, carnes y pescados, conservando sabor y nutrientes. Dotado para guías Gastronorm.

Figura 3.10. Obra maestra gastronómica que combina creatividad, técnica y presentación vanguardista.

3.4.3. Bufés

El servicio bufé es una fórmula de restauración con identidad propia que, en la actualidad, suele tener una imagen distorsionada, ya que abarca mucho más que simplemente el producto ofrecido. El diseño, equipamiento, control de higiene y temperatura, diversidad y presentación de los platos, junto con las necesidades de servicio y las expectativas y comportamientos de la clientela configuran un sistema complejo que debe ser cuidadosamente planificado, elaborado, presentado, controlado y estudiado.

El sistema bufé presenta distintos enfoques para la gestión en restauración. Actualmente, es una propuesta común en hoteles turísticos y urbanos para cubrir la escasez de personal, siendo la modalidad casi universal para el servicio de desayunos. Su potencial radica en la capacidad de reducir tiempos de consumo, ajustar presupuestos alimentarios a opciones adecuadas en cada momento y ofrecer una experiencia gastronómica placentera.

Desde el punto de vista técnico, la percepción común del bufé es la de un servicio sin espera donde el comensal puede servirse rápidamente, ideal para quienes disponen de tiempo limitado. Sin embargo, para que esta experiencia sea satisfactoria, se deben contemplar diseños personalizados, ofertas de producto diferenciadas y ubicaciones estratégicas que faciliten la identificación y elección de los alimentos. Es fundamental considerar si la clientela es estática, propia del

© Ediciones Paraninfo

establecimiento, permitiendo dosificar el flujo de personas de manera uniforme, o dinámica, mayormente externa, donde la entrada es más imprevisible.

En este último caso, es recomendable optar por diseños «free flow» que consisten en descentralizar el mobiliario bufé, distribuyendo la oferta gastronómica en módulos o «islas» independientes. Esto permite un mayor flujo de comensales y evita las aglomeraciones en un solo punto de inicio. No obstante, este diseño requiere una correcta señalización visual para que las personas identifiquen claramente la oferta específica de cada módulo, como ensaladas, platos dietéticos, pescados, carnes o postres, y accesos diseñados para facilitar la circulación.

La satisfacción del comensal depende más de la calidad y variedad de productos expuestos que de la cantidad total ofrecida, cuyo rango óptimo suele situarse entre 30 y 40 opciones diferentes, especialmente en bufés donde todo está visible. Para una organización eficiente, conviene estructurar plantillas de menús agrupados en categorías (entrantes, pastas, pescados, carnes, postres), equilibrando platos ligeros y consistentes, y diversos modos de elaboración (vapor, plancha, horneado, etcétera).

Es igualmente importante conocer el perfil del público según nacionalidades, poder adquisitivo y grupos etarios, para adaptar la oferta a hábitos y preferencias gastronómicas. La variedad, en bufé, no se refiere solo a la cantidad, sino también a la rotación constante de productos a lo largo de la estancia. Este aspecto es valorado positivamente por la clientela.

Los elementos decorativos deben integrarse con la oferta gastronómica, respetando criterios estéticos y funcionales. Es recomendable optar por decoraciones temáticas que faciliten la identificación de zonas, como ambiente marinero en la sección de pescados, y una presentación de los alimentos que destaque el ingrediente principal sin excesos de condimentos o adornos.

Las características principales del servicio bufé incluyen: flexibilidad en la planificación de cocina, aprovechamiento óptimo de materias primas, creatividad y atractivo visual para la clientela, adaptación cómoda del menú a necesidades individuales, rapidez en el servicio, menor tensión para el personal y una sensación de libertad para las personas comensales, además de una reducción en costes laborales.

El *show cooking* es un recurso que aumenta el atractivo visual, permitiendo la elaboración o terminación de platos ante la clientela. Para ello, es necesario contar con un espacio equipado en el bufé con planchas, vitrocerámicas, cámaras frigoríficas, campanas extractoras y otros elementos que faciliten la manipulación y presentación cómoda y segura de los alimentos.

© Ediciones Paraninfo

Este conjunto de elementos hace del bufé un sistema gastronómico eficiente y adaptable que demanda una gestión integral y profesional para garantizar calidad, seguridad y satisfacción.

¿SABÍAS QUE...?

Los productos kilómetro 0 se definen por su origen local, cultivados o elaborados en un radio máximo de 100 kilómetros del establecimiento que los utiliza. Esta práctica culinaria prioriza la frescura, la calidad y la sostenibilidad, promoviendo la producción artesanal y ecológica. Además, fortalece la economía local y reduce la huella ambiental al disminuir el transporte de alimentos.

3.4.4. Tapas y pinchos

La tapa como aperitivo trata de una pequeña porción de algún tipo de alimento, que se sirve generalmente para acompañar una bebida. Dicho esto, actualmente este sistema de aperitivos en España está en continua evolución, ya que se ha comprobado que es una fuente de ingresos para todos aquellos establecimientos que se centran en este tipo de negocio, pero hay que diferenciarlos en la forma que se sirven en distintos bares y provincias.

1. La tapa como tal, se viene ofreciendo según algunos historiadores desde el siglo XII, pero esto no está verificado por nadie, ya que se dicen bastantes más anécdotas al respecto, pero donde se mantuvo esta tradición fue en algunas zonas de Andalucía principalmente. Se sirve como aperitivo para acompañar algunos tipos de bebidas, sin coste alguno, ya que el propietario del establecimiento ofrece lo que él piensa que le puede gustar al cliente, pero esta forma de ofrecerla ha ido cambiando en las últimas tendencias, ya que se está ofreciendo en los bares una carta para elegir entre una variedad mayor, estas son más modestas en cuanto a coste y elaboración y acompañadas generalmente con patatas chips o aceitunas.

2. El pincho es una nueva tendencia de ofrecer aperitivos muy de moda en los últimos tiempos con origen en el País Vasco, pero este a diferencia de la tapa conlleva un precio, y en cuanto a sus formas y versiones son también algunas de las diferencias, ya que suelen ser preparaciones bastante más elaboradas, con más ingredientes. Se llama así porque el aperitivo va pinchado con un palito para que sujete los ingredientes a la rebanada de pan que sirve generalmente de base y se colocan estos de muy diferenciadas especialidades en la barra del establecimiento para que el cliente vaya cogiendo aquellos que le guste o le entren **más por los ojos**.

© Ediciones Paraninfo

Hoy en día la oferta de tapas actual es muy extensa por la geografía española y van desde las más clásicas hasta auténticas reproducciones de platos en miniatura, desencadenando actualmente una verdadera competición entre todos los establecimientos de restauración, convirtiéndose en una oferta gastronómica muy amplia. De hecho, es muy común encontrarnos con competiciones regladas por toda la geografía nacional y están en continua evolución. Pero todo esto no está exento de una serie de normas específicas para presentar este tipo de elaboraciones:

- Por simplificada que sea la tapa, el elemento principal debe ser lo que marca su identificación, acompañado de una buena calidad.

- Deben ser de bajo coste, ya que en su origen estaban pensadas como reclamo de consumidores, y hoy día forman parte de nuestra cultura gastronómica siendo un reclamo para el turismo, entre otros.

- Deben ser de fácil degustación, ya que generalmente se toman en la barra del establecimiento de pie y no superiores a dos o tres bocados.

- Deben ser entre otras cosas ligeras de tomar, ya que deben permitir tomar algunas más.

- Deben mantener el equilibrio entre todos los productos que la componen.

Figura 3.11. Establecimiento especializado en tapas.

3.4.5. Cocina internacional

La cocina internacional se refiere a la diversidad de platos y recetas que conforman la gastronomía propia de cada país, representando así su identidad en el ámbito mundial. Su origen se basa en los productos naturales característicos de cada región, lo que otorga a estos platos un carácter distintivo y auténtico.

© Ediciones Paraninfo

Esta diversidad culinaria surge de las particularidades geográficas, climáticas y culturales de los distintos territorios del planeta, integrándose con el tiempo en las tradiciones nacionales de cada nación.

A partir del descubrimiento de América, por parte de los europeos, se introdujeron en Europa numerosos productos alimenticios hasta entonces desconocidos, lo que marcó el inicio de la transformación de la cocina medieval, influenciada principalmente por las tradiciones árabe y cristiana. Esta evolución se intensificó durante los siglos XVII y XVIII, dando lugar a nuevas técnicas, sabores y combinaciones culinarias.

En los últimos dos siglos, la gastronomía internacional se ha visto profundamente influida por el intercambio cultural, los avances en los medios de transporte y la globalización. Hoy en día, esto permite el acceso a productos de todo el mundo durante cualquier época del año y facilita la difusión de platos originarios de diversas culturas, enriqueciendo la experiencia gastronómica global.

Figura 3.12. La cocina universal destaca por su diversidad y riqueza culinaria.

En la actualidad, se encuentran en todas las ciudades de la geografía española restaurantes con origen en otros países, como son los japoneses, chinos, tailandeses, mexicanos, italianos, sudamericanos, marroquíes, libaneses, etc., evidenciando un crecimiento constante de la oferta de cocina internacional en España. A continuación, se presenta una representación de los platos más característicos de estos países.

■ Cocina japonesa

Se basa principalmente en una tipología de cocina saludable, nutricionalmente equilibrada, a partir de productos naturales y estacionales, tales como arroz,

© Ediciones Paraninfo

verduras, pescados y mariscos. Existe una infinidad de platos, de los cuales se nombran seguidamente unos que son muy representativos.

- *Soba*, ramen, *udon* o *somen*: diferentes tipos de fideos.

- *Sushi*: basado en arroz aderezado con vinagre de arroz, azúcar y sal, combinado con otros ingredientes como son pescados crudos, mariscos, verduras, etcétera.

- *Sashimi*: plato que consiste principalmente en mariscos o pescados crudos, cortados finamente.

- Wagyu: vaca japonesa.

- *Okonomiyaki*: tortilla japonesa.

- *Takoyaki*: buñuelo japonés.

Figura 3.13. Variedad de *sushi*, mostrando distintos estilos y presentaciones tradicionales.

■ Cocina china

La cocina china es una de las más diversas y ricas del mundo, fruto de una tradición culinaria milenaria que ha perdurado a lo largo del tiempo. Su gastronomía, ampliamente difundida y apreciada en el ámbito internacional, refleja la gran variedad cultural y geográfica del país. Cada región aporta ingredientes, técnicas y sabores propios, conformando un vasto repertorio de platos. A continuación, se presenta una selección representativa de esta amplia tradición gastronómica.

- Rollito de primavera.

- Cerdo agridulce.

- Fideos instantáneos.

© Ediciones Paraninfo

- Pato laqueado.

- Arroz frito.

- *Chop suey*: platos de pasta salteada.

- *Zongzi*: popular triángulo de arroz glutinoso relleno de carne.

- *Baos*: bollos al vapor.

- Wantán: empanadas al estilo chino.

Figura 3.14. Platos típicos de la cocina china: rollitos de primavera y *baos*, símbolos de su riqueza culinaria.

■ Cocina tailandesa

La cocina tailandesa se elabora con determinados productos que consiguen una mezcla de sabores dulces, salados, agrios, amargos, con toques picantes, que dan como resultado un matiz exótico y delicioso, logrando una armonía de sabores difícil de encontrar en otras cocinas del mundo. Cuenta con una infinidad de platos, entre ellos:

- Arroz: el más consumido, con diferentes elaboraciones.

- *Noodles*: muy consumido.

Figura 3.15. *Noodles*, especialidad típica de Tailandia, apreciada por su versatilidad y sabor.

© Ediciones Paraninfo

- Pinchos de carne: muy consumidos, con distintas formas de elaboración.
- Carnes con diferentes tipos de curri.
- Fideos fritos o *pad thai*.
- Sopas elaboradas con leche de coco y picantes.
- Rollitos de primavera con diferentes estilos.

■ Cocina mexicana

La cocina mexicana tiene como base multitud de ingredientes, siendo los principales el maíz, el frijol y el chile, junto al uso de especias y productos endémicos, lo que la convierte en una cocina muy original e histórica en sus técnicas y procedimientos. Contiene una gran variedad de sabores, aromas, texturas y colores, y goza de un gran reconocimiento en el ámbito mundial. Se encuentra una infinidad de platos, de los cuales se nombra una representación:

- Tacos.
- Burritos.
- Fajitas.
- Quesadillas.
- Enchiladas.
- Guacamole.
- Pozole.
- Tamales.

Figura 3.16. Tacos y burritos, dos de las preparaciones más emblemáticas de la gastronomía mexicana.

■ Cocina italiana

La cocina italiana se distingue por su sencillez y el uso de pocos ingredientes, destacando la harina como base principal. Esta simplicidad permite que los sabores esenciales de cada plato resalten. Un aspecto fundamental es consumir la pasta al dente, acompañada de salsas elaboradas principalmente con tomates, ajo, aceite de oliva y verduras, lo que ha posicionado a la cocina italiana como

© Ediciones Paraninfo

una de las dietas más saludables del mundo. Entre su extensa variedad de platos, se destacan los siguientes:

- **Espaguetis:** pasta elaborada con harina de trigo, agua, sal y, en ocasiones, huevo. Se presentan en forma de cilindros largos y delgados, y se preparan de múltiples maneras.

- **Lasaña:** pasta rectangular que se intercala con salsa boloñesa, cubierta con bechamel y gratinada con queso.

- *Pizza*: masa de harina de trigo, levadura, agua y sal, estirada en forma circular y cubierta con ingredientes como tomate y *mozzarella*, horneada a alta temperatura.

- *Risotto*: plato cremoso elaborado agregando caldo gradualmente y removiendo constantemente.

- **Ñoquis:** pequeñas porciones redondas hechas con patata, harina, huevo y queso, generalmente acompañadas de alguna salsa.

- **Raviolis:** pasta cuadrada rellena de diversos ingredientes, comúnmente carne picada, servida con una salsa que define su nombre.

- **Canelones:** pasta ancha y rectangular que envuelve un relleno de carne, verduras o tomate, formando un cilindro, napado con bechamel y gratinado.

- **Macarrones:** pasta cilíndrica y hueca, elaborada de forma similar a los espaguetis, destacando por su textura y forma.

- *Tagliatelles*, *fetuccini* y **tallarines:** pasta plana, larga y estrecha, elaborada como los espaguetis y adaptable a distintos tipos de salsas.

Figura 3.17. Platos típicos de la cocina italiana: la *pizza*, conocida por su masa fina y cubierta de ingredientes frescos, y los espaguetis, pasta larga que se puede acompañar con diversas salsas.

■ Cocina sudamericana

La cocina sudamericana es muy colorida y diversa, una exquisita mezcla de sabores y productos, ya que surge de una superposición de las tradiciones indígenas,

© Ediciones Paraninfo

las diferentes culturas, los dominios coloniales y la modernidad. Se encuentra una gran variedad de platos, de los cuales se nombra una representación:

- **Arepa:** empanadilla elaborada con harina de maíz, agua y sal.

- **Ceviche:** plato de pescado o marisco crudo, marinado con limón, cebolla, ají, caldo de pescado y cilantro.

- **Humita:** pasta o masa de maíz suavemente aliñada, que puede ir envuelta y cocida o tostada en las propias hojas de una mazorca de choclo.

- **Tamales:** masa de maíz o de arroz que se puede rellenar de carne, verduras y salsas, envuelta en hojas vegetales como de mazorca de maíz o de plátano, cocida en agua o al vapor, pudiendo ser tanto dulces como salados.

- *Feijoada*: frijoles negros mezclados habitualmente con carne de cerdo y chorizo, acompañados de arroz blanco, *farofa* y col.

- **Anticuchos:** guiso que se prepara con el corazón de vaca, aderezado principalmente con ají colorado, entre otras especias.

Figura 3.18. Ejemplos de la gastronomía sudamericana: arepas, un alimento tradicional de maíz, y tamales, preparados con masa y rellenos cocidos al vapor.

■ **Cocina marroquí**

La cocina marroquí es considerada de gran riqueza y diversidad, debido a la interacción que ha generado a partir de diferentes culturas, como son las de los pueblos bereberes, moriscos, mediterráneos, africanos y de Oriente Medio. Tiene como rasgo principal la mezcla de lo dulce con lo salado. Entre la gran diversidad de platos, a continuación, se destacan algunos ejemplos representativos.

- **Cuscús:** se elabora a base de sémola de trigo.

- *Pastela*: especie de hojaldre, elaborado con pasta filo, con una farsa habitualmente de carne de pollo, verduras, canela y azúcar.

- **Carne de cordero:** la más popular.

- **Especias:** son empleadas de manera intensiva.

© Ediciones Paraninfo

- **Harira**: la sopa principal, consumida en los meses del ramadán.
- **Tajine**: recipiente que da nombre a los diferentes guisos que son elaborados en él.

Figura 3.19. Representación de la cocina marroquí: *tajine*, el recipiente tradicional, frutos secos habituales y un *tajine* de cordero con cuscús acompañado de otros platos típicos.

■ Cocina libanesa

La cocina libanesa se distingue por su diversidad y riqueza, resultado de la fusión de diferentes culturas a lo largo de los siglos. Esta gastronomía destaca por la armonía de sabores, colores y texturas, así como por el uso de ingredientes frescos y especias aromáticas. Entre la gran variedad de platos, se pueden mencionar algunos representativos:

- **Mezzes**: conjunto de pequeños platos servidos como entrantes, entre los que se incluyen hummus, tabulé y *baba ganoush*.
- **Kebbe**: croquetas elaboradas con carne picada de cordero o ternera, que pueden ser fritas, asadas o cocidas.
- **Shawarma**: carne cocinada en un pincho giratorio y servida con pan de pita, verduras y salsa.
- **Mujaddara**: plato sencillo y nutritivo a base de lentejas y arroz.
- **Pan de pita:** pan característico que se utiliza tanto como acompañamiento como utensilio comestible.

© Ediciones Paraninfo

- ***Baklava***: postre tradicional hecho con pasta filo, frutos secos, dátiles y miel.
- ***Labneh***: yogur espeso y cremoso, típico en esta gastronomía.

Figura 3.20. Selección de platos tradicionales de la cocina libanesa, que muestra su variedad de sabores, colores y texturas.

3.5. APLICACIONES Y ENSAYOS PRÁCTICOS

Existe una regla conocida como EUPF, siglas de las palabras Equilibrio, Unidad, Punto focal y Flujo, creada como guía para que quienes elaboran los platos puedan facilitar el emplatado, cumpliendo ciertos criterios fundamentales. Para desarrollar una buena línea de presentación, es necesario crear una guía propia; de esta manera, la disposición de los platos no pasará desapercibida. A continuación, se detallan los fundamentos de estas ideas:

- Equilibrio: se refiere al análisis de cómo distribuir de manera armoniosa los componentes de un plato en términos de sabor, color y textura, logrando que cada elemento se complemente sin que alguno predomine sobre los demás. Para alcanzarlo, es necesario seleccionar previamente las técnicas

Figura 3.21. Ejemplo de distribución equilibrada de los componentes en un plato, considerando sabor, color y textura.

© Ediciones Paraninfo

culinarias y materias primas que se van a emplear, buscando que los distintos elementos se complementen y se obtenga un resultado final equilibrado.

- Unidad: esta fase implica organizar los ingredientes de manera que trabajen juntos para fortalecer la composición general. Cualquier elemento que no aporte valor debe eliminarse, con el objetivo de resaltar la coherencia del plato en su conjunto. La disposición de los elementos debe ser unificada, evitando excesivos espacios vacíos o puntos que distraigan la atención, salvo el elemento principal.

Figura 3.22. Ejemplo de unidad en la disposición de los ingredientes, logrando que todos los elementos del plato se integren visual y gustativamente.

- Punto focal: aunque se debe evitar la multiplicidad de elementos que llamen la atención, es fundamental que el elemento principal destaque. Este será el punto hacia el cual se dirige la mirada del comensal, mientras que los elementos secundarios, como verduras, salsas u otros acompañamientos, cumplen una función de apoyo visual. El objetivo es que la vista se centre primero en el elemento principal y luego explore el resto del plato.

Figura 3.23. Punto focal en la presentación: el ingrediente central destaca sobre los secundarios, generando armonía visual.

© Ediciones Paraninfo

- Flujo: este criterio se centra en el recorrido visual que realiza quien observa el plato. La disposición de los elementos permite guiar la mirada, generando un sentido de movimiento que influye en el orden en que se degustan los componentes. El flujo se puede planificar previamente mediante líneas y formas, determinando la colocación de los ingredientes y facilitando su emplatado de manera casi automática.

Figura 3.24. Flujo visual. La disposición de los ingredientes guía la mirada del comensal a través de todo el plato.

3.6. DISEÑO DE BOCETOS

Para realizar una decoración, es imprescindible definir de manera clara la propuesta, especialmente en trabajos que emplean manga pastelera o *cornet*. Estas técnicas, por su naturaleza, generalmente no admiten correcciones. Dejar la decoración a la improvisación puede generar resultados no deseados o irreversibles. Por ello, resulta fundamental elaborar un boceto previo de la idea, considerando posibles combinaciones o alternativas.

Figura 3.25. Pensar muy bien previamente un boceto y transcribirlo resulta fundamental para garantizar coherencia y organización en el trabajo culinario.

© Ediciones Paraninfo

Para diseñar una elaboración culinaria, se deben tener claros tres aspectos: la idea principal, los recursos disponibles y los pasos de ejecución. A continuación, se presentan los pasos recomendados para la decoración:

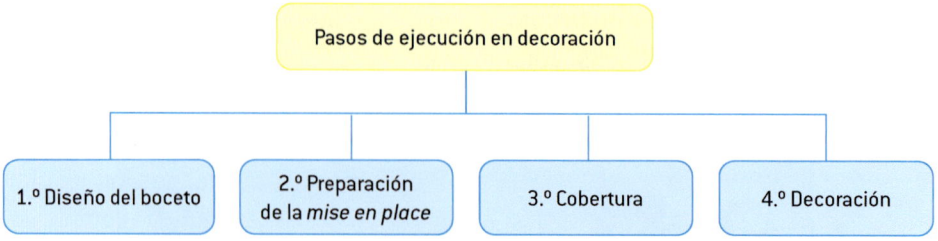

Figura 3.26. Secuencia de pasos recomendados para ejecutar una decoración culinaria de manera organizada.

La idea central es que una organización y presentación cuidadosas transmiten información de alta calidad sobre la experiencia sensorial. La atención a la cocina de autor, a las texturas, a los conceptos, a los colores y a la creatividad contribuye al beneficio general, tanto para la experiencia del comensal como para el prestigio de la empresa.

3.7. MODELOS GRÁFICOS APLICANDO LAS TÉCNICAS CORRESPONDIENTES

La relación entre los elementos gastronómicos y el diseño gráfico se ha fortalecido notablemente, dado que un plato debe atraer primero por la vista, ofreciendo un aspecto armónico y coherente. Si a esto se añade un sabor excelente, el resultado se convierte en una preparación altamente deseable. El diseño gráfico contribuye significativamente a mejorar la percepción de los platos e incluso puede actuar como puente para resaltar el sabor de la elaboración.

Actualmente, el diseño gráfico en gastronomía se considera una disciplina fundamental, ya que abarca desde la producción hasta la presentación, comercialización y consumo, involucrando a todos los agentes del sector. Un aspecto clave en esta disciplina es el emplatado, que se complementa con una presentación visualmente atractiva de los alimentos. Hoy en día, muchas elaboraciones de los establecimientos de restauración se comparten a través de redes sociales, ya sea por comensales o por los propios negocios, con fines de *marketing*. Esto resalta la importancia de un buen diseño de emplatado para generar impacto visual y reconocimiento de marca.

Existen técnicas específicas para lograr que los platos sean más apetecibles a través de su diseño, considerando que la vista es el primer sentido que interviene

© Ediciones Paraninfo

en la experiencia de comer y que envía información al cerebro sobre la aceptación del alimento. Por estas razones, el emplatado de las preparaciones gastronómicas se basa en conocimientos técnicos y en principios de armonía y proporción, aplicados a tres aspectos principales:

- **Creatividad:** debe respetar la esencia del plato.

- **Soporte:** debe ser adecuado a la elaboración que se presenta.

- **Disposición de los alimentos:** debe mantener armonía y simplicidad, logrando equilibrio entre todos los elementos del plato.

El cuidado en las formas de emplatado genera un impacto visual positivo en el comensal, estimula el apetito y puede influir directamente en la rentabilidad del establecimiento. Para aplicar las técnicas de modelos gráficos, es fundamental tener presentes los conceptos descritos en el Apartado 3.5, sobre aplicaciones y ensayos prácticos.

El primer aspecto que considerar es el **punto focal**, que identifica el ingrediente principal y determina el volumen del plato.

Figura 3.27. Plato diseñado resaltando el ingrediente principal y la distribución volumétrica.

© Ediciones Paraninfo

Un segundo aspecto que se debe tener en cuenta es la diversidad de elementos que componen un plato. Al diseñar la presentación, se deben considerar el color, la textura y la forma, con el objetivo de estructurar una composición equilibrada y visualmente atractiva.

Figura 3.28. Distribución de los ingredientes en un plato, mostrando un enfoque de composición.

Las diferentes formas de organizar los elementos pueden adoptar diversos diseños: rectilíneos, irregulares, circulares, superpuestos, combinados o incluso accidentales, los cuales son bastante utilizados en la actualidad.

Diseño rectilíneo   Diseño irregular

© Ediciones Paraninfo

Diseño circular

Diseño superpuesto

Diseño de unión

Diseño accidental

Figura 3.29. Diseños de emplatado presentados en este capítulo.

© Ediciones Paraninfo

ACTIVIDADES FINALES

Actividades de comprobación

3.1. ¿A qué temperatura ha de servirse el plato helado?

a) −10 °C.

b) −12 °C.

c) −18 °C.

d) −6 °C.

3.2. ¿Cómo se emplean actualmente los ingredientes para la decoración?

a) Naturales y comestibles.

b) Naturales y artificiales.

c) Comestibles y artificiales.

d) Las respuestas a y b son correctas.

3.3. ¿Cómo se rige la decoración?

a) Concreta.

b) Precisa.

c) Concreta y precisa.

d) Ninguna de las respuestas anteriores es correcta.

3.4. ¿A qué temperatura debe servirse un plato caliente?

a) Mínimo 65 °C.

b) Máximo 60 °C.

c) Mínimo 60 °C.

d) Las respuestas b y c son correctas.

3.5. Una taza de consomé, crema, etc., ¿hasta qué nivel debe llenarse?

a) 2/4.

b) 1/3.

c) 3/5.

d) 3/4.

© Ediciones Paraninfo

3.6. ¿Qué forma tiene la patata *noisette*?

a) Rodaja.

b) Torneada.

c) Bola grande.

d) Bola pequeña.

3.7. Generalmente, la cocina autóctona o regional, ¿qué no utiliza?

a) Presentaciones estructuradas.

b) Presentaciones rectilíneas.

c) Presentaciones vistosas.

d) Presentaciones circulares.

3.8. El *baklava* está elaborado con pasta filo, frutos secos, dátiles y miel. Es uno de los postres más tradicionales de esta cocina. ¿A qué cocina pertenece?

a) Marroquí.

b) Libanesa.

c) Mexicana.

d) China.

3.9. La esferificación básica consiste en añadir alginato al líquido que se desea esferificar, de modo que, al entrar en contacto con una disolución de cloruro cálcico, se produzca la gelificación y la formación de esferas. En resumen, ¿cómo se realiza este proceso?

a) Se añade alginato al líquido y se introduce en disolución de cloruro cálcico.

b) Se mezcla cloruro cálcico con el líquido y se agrega espolvoreando alginato.

c) Se coloca el líquido en cloruro cálcico y luego se agrega alginato en polvo.

d) Se combina alginato y cloruro cálcico directamente antes de añadir el líquido.

3.10. ¿Cómo se presenta la maltodextrina?

a) Se presenta como polvo.

b) Se presenta como polvo grisáceo, soluble en agua fría y caliente.

c) Se presenta como polvo amarillento, soluble en agua fría y caliente.

d) Se presenta como polvo blanquecino, soluble en agua fría y caliente.

© Ediciones Paraninfo

Actividades de aplicación

3.11. La salsa cumple múltiples funciones, pudiéndose emplear como elemento decorativo. ¿Cuándo no debe utilizarse?

3.12. ¿Qué tipo de montaje se considera tradicional?

3.13. ¿Qué tipo de cocina evita presentaciones vistosas?

3.14. ¿Qué se entiende por *show cooking*?

3.15. ¿Con qué ingrediente se elabora el cuscús?

3.16. ¿Qué significa el concepto «productos kilómetro 0» en gastronomía?

3.17. ¿Cuál es la forma de presentación casi universal de los servicios de desayunos?

3.18. ¿Cuál es la principal característica de la metilcelulosa?

3.19. ¿Qué busca el punto focal?

3.20. ¿Qué caracteriza a una tapa como aperitivo?

3.21. ¿En qué se diferencia un pincho de una tapa?

3.22. ¿Qué es imprescindible para realizar una decoración?

3.23. ¿Cómo se elaboran las hortalizas braseadas?

3.24. ¿Por qué es reconocida la cocina libanesa?

3.25. ¿De qué se compone la guarnición Waleska?

3.26. ¿En qué se basa principalmente la cocina japonesa?

3.27. ¿Cuál es la técnica de cocción «a la inglesa»?

3.28. ¿De qué se compone la guarnición Joinville?

3.29. ¿Qué caracteriza al montaje estructurado?

3.30. ¿Qué es el iota?

© Ediciones Paraninfo

Actividades de ampliación

3.31. **¿A qué tipo de diseño pertenece la siguiente figura?**

3.32. **¿Qué son los contrastes?**

3.33. **Completa el cuadro siguiente:**

Pasos de _____ en _____			
1.º Diseño _____	2.º Preparación _____ la _____ place	3.º _____	4.º _____

3.34. **¿Qué son los huevos elaborados en «royal»?**

3.35. **Relaciona cada concepto con la definición que le corresponde.**

1. Japonesa	a) *Noodles*
2. China	b) *Mezzes*
3. Tailandesa	c) Enchilada
4. Mexicana	d) *Tagliatelles*
5. Italiana	e) *Pastela*
6. Marroquí	f) *Baos*
7. Libanesa	g) *Takoyaki*

© Ediciones Paraninfo

4. Decoraciones en las elaboraciones culinarias

Contenidos

Introducción

4.1. Formas y colores en la decoración y presentación de elaboraciones culinarias

4.2. Técnicas

Actividades finales

© Ediciones Paraninfo

INTRODUCCIÓN

La decoración en cocina consiste en operaciones orientadas a lograr una presentación atractiva de los alimentos. Su importancia es clave: un plato poco visual puede generar indiferencia; si no transmite abundancia, causa insatisfacción; si carece de naturalidad, provoca rechazo; y si los ingredientes no muestran contrastes o armonías, la experiencia culinaria se percibe como monótona. Sin una adecuada decoración, no se cumple el objetivo principal: presentar un plato completo y satisfactorio.

Históricamente, la decoración ha cambiado mucho. En el siglo XVIII se usaban presentaciones sobreabundantes, poco combinadas y a veces incomibles, con ceras, hojas o madera. Hoy se priorizan decoraciones sencillas y funcionales, usando solo ingredientes del plato.

Actualmente, los elementos decorativos suelen ser naturales y comestibles, dispuestos para generar contraste o armonía visual. La cocina autóctona o regional suele prescindir de presentaciones vistosas; muchos platos se sirven en los mismos recipientes de cocción, con retoques simples como hierbas o guarniciones. La decoración requiere planificación y normalización, considerando alimentos y recipientes con antelación.

En conclusión, una buena decoración exige previsión, organización y creatividad. Una presentación cuidada realza los platos y proporciona una experiencia satisfactoria a quienes los degustan, reflejando un trabajo bien realizado.

4.1. FORMAS Y COLORES EN LA DECORACIÓN Y PRESENTACIÓN DE ELABORACIONES CULINARIAS

Las principales circunstancias que condicionan la decoración son:

- La vianda o alimento que se va a presentar.
- Las condiciones del entorno.
- El tiempo disponible para realizar la decoración.
- Los elementos y utensilios disponibles para la decoración.

El personal de cocina debe considerar tanto el color de los alimentos como sus formas, volúmenes y densidades, para generar composiciones visualmente atractivas.

- **Formas geométricas más comunes:**
  - Círculo.
  - Cuadrado.

© Ediciones Paraninfo

- Rectángulo.

- Rombo.

- Triángulo equilátero.

- Curvas.

- **Volúmenes más frecuentes:**

  - Cubos.

  - Conos.

  - Bolas.

  - Dados.

- **Densidades habituales:**

  - Blandas.

  - Sólidas

  - Gelatinosas.

  - Líquidas.

En el contexto actual, donde la vida es rápida y dinámica, es esencial destinar tiempo para planificar las decoraciones que se desean implementar, garantizando así que los platos generen satisfacción en quienes los consumen.

El color en la decoración permite expresar y resaltar las preparaciones culinarias, mientras que la forma determina el aspecto exterior de los alimentos. El color es un recurso natural que se utiliza de manera estratégica: el verde de las espinacas, el negro de las aceitunas, el rojo de la remolacha, el amarillo de los pimientos o el naranja de las zanahorias son ejemplos de cómo los alimentos pueden combinarse para generar diversidad visual y armonía en los platos.

4.1.1. La técnica del color en gastronomía

Es fundamental comprender desde el inicio cómo se forma el color, el cual depende directamente de la luz y no es más que una parte de ella. Físicamente, el color corresponde a una determinada longitud de onda, por lo que el término «color» se relaciona siempre con la expresión color-luz. No es una propiedad inherente a cada elemento del plato, sino que se percibe tanto de manera individual como en su conjunto, independientemente de la acción exterior.

Las distintas sustancias químicas presentes en los alimentos, conocidas como pigmentos, poseen un poder específico de atracción sobre las radiaciones que componen la luz blanca. Cada pigmento selecciona determinadas radiaciones, absorbiendo unas y reflejando otras, lo que provoca la percepción del color en los

© Ediciones Paraninfo

distintos elementos. Cuando un pigmento absorbe toda la luz blanca sin reflejar ninguna radiación al ojo, percibimos el color negro. Sin embargo, la mayoría de los pigmentos absorben parcialmente algunas radiaciones y reflejan otras. Este fenómeno físico de atracción total o parcial de radiaciones se denomina síntesis o mezcla sustractiva.

Se denominan colores primarios el rojo, azul y amarillo, ya que sus pigmentos no se obtienen mediante la combinación de otros colores. A partir de ellos es posible generar una infinidad de gamas de colores. En la decoración culinaria, se considera siempre el color en su acepción de pigmento.

El círculo cromático se compone de los siguientes colores:

- Amarillo.
- Naranja.
- Rojo.

- Violeta.
- Azul.
- Verde.

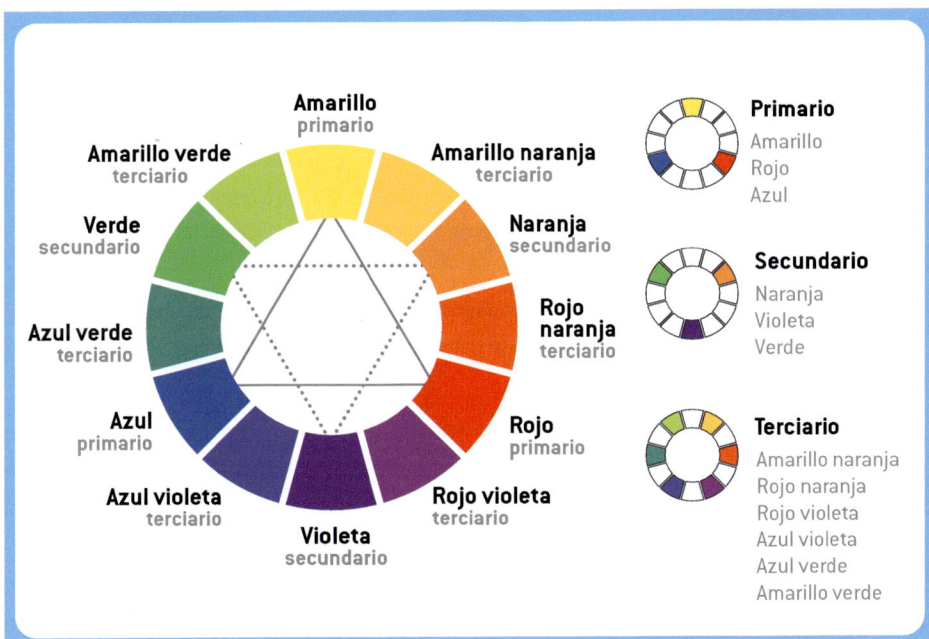

Figura 4.1. Círculo cromático. La rueda de colores, una guía esencial para entender la armonía y el contraste en el diseño y el arte.

Los colores complementarios son aquellos que se ubican en posiciones opuestas dentro del círculo cromático. La mezcla de colores complementarios conduce al negro.

- El complementario del amarillo es el violeta.

© Ediciones Paraninfo

- El complementario del azul es el naranja.

- El complementario del rojo es el verde.

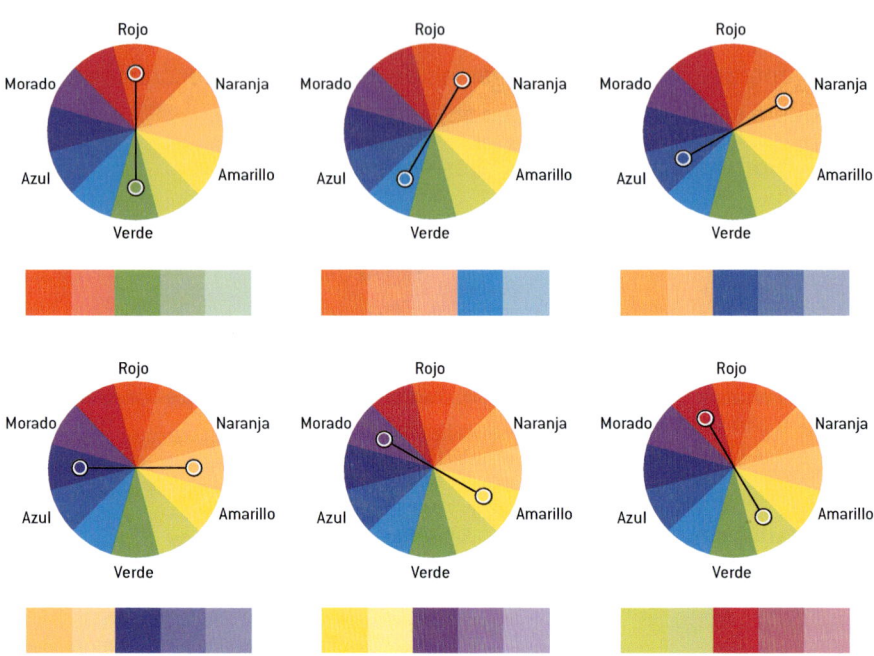

Figura 4.2. Colores complementarios, situados en lados opuestos del círculo cromático, ofrecen el máximo contraste y viveza cuando se usan juntos.

La vista tiende a buscar y agrupar naturalmente los colores complementarios, por lo que su uso es frecuente para establecer armonía en un plato. No obstante, un dúo o trío de colores complementarios puede resultar tan autosuficiente que, si bien generan unión, también plantean un desafío en la composición. La identidad de un color no reside en sí mismo, sino en su relación con los demás. Esta transformación mutua hace que cada color dependa del soporte de los demás, de manera similar a cómo los bloques de una bóveda se sostienen entre sí.

La percepción de los colores está mediada por el ojo, creando redes de relación que son subjetivas y distintas de la objetividad sólida de la forma. Cuando los matices contiguos son suficientemente similares o las formas que los contienen son pequeñas, los colores tienden a aproximarse en lugar de contrastar.

No es posible definir plenamente las relaciones entre matices sin considerar saturación y luminosidad. Los experimentos han demostrado que la identidad

© Ediciones Paraninfo

de un color depende más de la luminosidad que del matiz. Los colores transmiten sensaciones, aunque aún no se comprende completamente cómo se produce esta expresión. Por ejemplo, el rojo se percibe como apasionante, evocando fuego, sangre o revolución; el verde transmite frescura y naturaleza; y el azul se percibe frío, como el agua. Una luminosidad intensa provoca mayor excitación: un rojo puro y luminoso es más activo que un azul grisáceo y apagado.

Los colores, tanto base como compuestos, se denominan tonos, término que refleja la sensación primordial que genera cada color.

Figura 4.3. La percepción del variado color de este plato depende directamente de la iluminación recibida.

Es importante tener presente que existen tres colores básicos o primarios, a partir de los cuales, mediante diversas combinaciones, se originan los demás. Todas las mezclas parten del concepto de color-luz, como se explicó con anterioridad.

En el ámbito profesional, suele aplicarse coloración en ciertas elaboraciones específicas, aunque no es frecuente hacerlo en preparaciones tradicionales como coberturas, natas o salsas. En cambio, en productos como caramelos industriales o decorativos, el uso de colorantes resulta habitual. Por este motivo, es fundamental comprender algunos principios sobre el color en la decoración culinaria.

El conocimiento acerca de los colores primarios, sus opuestos y las posibles mezclas puede adquirirse de tres maneras: por analogía, por contraste simple y por contraste máximo.

Por analogía: se utilizan colores similares que varían únicamente en intensidad o grado.

© Ediciones Paraninfo

Figura 4.4. Elaboraciones armonizadas mediante distintos grados de intensidad del mismo color.

Por contraste simple: se combinan colores que no se oponen completamente; por ejemplo, alternando el rojo con el azul.

Figura 4.5. Contraste simple, alternando verde y amarillo.

Por contraste máximo: se emplean colores totalmente opuestos, como el rojo oscuro y el verde claro; por ejemplo, tomate grillado con coles de Bruselas y truchas.

Figura 4.6. Alto contraste en el círculo cromático, donde los colores complementarios como el rojo y el verde generan la máxima intensidad visual.

© Ediciones Paraninfo

A continuación, se resumen las principales relaciones cromáticas que conviene considerar al realizar mezclas de color:

Figura 4.7. Relaciones cromáticas, esencial para comprender las mezclas de colores y lograr la armonía deseada.

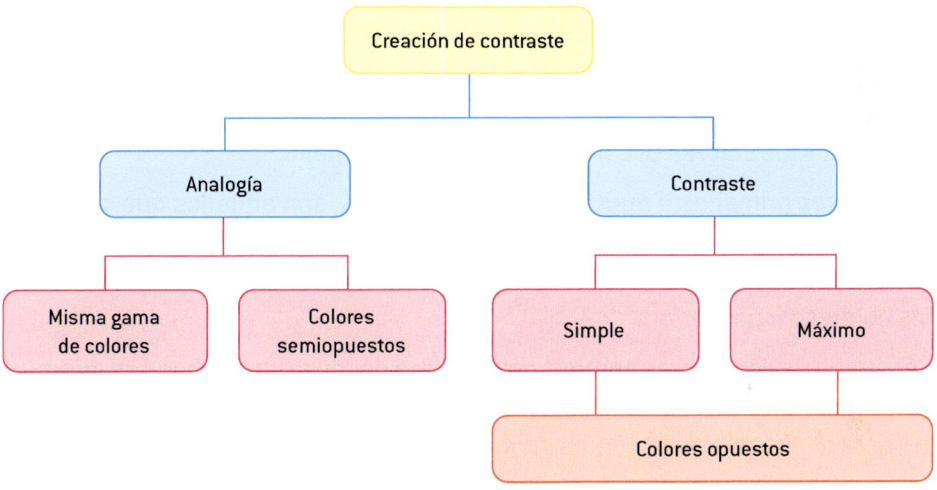

Figura 4.8. Armonía análoga: los colores vecinos en la rueda cromática crean composiciones suaves y cohesivas.

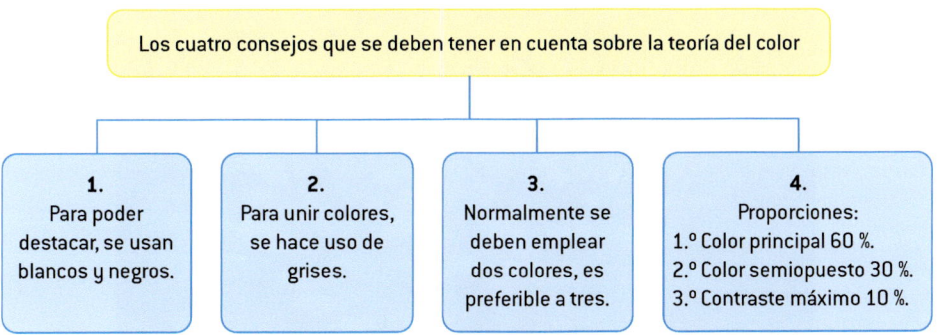

Figura 4.9. En este esquema se condensan los principios básicos o las pautas imprescindibles que se deben seguir.

© Ediciones Paraninfo

Las combinaciones de estas aplicaciones habitualmente tienen una aplicación clara en cocina.

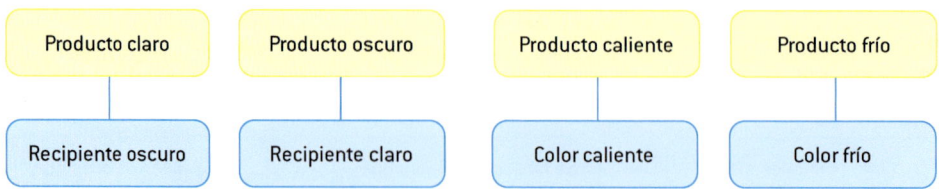

Figura 4.10. Procedimientos que deben aplicarse al producto.

4.1.2. Contraste y armonía

En cocina, uno de los aspectos más importantes es la combinación de colores en la presentación de los platos, cuidando tanto el contraste como la armonía entre los alimentos y las salsas. Las formas también transmiten sensaciones de equilibrio y movimiento, mientras que los colores provocan efectos psicológicos que influyen en la percepción del comensal. Para superficies grandes, se recomiendan los colores claros, mientras que para áreas pequeñas resultan más adecuados los colores oscuros, ya que destacan mejor.

Los colores primarios o puros, rojo, amarillo y azul, son aquellos que, al combinarse en igual proporción, producen la luz blanca. Estos colores se mezclan para generar los colores secundarios, que a su vez se combinan entre sí para obtener los colores terciarios.

Por otra parte, los colores neutros, que abarcan desde el blanco hasta el gris, pueden combinarse con cualquier color, ampliando prácticamente de forma ilimitada la gama disponible en el círculo cromático.

Figura 4.11. Productos que ayudan a decorar platos y a crear un estado de calma.

© Ediciones Paraninfo

Los colores fríos, como los tonos de azul y verde azulado, recuerdan al hielo y la nieve en la naturaleza y generan sensaciones de calma.

En contraste, los colores cálidos, como el rojo y el amarillo, captan la atención y evocan sensaciones de energía y días soleados.

Figura 4.12. Los colores cálidos simbolizan pasión y emociones vigorosas.

Al componer un plato, se puede optar por la armonía de colores, utilizando tonos próximos entre sí en el círculo cromático, siempre que compartan la condición de ser colores fríos o cálidos, según el efecto que se desee provocar en el comensal.

Generalmente, se emplea un color dominante, que ocupa la mayor extensión del plato y suele ser más neutro para resaltar los demás colores. Se puede añadir un color complementario o reconfortante, que destaque pequeños detalles, y un color intermedio, situado entre los dos anteriores y normalmente cercano al color dominante.

Figura 4.13. Color dominante que resalta otros colores en la composición del plato.

Otra forma de componer platos es mediante contrastes de color, utilizando diferentes tonos de un mismo color, como un verde claro combinado con un verde oscuro.

© Ediciones Paraninfo

Figura 4.14. Combinación monocromática, donde el color dominante
se acompaña de distintos tonos del mismo color.

También se pueden crear platos combinando colores fríos y cálidos, lo que permite generar contrastes atractivos mediante colores complementarios.

Figura 4.15. Diferentes formas de combinar colores fríos y cálidos en un mismo plato.

En definitiva, las combinaciones de colores son prácticamente infinitas, aunque como norma general resulta más sencillo utilizar esquemas basados en colores cercanos en el círculo cromático. Incluso combinando colores fríos y cálidos, como naranja, amarillo y verde (dos cálidos y uno frío), se puede lograr un impacto visual equilibrado y armonioso.

Lo principal es dejarse guiar por el instinto y el sentido común al emplatar, utilizando las nociones básicas de armonización y contraste de colores descritas en este apartado para crear presentaciones atractivas y equilibradas.

4.1.3. Sabor, color y sensaciones

En este apartado se abordará la importancia del color en los alimentos, ya que influye de manera fundamental en la percepción del sabor de un producto o preparación culinaria. La decisión de aceptar o rechazar un alimento está, en primer lugar, condicionada por su aspecto visual, siendo este un factor que actúa

© Ediciones Paraninfo

incluso antes del acto de consumo. Si bien se perciben diversos atributos antes de identificar el aroma y el sabor, como la forma o el tamaño, el color destaca por sobre los demás, al ser el principal elemento visual que proporciona una información clave sobre lo que se va a ingerir.

El sabor representa otra de las variables sensoriales más relevantes en los productos alimentarios, siendo considerado uno de los factores decisivos en la elección de los alimentos tras su degustación. No obstante, durante el acto de consumir una preparación culinaria, se experimenta una amplia gama de sensaciones que trascienden el sabor en sí, integrando múltiples categorías sensoriales: la vista, el olfato, el gusto, el oído, el tacto y la temperatura. Este conjunto de estímulos sensoriales permite construir una valoración global de la preparación consumida, generando una respuesta emocional o cognitiva que puede ser positiva o negativa.

Tal como se mencionó en el apartado anterior, se ha hecho referencia a los sentidos sensoriales; sin embargo, en esta sección se profundiza especialmente en el sentido del gusto, ya que a través de él se recibe una extensa variedad de sabores, producto de la interacción entre la textura, la temperatura, el aroma y los compuestos gustativos presentes en los alimentos. Las papilas gustativas, distribuidas por toda la superficie de la lengua, son capaces de identificar los sabores de forma efectiva, aunque su sensibilidad varía de una zona a otra.

El sentido del gusto ha evolucionado a lo largo del tiempo. En las culturas occidentales, hasta hace pocas décadas, se reconocían únicamente cuatro sabores básicos: dulce, salado, amargo y ácido. Posteriormente, se incorporó el umami como el quinto sabor. Además, gracias al intercambio cultural con diversas regiones del mundo, se han incluido otros sabores en ciertas clasificaciones, como el picante y el astringente.

Los sabores se perciben principalmente a través de la lengua, y se pueden identificar de la siguiente manera:

- **Ácido:** en ocasiones puede asociarse al sabor amargo, ya que las señales de percepción son similares. Ambos sabores están presentes en alimentos que, en algunos casos, pueden representar un riesgo para la salud si se consumen en exceso o en mal estado. El sabor ácido es característico de alimentos vegetales como el limón, la naranja, la fresa, la manzana o el tomate. En la cocina, el vinagre es uno de los productos más utilizados para aportar este matiz.

- **Amargo:** es un sabor que depende de los compuestos químicos presentes en los alimentos. Aunque puede ser percibido como desagradable, si se encuentra bien equilibrado, puede resultar interesante y aportar complejidad a los platos. Se encuentra, por ejemplo, en el té, las aceitunas o ciertos tipos de quesos.

© Ediciones Paraninfo

Es importante distinguir el amargor natural del que proviene de alimentos descompuestos, ya que estos últimos pueden ser perjudiciales para la salud.

- **Dulce:** es uno de los sabores más reconocibles y suele estar asociado a alimentos con alto contenido de azúcares, carbohidratos, glucosa o glucógeno. Su identificación en la lengua es rápida y directa, generando sensaciones agradables para la mayoría de las personas.

- **Salado:** otro de los sabores básicos, fácilmente identificable por su asociación con la sal. Este ingrediente cumple una función potenciadora de otros sabores y debe ser utilizado con moderación, considerando que se encuentra presente en una amplia variedad de productos consumidos habitualmente.

- **Umami:** reconocido como el quinto sabor, su nombre proviene del japonés y se traduce como «sabor delicioso». Es sutil, de regusto prolongado y difícil de describir, que se asocia a alimentos particularmente sabrosos. Su intensidad se debe a la combinación de compuestos como el glutamato y los ribonucleótidos, que al interactuar generan una percepción más profunda y compleja. Este sabor estimula la salivación y suele contribuir a la sensación de que una preparación tiene un carácter especial.

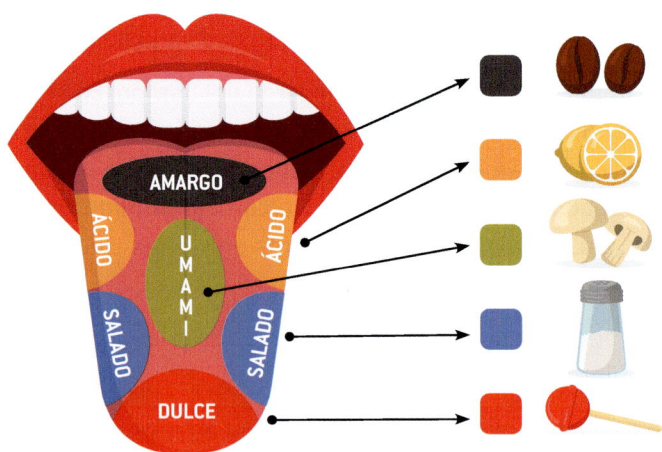

Figura 4.16. Zonas gustativas de la lengua, donde se perciben los sabores básicos.

¿SABÍAS QUE…?

La palabra *flavor* proviene del inglés y se define como el conjunto de percepción de unir las tres sensaciones que se pueden recibir en la cavidad bucal y nasal durante su consumo, que son el aroma, el sabor y la sensación táctil.

© Ediciones Paraninfo

¿SABÍAS QUE...?

Los siguientes sabores, aunque no están incluidos en la lista de los cinco sabores básicos percibidos por el mundo occidental, están incluidos en la lista de otras culturas fuera de Occidente, principalmente en países asiáticos como Tailandia, India y China, y algunos del continente americano como Jamaica y México.

El sabor astringente es una sensación entre sequedad intensa y amargor que se produce en la boca. Generalmente se produce con frutas cuando no están en su estado óptimo de madurez.

El sabor picante es conocido por su calor, que se produce por una aguda sensación de ardor después de consumir productos del campo, como jengibre, pimientos, cebollas, pimienta, etcétera.

4.1.4. Experimentación y evaluación de posibles combinaciones

Debido a la combinación de los sentidos mencionada anteriormente, la cocina contemporánea permite expresar ideas, transmitir emociones y generar diversas percepciones a través de la presentación de los platos, con el objetivo de satisfacer a quienes los degustan.

Para lograr este propósito, es necesario comenzar por identificar los principales elementos que intervienen en las presentaciones culinarias ya analizadas: contrastes, armonías, sabores y colores, entre otros. Para que todos estos factores puedan integrarse adecuadamente, es fundamental contar con las herramientas y utensilios apropiados, los cuales se abordarán más adelante, ya que resultan esenciales en la decoración de los alimentos. Dicho esto, se vuelve imprescindible conjugar los distintos enfoques visuales al momento de emplatar, considerando elementos como puntos, líneas, rayados, movimientos en zigzag, colores, etc. Si a esto se suma una elección cuidadosa de la vajilla en sintonía con la propuesta visual y gastronómica, se puede alcanzar una presentación óptima y armoniosa.

- **Puntos o lunares:** constituyen un elemento visual que representa una expresión mínima dentro de una composición. Suelen utilizarse para señalar o destacar otro elemento, concentrando así la atención en el área que se desea resaltar. Pueden elaborarse en diferentes tamaños, direcciones y colores, permitiendo así generar distintos enfoques visuales y orientar la interpretación del plato según se desee.

© Ediciones Paraninfo

Figura 4.17. Formas de señalar el producto principal mediante puntos.

- **Líneas de diferentes formas:** son otro recurso visual ampliamente utilizado en la decoración previa al emplatado. Este tipo de trazos permite dirigir la atención hacia el ingrediente principal o hacia una zona específica del plato, logrando una presentación estética y funcional.

Figura 4.18. Este tipo de presentaciones puede adaptarse a la creatividad de quien diseña el plato, usándose sobre el producto principal, como base u otros elementos.

- **Rayados:** se crean generalmente antes de colocar el elemento principal del plato, utilizando pinceles, brochas u otros utensilios. Esta técnica permite dar profundidad y dinamismo a la composición visual. También puede aplicarse dejando espacios estratégicos en el plato que aporten equilibrio y aire a la presentación.

Figura 4.19. Técnica decorativa ampliamente empleada en la cocina contemporánea.

© Ediciones Paraninfo

Actividad propuesta 4.1

Elabora una salsa o crema a elección y realiza prácticas de decoración de platos. A continuación, redacta un resumen de los inconvenientes que hayan surgido durante la ejecución.

- **Movimientos en zigzag:** este tipo de trazo puede realizarse con cornetas, pinceles, brochas u otros instrumentos, siempre con la intención de generar un efecto visual atractivo en relación con el elemento principal del plato.

Figura 4.20. Movimientos en zigzag.

- **Lágrimas:** se elaboran utilizando una cuchara del tamaño deseado. Se deposita una porción de salsa, crema o *coulis*, con una textura suficientemente densa o con la consistencia adecuada y, mediante la base de la cuchara, se desliza en la dirección que se considere apropiada para complementar la presentación.

Figura 4.21. Lágrimas, recurso decorativo frecuente en la cocina actual.

- **Colores:** se debe procurar siempre que la paleta cromática resulte atractiva para quien consume el plato, manteniendo la armonía visual. Tal como se mencionó anteriormente en relación con el círculo cromático, los colores deben ser utilizados de forma que no opaquen ni oculten el ingrediente principal del plato.

© Ediciones Paraninfo

Figura 4.22. El juego del color en el plato es un aspecto fundamental en la presentación.

Al finalizar este apartado, resulta imprescindible realizar una evaluación del trabajo efectuado, con el objetivo de verificar que se cumplen los requisitos establecidos en relación con los resultados esperados. Entre estos aspectos, destacan la correcta identificación del punto focal y su integración con los distintos enfoques visuales, la combinación armónica de las diferentes texturas y densidades de los productos, así como una gama cromática que represente el plato con coherencia estética y equilibrio visual.

Una vez alcanzado el punto óptimo de la presentación, se podrá considerar que se ha logrado un resultado exitoso y satisfactorio, tanto en el ámbito profesional como para la imagen de la empresa. En caso contrario, si no se han cumplido los objetivos establecidos, será necesario reiniciar el proceso desde el comienzo, ajustando los elementos necesarios hasta conseguir la línea visual y gustativa deseada.

4.1.5. El dibujo aplicado a la decoración culinaria

En el Capítulo 3, específicamente en el Apartado 3.6, se abordó la importancia de contar con un diseño previo mediante bocetos, mientras que en el Apartado 3.7 se trataron los modelos gráficos aplicados a la decoración de platos, incorporando diferentes técnicas relacionadas con el dibujo. En este apartado, se profundiza en la ejecución práctica de dichas técnicas, trasladando las representaciones gráficas a la realidad del emplatado.

Para ello, se utilizarán recursos como lágrimas; cordones; trazos anchos, rectos, oblicuos y circulares, entre otros, todos ellos aplicados sobre salsas, cremas o purés. En los siguientes apartados se detallarán las diversas técnicas y herramientas necesarias para llevar a cabo este tipo de dibujos y composiciones decorativas.

© Ediciones Paraninfo

4.2. TÉCNICAS

Como es sabido, una técnica consiste en un conjunto de procedimientos, reglas, normas, acciones y protocolos orientados a alcanzar un resultado determinado y efectivo. En el ámbito culinario, se entiende por técnica culinaria el conjunto de métodos desarrollados para procesar alimentos, ya sea para su cocción o conservación.

RECUERDA

> Tal como se mencionó en el Capítulo 1, existen múltiples técnicas culinarias que abarcan desde las preparaciones en frío, limpieza y manipulación, hasta los distintos tipos de cocción, todas ellas orientadas a hacer los alimentos más sabrosos y digestibles.

Una vez se ha ejecutado la elaboración de un plato aplicando correctamente las técnicas necesarias para obtener un resultado óptimo en cuanto a color, sabor, textura, etc., llega el momento del emplatado. Este representa la culminación del proceso culinario y, si se realiza adecuadamente, puede conferir un auténtico «cum laude» a la elaboración, generando una gran satisfacción profesional. Para lograrlo, es fundamental conocer las herramientas adecuadas y aprender a utilizarlas correctamente.

4.2.1. Instrumentos, útiles y materiales de uso más generalizado

Sin las herramientas apropiadas y en condiciones óptimas, las capacidades del personal de cocina para decorar los platos se ven considerablemente limitadas. Por ello, resulta esencial prestar atención a una serie de utensilios que toda persona dedicada a la cocina debe conocer, conservar y mantener en buen estado.

Algunas de estas herramientas forman parte del equipo básico de cualquier cocina, mientras que otras son de uso exclusivo para tareas decorativas. A continuación, se presentan los instrumentos más comúnmente utilizados y sus respectivas aplicaciones en la decoración culinaria:

- **Boquillas:** utilizadas para recortar, rellenar y decorar.
- **Cincelador, rizador o acanalador:** empleado para crear estrías o canales en frutas y hortalizas.
- **Cortador de rábanos:** permite hacer espirales en diferentes ingredientes.
- **Cortaquesos:** se utiliza para elaborar formas florales.
- **Cucharilla de café:** útil para retirar pepitas o semillas.

© Ediciones Paraninfo

- **Cuchillo ondulado:** permite realizar cortes decorativos con formas artísticas.
- **Guitarra:** instrumento utilizado para cortar huevos de forma uniforme.
- **Moldes diversos:** para flanes, púdines, bizcochos, etcétera.
- **Pelador:** además de pelar, permite realizar tiras finas, virutas de chocolate o similares, cumpliendo funciones similares a una mandolina.
- **Plantillas:** con diversos diseños, sirven para espolvorear cacao, azúcar glas o café, entre otros.
- **Puntilla:** herramienta precisa para pelar raíces, limpiar verduras y tornear.
- **Rodillos o rulos:** se emplean para estirar masas, pastas, etcétera.
- **Soplete:** imprescindible para caramelizar o tostar ciertas elaboraciones.
- **Vaciador de perlas:** utilizado para obtener pequeñas esferas a partir de frutas u otros productos.

Géneros de uso frecuente en decoración culinaria

Los siguientes ingredientes son comúnmente empleados en la decoración, gracias a sus características visuales, texturas y colores:

- **Tomates:** existen variedades rojas y verdes, en distintas formas (cherri, cóctel, pera). Se utilizan enteros, cortados en mitades o cuartos, vaciados y rellenos, en rodajas, en abanicos, en espirales con la piel (rosas), en gajos en forma de mariposa o flor.
- **Pimientos:** rojos, verdes o amarillos; se usan en tiras, rodajas o como piel decorativa.
- **Pepinos:** frescos o encurtidos, pueden presentarse acanalados, en rodajas, en abanicos, en forma de flores, tallados, etcétera.
- **Zanahorias:** se emplean acanaladas, en bastones, en lazos, en abanicos, en forma de flores y otras formas talladas.
- **Alcachofas:** se utilizan principalmente fileteadas o con el corazón relleno.
- **Rábanos y nabos:** en bastones, en círculos, tallados o en formas florales como claveles, margaritas, crisantemos, etcétera.
- **Patatas:** en presentaciones como chips, rejilla, paja, cestillo, talladas o en forma de flor.
- ***Physalis:*** también conocida como cereza del Perú, por su color amarillo brillante, aporta un toque visual muy característico.
- **Mantequilla:** tradicionalmente se presenta en bolas, discos o virutas. El disco de mantequilla aromatizada es el más común hoy en día. Para prepararlo,

© Ediciones Paraninfo

se ablanda la mantequilla y se le incorporan hierbas o especias. Luego, se forma un rulo con papel parafinado, se enfría y se corta en discos utilizando un cuchillo caliente. Puede servirse sobre el ingrediente principal o en pequeñas tarrinas.

- **Limones y naranjas:** se utilizan acanalados, en cestas, hélices, gajos, rizos, etcétera.
- **Manzanas:** tanto rojas como verdes, se usan para realizar diversas formas decorativas.
- **Melón:** se presenta en cestas o coronas, generalmente mediante cortes en zigzag.
- **Carambola:** su particular forma de estrella se aprovecha cortándola en láminas finas.
- **Huevos:** pueden utilizarse en mitades, cuartos, rodajas (con guitarra), rellenos o enteros de pequeño tamaño.
- **Gelatina:** se emplea para recubrir bandejas o en diversas formas realizadas con cortapastas.

También existen otras decoraciones más elaboradas que parten de los propios ingredientes del plato, presentados de manera artística, como, por ejemplo: palomas elaboradas con cigalas, mariposas hechas con langostinos o cestas creadas con crepes.

1. Aerógrafo

El aerógrafo es una herramienta extremadamente útil, especialmente en el ámbito de la pastelería, donde se emplea habitualmente para la decoración de productos y piezas diversas. Aunque los resultados que se logran con esta herramienta son espectaculares y llamativos, es importante destacar que su nivel de profesionalismo real no siempre está a la altura de otros métodos decorativos más tradicionales. El principio básico de funcionamiento del aerógrafo consiste en rociar, desde una cierta distancia, una superficie de manera que se tiña con el colorante hasta alcanzar la intensidad deseada.

Las principales ventajas de este sistema incluyen la limpieza, rapidez y textura en los acabados, aspectos que no pueden compararse con otros métodos de decoración o pintado. La terminación obtenida es casi perfecta, permitiendo incluso la alternancia de colores diferentes, la creación de difuminados y otros efectos visuales. Es fundamental que los colorantes utilizados sean comestibles y estén debidamente autorizados por las normativas legales. Por lo general, estos colorantes consisten en soluciones de colorantes en polvo disueltos en medios alcohólicos, ya que esta mezcla favorece una rápida evaporación.

© Ediciones Paraninfo

Preparación de los colorantes

La preparación de los colorantes se realiza diluyendo el colorante en polvo en agua hervida en las proporciones deseadas. Una vez preparada la mezcla, se deja reposar y luego se incorpora la cantidad correspondiente de un alcohol transparente, como *kirsch*, ron o similares, con una graduación aproximada de 45 °C. En algunos casos también es posible emplear pastas o geles previamente diluidos con agua. La disolución debe ser colada a través de un colador, estameña o papel de filtro para garantizar su pureza y evitar impurezas que puedan obstruir el aerógrafo.

Este tipo de colorantes es ideal para teñir caramelo, además de ser considerablemente más económicos que los colorantes comerciales ya preparados. El proceso decorativo consiste generalmente en trazar la silueta del diseño deseado utilizando un patrón y, posteriormente, rellenar con los colores seleccionados, los cuales se pueden alternar o superponer para obtener diferentes efectos.

Cuando se elaboran piezas de pastillaje decoradas con aerógrafo, estas pueden conservarse en cajas herméticamente cerradas para su posterior uso. Aunque su utilización requiere práctica, el uso de plantillas facilita la realización de dibujos repetitivos o en serie, permitiendo crear decoraciones precisas y uniformes.

 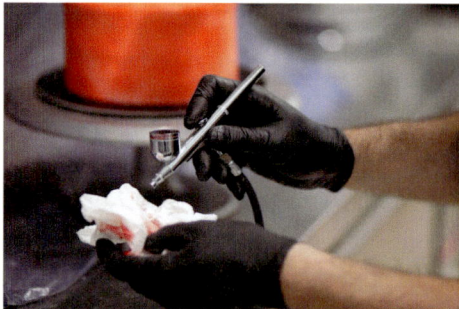

Figura 4.23. En el mercado existe una gran variedad de estos aerógrafos.

¿SABÍAS QUE...?

La limpieza del aerógrafo es una tarea obligatoria después de cada uso. Debido a que los colorantes son altamente volátiles, tienden a formar pequeños cristales que, si no se limpian adecuadamente, pueden obstruir el aerógrafo en su siguiente utilización. Para evitarlo, se debe limpiar el aparato con agua caliente hasta que el agua que sale del mismo sea completamente limpia.

© Ediciones Paraninfo

¿SABÍAS QUE…?

La temperatura del ambiente en el que se realice la decoración de pastelería también juega un papel fundamental. La temperatura ideal para pintar decoraciones con aerógrafo es de aproximadamente 20 °C. Si la temperatura supera los 24 °C, el colorante puede no secar adecuadamente y podría estropearse. Por debajo de los 16 °C, el color puede quedar mate o adquirir un tono grisáceo, lo que afectaría la estética de la decoración. Además, en pastelería y confitería, los baños son un elemento clave para la decoración de tartas. Los baños de chocolate, pralinés, mantequilla y gelatinas, entre otros, permiten napar uniformemente las elaboraciones, logrando una presentación atractiva y profesional.

2. Espráis alimentarios

Los espráis alimentarios son productos completamente aptos para el consumo humano y se utilizan con frecuencia en pastelería y confitería, ya que permiten lograr efectos de aerografía en las elaboraciones de forma fácil, rápida y sencilla. Estos espráis también se emplean para dar brillo a productos de confitería, especialmente en el chocolate, aunque en realidad pueden utilizarse en una amplia variedad de productos alimenticios y aplicaciones culinarias. Además, existen espráis que incluyen aromas o esencias alimentarias, así como colorantes, muy comunes en el ámbito de la pastelería.

El funcionamiento de estos espráis es similar al de otros envases con características similares, contienen un líquido junto con un propulsor a presión. Al accionar

Figura 4.24. Diferentes colores de espráis. Es esencial verificar siempre su uso y la seguridad alimentaria antes de aplicarlos.

© Ediciones Paraninfo

el botón situado en la parte superior, se libera simultáneamente el contenido y el gas, lo que da como resultado una decoración espectacular que transforma cualquier plato de ordinario a extraordinario. Esta herramienta resulta ser muy útil para realizar creaciones destacadas.

Es importante asegurarse de que el producto cumpla con las garantías sanitarias pertinentes y que esté dentro de su fecha de caducidad.

3. Biberones

El biberón es una herramienta indispensable en la cocina actual, ya que su utilidad es tanto amplia como extraordinaria. Este utensilio dosificador, generalmente fabricado en material plástico, permite introducir y aplicar aderezos, aliños, aceites, salsas, reducciones y otros ingredientes de diversas densidades. Además de su función decorativa, el biberón es clave a la hora de emplatar, ya que facilita la dosificación precisa de las salsas que compondrán un plato. Existen diferentes tipos de biberones, con boquillas y tamaños variados, e incluyen sistemas antigoteo que evitan que el contenido se obstruya.

Es recomendable utilizar biberones diferenciados para distintos ingredientes, lo cual facilita la identificación de cada uno, ya que en el mercado se encuentran en una gran variedad de colores y formatos.

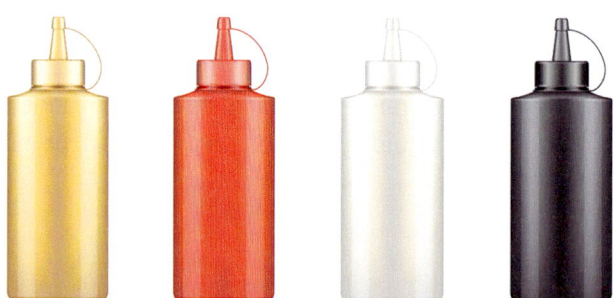

Figura 4.25. En el mercado se encuentran biberones de diferentes colores y tamaños para la preparación de un evento culinario.

4. Cortapastas

El cortapastas, también conocido como sacabocados, son moldes con formas específicas que se utilizan para cortar masas y panes, entre otros productos, según la forma deseada. Aunque inicialmente su uso se limitaba principalmente a la pastelería, en la actualidad su aplicación se ha extendido a diversas elaboraciones culinarias. Son especialmente útiles para cortar materias primas o para montar platos, y también se utilizan para emplatar, insertándolos en

© Ediciones Paraninfo

alguna salsa y estampándolos sobre la vajilla para crear dibujos, similar a los aros de emplatar.

Los cortapastas están disponibles en una amplia gama de tamaños y formas, y se fabrican con diversos materiales, como plástico o acero inoxidable, siendo estos últimos los más comunes. En pastelería, se emplean cortapastas con expulsor, que permiten crear figuras y dibujos diversos, generalmente en tamaños pequeños. Estos moldes cuentan con un mango que, al presionar, expulsa la pieza contenida en su interior. Es crucial que estos utensilios se limpien adecuadamente antes de su uso.

Figura 4.26. Variedad de formas y figuras de cortapastas.
La segunda imagen muestra figuras creadas con moldes con expulsor.

5. Sacabolas

El sacabolas, también conocido como vaciador o cucharilla vaciadora, es un utensilio comúnmente utilizado en cocina y pastelería para extraer bolitas de diversas dimensiones de hortalizas, tubérculos, frutas y mantequilla, entre otros ingredientes. Existen en el mercado diferentes tipos de sacabolas, y su tamaño puede ajustarse a las necesidades específicas de cada preparación.

Figura 4.27. Bolas de fruta elaboradas con la cucharilla vaciadora.

© Ediciones Paraninfo

6. Acanaladores

El acanalador es un cuchillo especializado que permite crear canales o estrías en frutas y verduras. Se utiliza principalmente para realizar surcos en la parte exterior de las hortalizas, lo que hace que las rodajas cortadas tengan un aspecto más decorativo. Además, este utensilio se emplea para extraer tiras finas de la piel de los cítricos, aunque actualmente también se utiliza para obtener tiras de diversas hortalizas con fines decorativos.

En el mercado, podemos encontrar modelos que combinan diferentes funciones, como los acanaladores «dos en uno», que permiten extraer tanto tiras anchas como estrechas, según la necesidad. Su funcionamiento es similar al de un pelador, de hecho, tienen una forma muy parecida.

Figura 4.28. Acanalador. Existen diversas opciones en el mercado, con una amplia variedad de diseños.

7. Rizador

El rizador es un utensilio utilizado para dar una forma estriada a la superficie de hortalizas, frutas y champiñones, entre otros. También es muy común en la cocina y pastelería para preparar bolitas de mantequilla rizadas, que se emplean frecuentemente en decoraciones y presentaciones de platos.

Figura 4.29. En el mercado se pueden encontrar varios modelos de rizadores, adecuados para diferentes necesidades.

8. Sacapuntas para verduras

Hoy en día, contamos con una gran variedad de sacapuntas para verduras, que funcionan de manera similar a los tradicionales sacapuntas de lápiz, pero

© Ediciones Paraninfo

diseñados para crear flores vegetales en espiral y espaguetis de verduras, entre otros efectos decorativos. Son ideales para elaborar decoraciones con zanahorias, calabacines y otras hortalizas.

Figura 4.30. Herramienta relativamente novedosa, sin embargo, ya existen algunos modelos disponibles en el mercado, ya que su abertura es más grande de lo habitual, para introducir hortalizas como son las zanahorias, espárragos, etcétera.

9. Mandolina y otros cortadores

La mandolina es uno de los utensilios más utilizado en la cocina para cortar hortalizas en diferentes formas y grosores, como rodajas finas, en chip, panaderas y onduladas, entre otras. Las mandolinas profesionales suelen incluir accesorios para cortar de manera más eficiente y para aprovechar al máximo los ingredientes. Sin embargo, se deben usar con precaución, ya que están muy afiladas y es fácil accidentarse. Es recomendable utilizar guantes de protección para las manos al manipularlas.

Figura 4.31. La mandolina facilita cortes finos y parejos, ideal para ensaladas o chips de verduras. Suelen contar con guía de seguridad para cortar sin riesgos.

© Ediciones Paraninfo

10. Espiralizador

El espiralizador es una herramienta excelente para cortar verduras y frutas en espiral. Su funcionamiento es similar al de un sacacorchos: se inserta la verdura, como pepinos, zanahorias, calabacines o patatas, y el utensilio corta en forma de espiral. Una vez que se ha alcanzado el final de la pieza, se realiza un corte lateral para liberar la espiral recién formada. Esta técnica permite utilizar las espirales obtenidas de acuerdo con la idea decorativa previamente pensada.

Figura 4.32. Los espiralizadores están disponibles en diversos modelos y formas, adaptados a distintas necesidades.

11. Cuchara decorativa

Es una herramienta utilizada en la cocina actual para trabajos de decoración. Funciona de manera similar a una pluma estilográfica y es especialmente útil

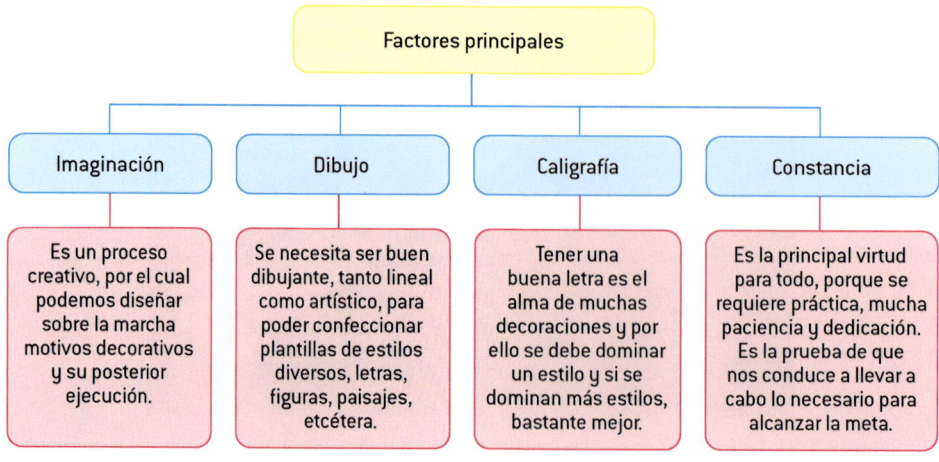

Figura 4.33. Principales factores que se deben considerar para una decoración óptima.

© Ediciones Paraninfo

cuando se realizan trabajos de presentación y decoración de platos. Para obtener los mejores resultados, es fundamental tener en cuenta varios factores clave a la hora de utilizarla.

Cucharas estilográficas de decoración para emplatar

Las cucharas estilográficas de decoración son herramientas versátiles que se pueden utilizar para decorar platos con salsas, cremas y chocolates, entre otros, siempre que estos tengan la consistencia adecuada. Son fáciles de limpiar y resultan ser un excelente accesorio para la cocina, brindando un acabado preciso y profesional en la decoración de platos.

Figura 4.34. Cuchara o pluma para decoración de platos. Existe una gran variedad de modelos, materiales y tamaños disponibles en el mercado para adaptarse a diferentes necesidades.

12. Brocha o pincel

La brocha o pincel es un utensilio utilizado tanto en cocina como en pastelería para aplicar ingredientes como huevo batido, mermeladas, jaleas y *coulis*, entre otros, sobre diversos preparados. Hoy en día, son fundamentales para la decoración y el montaje de platos, ya que permiten distribuir salsas o cremas con una textura adecuada en formas rectas, curvas, zigzagueantes, etc. El mercado ofrece pinceles de distintos materiales, anchos y grosores de cerdas, como seda o nailon, para satisfacer las necesidades de cada cocinero.

Figura 4.35. Brocha. Su uso es pintar el plato, dar brillo, etcétera. Se pueden encontrar brochas y pinceles en una amplia variedad de tamaños, con diferentes tipos de cerdas y grosores.

© Ediciones Paraninfo

13. Esponja

En la cocina de vanguardia, la esponja se ha convertido en una herramienta versátil. Se puede sumergir en salsas o *coulis* y luego estampar sobre el plato, creando dibujos irregulares, pero visualmente atractivos. Es fundamental mantener la esponja limpia, ya que puede acumular restos de otras preparaciones. Por esta razón, se recomienda utilizar una nueva para cada servicio.

Figura 4.36. La creatividad culinaria en su máxima expresión: plato decorado con esponja, transformando la presentación en una obra de arte.

14. Pinzas

Las pinzas son esenciales para la decoración de platos, ya que permiten recoger y colocar pequeños elementos con gran precisión en el lugar exacto elegido por el cocinero. Este utensilio facilita la creación de presentaciones delicadas y ordenadas.

Figura 4.37. Instrumento de precisión utilizado para posicionar elementos decorativos o delicados en el plato sin alterar su forma ni textura.

© Ediciones Paraninfo

15. Aros de emplatar

Los aros de emplatar son herramientas extremadamente útiles para crear presentaciones equilibradas y armoniosas. Son especialmente valiosos cuando se busca apilar ingredientes de forma ordenada, ya que ayudan a dar estructura al plato. También se utilizan para formar círculos perfectos sobre el plato, al introducir el aro en la salsa, depositarlo sobre el plato y levantarlo rápidamente. Están disponibles en varios formatos y tamaños, como triangulares, cuadrados y otros, siendo el acero inoxidable el material más comúnmente utilizado.

Figura 4.38. Las herramientas cilíndricas son utilizadas para moldear y emplatar alimentos con precisión, favoreciendo una presentación uniforme y profesional.

16. Ralladores

Los ralladores han sido un utensilio esencial en la cocina desde siempre, útiles para una variedad de tareas. En las últimas décadas, se han convertido en herramientas clave en la decoración de platos, ya que ofrecen diversas opciones para crear presentaciones atractivas. Las cuchillas o microcuchillas de algunos modelos permiten obtener la viruta de tamaño perfecto según el estilo deseado.

Figura 4.39. Los ralladores son utensilios diseñados para fragmentar alimentos mediante fricción, disponibles en múltiples formatos según el grosor y tipo de rallado requerido.

© Ediciones Paraninfo

17. *Cornet* (francés) o cartucho

El *cornet*, también conocido como cartucho, es un utensilio en forma de cono, similar a una manga pastelera, pero más pequeño, generalmente fabricado en papel parafinado o plástico. Se utiliza para la creación de pequeñas cenefas, letras y decoraciones detalladas con salsas, cremas, natas, glaseados y gelatinas, entre otros. Aunque existen variantes desechables, los *cornets* tradicionales se hacen a mano a partir de una hoja cuadrada que se corta en triángulo y se enrolla para formar el cono.

Para utilizarlo correctamente, es importante llenar el *cornet* sin sobrecargarlo, cerrar bien la base y usar la presión adecuada para decorar sin que el cartucho se rompa. Este utensilio requiere destreza, buen pulso y mucha práctica, y es considerado una herramienta fundamental en la decoración pastelera, similar a una pluma para el pastelero.

Figura 4.40. Se emplea el *cornet* para dibujar, escribir o decorar platos con ingredientes semilíquidos, logrando acabados personalizados y creativos.

Actividad propuesta 4.2

Elabora un *cornet,* y sobre unas galletas maría, realiza unas prácticas de decoración con una crema que elijas al gusto. A continuación, haz un resumen de los inconvenientes que encontraste durante el proceso.

18. Manga pastelera

La manga pastelera es una de las herramientas más básicas y versátiles tanto en pastelería como en cocina. Su forma cónica, abierta en ambos extremos, permite colocar una boquilla de acero o plástico que, al apretar la manga, hace que la masa o crema pase por la boquilla, proporcionando distintas formas, tamaños y dibujos.

© Ediciones Paraninfo

Hoy en día, las mangas más utilizadas son de plástico, ya sean lavables o desechables. El trabajo con la manga pastelera requiere habilidad para manejarla correctamente, en especial, al realizar decoraciones complejas. El trabajo con la manga consiste en utilizarla de la forma que se explica en este diagrama de flujo.

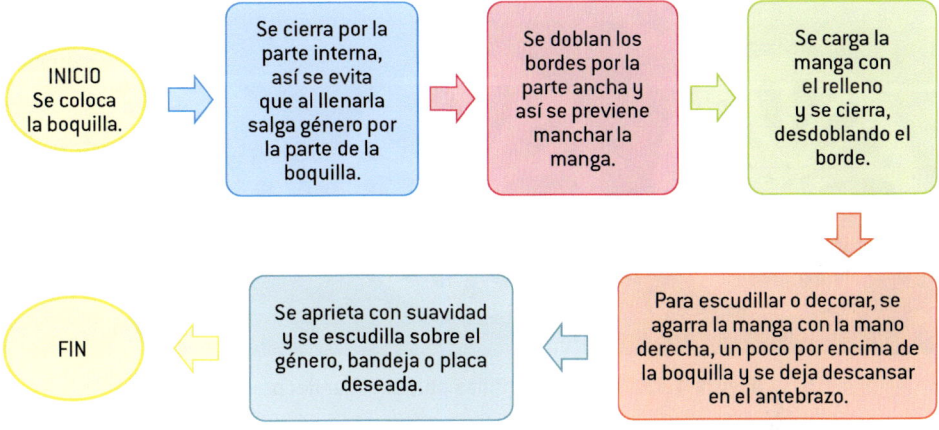

Figura 4.41. Proceso de realizar elaboraciones con una manga pastelera.

Figura 4.42. Diversos tipos de boquillas para manga pastelera, con una amplia variedad existente para tener la capacidad de decorar o rellenar con cremas y otras mezclas, logrando acabados definidos y personalizados como los diversos tipos de rosetones.

Actividad propuesta 4.3

Elabora una pasta, salsa o crema de tu elección y practica la decoración de platos con la manga pastelera. Luego, haz un resumen de los inconvenientes encontrados durante el proceso.

19. Plantillas

Las plantillas son herramientas muy utilizadas en pastelería y cocina debido a su bajo coste, facilidad de fabricación y excelente resultado visual. Son

© Ediciones Paraninfo

especialmente útiles para espolvorear ingredientes como cacao, harina, especias molidas o pimentón, entre otros, de manera uniforme y decorativa. Las plantillas permiten crear decoraciones simétricas y pueden fabricarse con diferentes materiales como papel, acetato o plástico.

Figura 4.43. Tipos de plantillas para realizar decoraciones.

Actividad propuesta 4.4

Crea una plantilla de tu elección y realiza prácticas de decoración de platos. Luego, haz un resumen de los inconvenientes que se presentaron al realizar las decoraciones.

20. Espátulas rayadas y onduladas

Las espátulas rayadas y onduladas son herramientas esenciales para la decoración de platos, ya que permiten distribuir salsas, reducciones, cremas y otros ingredientes, creando interesantes patrones y dibujos sobre el plato. Estas espátulas suelen estar hechas de materiales como silicona, lo que las hace higiénicas, flexibles y fáciles de manejar.

Figura 4.44. La espátula rayada y ondulada facilita el volteo y manipulación de alimentos, permitiendo escurrir líquidos o grasas durante el servicio.

© Ediciones Paraninfo

ACTIVIDADES FINALES

Actividades de comprobación

4.1. ¿Cuántos son los colores primarios?

a) 3.

b) 5.

c) 4.

d) 6.

4.2. ¿Qué se considera el umami?

a) El quinto sabor.

b) El cuarto sabor.

c) Aún no está reconocido como sabor.

d) El tercer sabor.

4.3. En un contraste simple, ¿cuál de los siguientes es un ejemplo adecuado?

a) Amarillo claro con otro tono oscuro.

b) Rojo oscuro combinado con verde claro.

c) Alternancia entre rojo y azul.

d) El contraste simple no existe.

4.4. ¿Cuál es el color complementario del azul?

a) Violeta.

b) Naranja.

c) Amarillo.

d) Verde.

4.5. ¿Qué formas geométricas se utilizan comúnmente en diseño profesional?

a) Círculo, cuadrado y rectángulo.

b) Círculo, cuadrado, rectángulo y rombo.

c) Círculo, cuadrado, rectángulo, rombo y triángulo equilátero.

d) Círculo, cuadrado, rectángulo, rombo, triángulo equilátero y curvas.

© Ediciones Paraninfo

4.6. **¿Para qué se utiliza un cortaquesos?**

a) Para cortar quesos en cualquier formato.

b) Para cortar quesos en forma de cuadrados.

c) Para crear decoraciones en forma de flores.

d) Para cortar quesos en triángulos.

4.7. **En relación con los colores, ¿qué significa que sean análogos?**

a) Que son colores complementarios.

b) Que son similares entre sí, pero con distinto grado.

c) Que tienen diferente grado y distinto color.

d) Que son colores que no combinan entre sí.

4.8. **¿Cuáles son las densidades más comunes en los alimentos o materiales?**

a) Blandas y sólidas.

b) Blandas y duras.

c) Blandas, sólidas y gelatinosas.

d) Blandas, sólidas, gelatinosas y líquidas.

4.9. **¿Cuál es el color complementario del rojo?**

a) Verde.

b) El mismo rojo.

c) Violeta.

d) Azul.

4.10. **¿Qué colores forman parte del círculo cromático básico?**

a) Amarillo, naranja y rojo.

b) Rojo, violeta, azul y verde.

c) Amarillo, verde, rojo y azul.

d) Amarillo, naranja, rojo, violeta, azul y verde.

© Ediciones Paraninfo

Actividades de aplicación

4.11. Describe qué es la técnica en gastronomía.

4.12. ¿Cómo puede emplearse el pepino para las decoraciones?

4.13. El color como tal, ¿de qué depende?

4.14. ¿Para qué se utilizan los puntos o lunares en una composición?

4.15. ¿Cuáles son los volúmenes más comunes utilizados en el ámbito profesional?

4.16. ¿Cómo deben ser los colorantes utilizados en cocina o pastelería?

4.17. ¿Qué son y para qué se utilizan un cortapastas y un sacabocados?

4.18. En la actualidad, ¿qué tipo de ingredientes se emplean?

4.19. ¿Cuál es la principal virtud que se requiere en el ámbito profesional?

4.20. Al utilizar una esponja en decoración, ¿qué se debe tener en cuenta?

4.21. ¿Cómo se realiza una lágrima decorativa?

4.22. ¿Qué significa la palabra *flavor*?

4.23. ¿Qué otros sabores se reconocen en culturas fuera del mundo occidental?

4.24. ¿Para qué se emplea un cuchillo ondulado?

4.25. ¿Cómo se confecciona y en qué consiste un *cornet*?

4.26. ¿Qué se obtiene al utilizar una herramienta tipo sacapuntas?

4.27. ¿Qué representan los colores rojo, verde y azul?

4.28. ¿Qué se necesita para realizar un dibujo?

4.29. ¿Cómo funciona la cuchara decorativa?

4.30. ¿Cuáles son los colores considerados fríos?

© Ediciones Paraninfo

Actividades de ampliación

4.31. ¿Cómo debe ser la limpieza del aerógrafo?

4.32. Completa las palabras que faltan en el siguiente cuadro.

Por _____	Por _____ simple	_____ máximo
Colores _____ pero con distinta _____	Se hace _____ que no se opongan totalmente	Se _____ colores que se _____ totalmente
Ejemplo: _____ con otro oscuro	Ejemplo: _____ el rojo con el _____	Ejemplo: rojo _____ y verde _____

4.33. ¿Qué es un acanalador y para qué se utiliza?

4.34. ¿Cómo se llama el utensilio mostrado en la imagen y cuál es su utilidad en cocina?

4.35. ¿A qué tipo de movimiento se refiere la figura indicada y cómo se realiza? ¿Qué efecto produce?

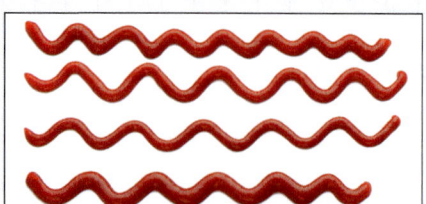 

© Ediciones Paraninfo

5. Control de temperaturas según producto y servicio a desarrollar

Contenidos

© Ediciones Paraninfo

INTRODUCCIÓN

Controlar la temperatura es una práctica obligatoria establecida por el sistema APPCC, ya que garantiza la salubridad de los alimentos que serán consumidos. La mayoría de estos productos se ingieren tras un proceso de transformación y casi nunca se consumen crudos, salvo algunas preparaciones que han sido sometidas a congelación rápida para evitar riesgos sanitarios como el anisakis.

El control de la temperatura influye en toda la cadena de manipulación de los alimentos, es decir, desde el momento en que un género de pescado, carne o verdura se conserva congelado o ultracongelado hasta que llega a la mesa del consumidor, incluyendo su uso en forma de conserva o elaboración en un establecimiento de restauración. Durante la cocción, también es fundamental controlar que los alimentos alcancen la temperatura adecuada y registrar estos datos como parte del control de seguridad alimentaria. En definitiva, el control de la temperatura debe estar presente en todas las fases de la logística alimentaria: procesamiento, transporte, almacenamiento y cocinado.

5.1. CONOCIMIENTO DE TEMPERATURAS

Conocer las temperaturas óptimas para mantener los alimentos en condiciones seguras y prolongar su vida útil es una responsabilidad esencial para quienes manipulan alimentos. Los cambios de temperatura que atraviesa un producto, desde su recepción hasta su presentación al cliente, pueden ser muy variados, por lo que este conocimiento resulta fundamental.

Se debe tener en cuenta que los alimentos que se encuentran a temperaturas entre 5 °C y 60 °C se consideran dentro de la «franja de riesgo», es decir, son susceptibles de contaminación debido a la elevada actividad enzimática, lo que provoca alteraciones en las cualidades organolépticas. Por debajo de 5 °C y por encima de 60 °C, la actividad enzimática se detiene, aunque esto puede favorecer la proliferación de microorganismos patógenos si no se gestiona correctamente. Por ello, el control de la temperatura es especialmente crítico en esta franja para cumplir con la normativa de seguridad alimentaria.

En la industria alimentaria, la ley exige un control de temperatura riguroso como principal medida para prevenir intoxicaciones alimentarias. Además, se deben cumplir las obligaciones de registro de temperatura y calibración de los equipos de medición según el sector.

En establecimientos gastronómicos, normalmente se llevan fichas de registro de forma manual. Las cámaras frigoríficas incluyen termostatos que indican la temperatura en tiempo real. El responsable del establecimiento debe registrar

© Ediciones Paraninfo

estas temperaturas en un libro de control, garantizando que se cumplan las medidas de seguridad.

Figura 5.1. Las cámaras frigoríficas y los congeladores modernos muestran la temperatura exacta de su interior en el panel de entrada.

Actualmente, se dispone de diferentes métodos de conservación para todo tipo de alimentos y elaboraciones culinarias, con el objetivo de mantener las condiciones higiénicas establecidas por las autoridades sanitarias. Respetar estas indicaciones garantiza la máxima calidad y conservación de las propiedades organolépticas durante el proceso productivo.

Figura 5.2. Los termómetros permiten controlar la temperatura en el interior del alimento. Los hornos modernos cuentan con programación de temperatura y con sondas integradas para medir la temperatura de cocción.

5.1.1. Refrigeración, congelación, ultracongelación y sistema IQF

El frío es uno de los métodos físicos de conservación de alimentos más utilizados en restauración. Este método consiste en someter a los alimentos a bajas temperaturas para reducir o eliminar la actividad microbiana y enzimática, manteniendo sus propiedades físicas y químicas, y prolongando su vida útil. Este proceso considera factores como la temperatura, la humedad relativa, la correcta

© Ediciones Paraninfo

disposición de los alimentos, la circulación y renovación del aire, así como el tiempo de almacenamiento adecuado para cada producto.

Una vez comprendidas las temperaturas óptimas para conservar alimentos en cámaras frigoríficas y congeladores, es importante recordar que los productos no deben volver a congelarse para no romper la cadena de frío. Tampoco se debe sobrecargar el equipo ni almacenar alimentos sin protección. Entre los métodos de conservación por frío se incluyen la refrigeración, congelación, ultracongelación y el sistema IQF.

■ **Refrigeración**

La refrigeración permite conservar alimentos durante un periodo relativamente corto, generalmente días o semanas. Esta técnica disminuye la velocidad de crecimiento de la mayoría de los microorganismos, aunque existen algunos de tipo psicotrofo que pueden multiplicarse. Los alimentos deben mantenerse a temperaturas uniformes entre 1 °C y 4 °C, dentro de los límites de tolerancia establecidos.

¿SABÍAS QUE...?

Los microorganismos psicotrofos pueden generar alteraciones en los alimentos refrigerados, principalmente de tipo organoléptico. Además, los alimentos refrigerados pueden contener microorganismos patógenos.

Actualmente, se promueve el uso del sobreenfriamiento, que retrasa el crecimiento de patógenos sin formar cristales de hielo. Sin embargo, la disminución de la temperatura debe ser gradual para evitar daños por frío. Este método se aplica principalmente en pescado.

Los factores que se deben controlar durante la refrigeración incluyen:

- **Temperatura:** cada alimento requiere una temperatura óptima de conservación.

- **Humedad relativa:** un ambiente muy seco provoca pérdida de humedad y peso en los alimentos.

- **Luz:** la exposición a luz favorece la oxidación de las grasas; por ello, las cámaras deben mantenerse oscuras.

- **Composición de la atmósfera:** concentraciones de CO_2 retrasan la maduración, mientras que concentraciones de oxígeno la aceleran.

Las ventajas de la refrigeración incluyen la ralentización del crecimiento bacteriano, aunque no lo detienen por completo. Los refrigeradores domésticos se

© Ediciones Paraninfo

conocen como neveras, mientras que los industriales se denominan cámaras frigoríficas.

■ Congelación

La congelación es ideal para conservar alimentos a largo plazo, manteniendo sus propiedades organolépticas y nutricionales. A pesar de las bajas temperaturas (−18 °C), algunas enzimas permanecen activas.

Posibles alteraciones de los alimentos congelados:

- **Quemaduras por frío:** ocurren en atmósferas con baja humedad relativa; el agua del alimento pasa directamente a vapor, causando manchas oscuras y deshidratación.

- **Modificaciones químicas:** enranciamiento de grasas, cambios de color y pérdida de nutrientes.

Mantener la cadena de frío es fundamental durante toda la producción, transporte, recepción, almacenamiento y venta al consumidor final.

■ Ultracongelación

La ultracongelación es un proceso de congelación extremadamente rápida, que lleva los alimentos a temperaturas inferiores a −40 °C en un tiempo aproximado de 90 a 120 minutos. Este método conserva la estructura física y las propiedades organolépticas, formando microcristales que no dañan los tejidos celulares. Los alimentos ultracongelados se almacenan posteriormente a −18 °C o −20 °C. Cuanto más rápido se realiza la congelación, menores son las alteraciones del producto.

■ Sistema IQF

El sistema IQF, siglas en inglés de *Individual Quick Freezing* (congelación rápida individual), permite congelar los alimentos de manera que los cristales de hielo

Figura 5.3. Cinta transportadora que lleva los productos al túnel de enfriamiento del sistema IQF.

© Ediciones Paraninfo

sean muy pequeños, evitando la ruptura de las paredes celulares. Este método mantiene las propiedades organolépticas, vitaminas, minerales y estructura del alimento. El proceso se realiza en un túnel de congelación continua, donde los productos son transportados por una cinta y tratados en pocos minutos, conservando su frescura y calidad.

¿SABÍAS QUE…?

Las autoridades sanitarias recomiendan contar con un mínimo de tres cámaras de conservación: una destinada a pescados, carnes y productos cárnicos; otra para productos ya cocinados, y una tercera para frutas y verduras.

Para descongelar los géneros de elaboración, se deben seguir ciertas pautas, ya que sin estos pasos es posible cometer errores que pueden afectar la salud de las personas consumidoras finales, estas son:

- La descongelación debe realizarse de manera lenta, generalmente durante unas doce horas y a temperaturas de refrigeración, para evitar el desarrollo microbiano.

- Nunca se debe descongelar a temperatura ambiente, ya que está comprobado que la exudación del congelado puede convertirse en una fuente importante de microorganismos patógenos.

- En caso de urgencia, por motivos de mala gestión u organización, es necesario realizar una descongelación rápida, la cual debe efectuarse en microondas. Este método puede afectar algunas características del producto, y a continuación debe cocinarse sin demora para evitar la proliferación de microorganismos.

- Una vez descongelado un producto, no se puede volver a congelar, ya que durante la descongelación su carga bacteriana aumenta.

- Solo se descongelará la cantidad de productos necesaria, evitando congelar los sobrantes del servicio.

- Al descongelar productos, se debe prevenir la contaminación cruzada, ya que el exudado puede contaminar otros productos cercanos si no se utilizan envases adecuados que eviten derrames.

- Las verduras congeladas deben haber sido previamente manipuladas y troceadas antes de la congelación, lo que permite cocinarlas directamente y minimizar la pérdida de nutrientes.

© Ediciones Paraninfo

Actividad propuesta 5.1

Registra la temperatura de un frigorífico o cámara durante un mes a la misma hora cada día en un cuadrante, comprobando si se mantiene dentro del rango adecuado durante todo el periodo.

Seguidamente se presenta bajo las premisas del Real Decreto 2207/1995 sobre comidas preparadas y sus procesos de elaboración y manipulación, se deben cumplir los siguientes requisitos:

1. La descongelación se realizará obligatoriamente en refrigeración, nunca a temperatura ambiente, y los productos deben elaborarse inmediatamente o conservarse refrigerados a la temperatura óptima para evitar el desarrollo de microorganismos patógenos o la formación de toxinas. Los productos descongelados no se podrán volver a congelar.

2. Las comidas preparadas deben elaborarse con la menor antelación posible para su consumo, excepto aquellas que se van a congelar o refrigerar.

3. Las comidas destinadas a conservarse o servirse a temperatura regulada deben alcanzar, tras la elaboración, las siguientes temperaturas:

   - Comidas congeladas: < 18 °C.
   - Comidas refrigeradas con duración inferior a 24 horas: < 8 °C.
   - Comidas refrigeradas con duración superior a 24 horas: < 4 °C.
   - Comidas calientes: > 65 °C.

4. Las comidas preparadas con tratamiento térmico elaboradas en el mismo establecimiento y conservadas en frío deben refrigerarse lo antes posible, alcanzando en su centro una temperatura ≤ 8 °C.

Figura 5.4. En la cocina se debe contar siempre con termómetros específicos y adecuados para este tipo de control y punto térmico.

© Ediciones Paraninfo

5. Las comidas cocinadas, incluidas las previamente descongeladas, se mantendrán en refrigeración hasta su utilización y se recalentarán de manera que el centro del producto alcance ≥ 65 °C.

El estado de conservación de las cámaras frigoríficas y congeladores, incluyendo limpieza, colocación de productos y control de temperaturas, debe supervisarse diariamente. Esto es obligatorio según los APPCC, un proceso preventivo que garantiza la inocuidad alimentaria.

Al almacenar productos, se debe considerar:

- No sobrecargar cámaras, frigoríficos o congeladores para permitir la circulación de aire frío.

- Evitar introducir alimentos calientes en refrigeración para no alterar la temperatura.

- Mantener los alimentos envasados para permitir su identificación.

- Separar productos crudos de los elaborados y comprobar las temperaturas de los equipos diariamente.

- Descongelar alimentos siempre en refrigeración.

Figura 5.5. Correcta disposición y visualización de productos, asegurando que cuenten principalmente con etiquetas que indiquen la fecha de entrada en cámara.

RECUERDA

Es necesario mantener separados los productos crudos de los elaborados y verificar diariamente la temperatura de los frigoríficos y congeladores. Asimismo, la descongelación de los alimentos debe realizarse siempre en el frigorífico y nunca a temperatura ambiente.

© Ediciones Paraninfo

¿SABÍAS QUE...?

Desde 1996, en España todas las empresas alimentarias deben aplicar el sistema APPCC para garantizar la seguridad e higiene de los alimentos. Esto está regulado por el Reglamento (CE) n.º 852/2004 relativo a la higiene de los productos alimenticios.

■ Alimentos que no deben congelarse

- Productos con alto contenido en grasa como natas y algunas salsas.

- Lácteos, puesto que sufren el riesgo de cortarse.

- Alimentos ricos en almidón, como pasta, patatas y arroz.

- Verduras y frutas que se consumirán crudas, salvo que tengan un procesado previo.

Actividad propuesta 5.2

Realiza una prueba de congelación de algunos de estos productos que se acaban de mencionar, descongélalos, obsérvalos y comenta en una pequeña redacción los cambios comprobados en su textura, sabor y apariencia.

5.2. CONTROL DE LAS TEMPERATURAS DE COCCIÓN

El control de las temperaturas en la cocción de los alimentos es fundamental, ya que permite una correcta manipulación y una adecuada higienización. Los tratamientos térmicos necesarios para destruir cada tipo de organismo o sus esporas varían según se trate de bacterias, levaduras, mohos o virus, así como según su estado y las condiciones ambientales en que se encuentren. En consecuencia, se destruirán todas las células vegetativas e incluso las esporas, o bien solo una parte de ellas.

A continuación, se describen los principales métodos de conservación por tratamiento térmico en la industria alimentaria:

■ Pasteurización

La pasteurización es el proceso térmico más conocido, mediante el cual se someten ciertos productos a calor, y se denomina así en honor a **Louis Pasteur**, quien a mediados del siglo XIX, comprobó que calentar ciertos alimentos y bebidas

© Ediciones Paraninfo

por encima de **65 °C** evitaba su alteración al disminuir de manera significativa el número de microorganismos presente en su composición. Hacia finales del siglo xix, investigadores alemanes trasladaron este procedimiento a la leche cruda y comprobaron que resultaba eficaz para la destrucción de las bacterias presentes en ella. De este modo, se dio origen no solo a un importante método de conservación, sino también a una medida **higiénica fundamental** para cuidar la salud de las personas consumidoras y conservar la calidad de los alimentos.

Los avances tecnológicos en el proceso de pasteurización permiten fabricar productos lácteos mediante el método **UHT (*Ultra High Temperature*)**, en el cual la leche se calienta durante aproximadamente 6 a 8 segundos a una temperatura entre 150 °C y 200 °C, seguida de un enfriamiento muy rápido que la lleva a una temperatura no superior a 4 °C. De este modo, la leche puede almacenarse durante seis meses manteniendo condiciones de inocuidad, si el proceso se combina con el uso de instrumental y contenedores previamente esterilizados.

Entre las ventajas que este método ofrece se destaca que no lesiona apenas los nutrientes, de manera que el producto queda higienizado y conserva sus propiedades, siempre que se lleve a cabo acompañado de otro soporte conservador. Esto se debe a que inactiva los microorganismos, pero **no destruye sus esporas**.

■ Esterilización

La esterilización es el proceso mediante el cual se destruyen todas las formas de vida de microorganismos, patógenos o no patógenos, aplicando temperaturas adecuadas, ya sea de manera continua o mediante tindalización, que consiste en un calentamiento discontinuo (115-130 °C durante 15-30 minutos). Cuando el producto permanece envasado, su conservación es duradera. El calor destruye las bacterias y genera un vacío parcial, lo que facilita un cierre hermético que impide la recontaminación.

En sus inicios, este proceso consistía en el calentamiento de alimentos colocados en recipientes de cristal, como frascos o botellas, mediante baño maría o autoclave. En la industria alimentaria, también se considera esterilización el proceso por el cual se destruye o inactiva casi la totalidad de la flora microbiana, aplicando temperaturas variables según el tiempo de tratamiento, de manera que los alimentos no sufran modificaciones esenciales en su composición y se asegure su conservación a temperatura óptima durante un periodo no inferior a 48 horas.

Entre sus ventajas se encuentra que permite liberar a los alimentos de todo tipo de microorganismos, incluidas sus esporas. Entre sus desventajas se encuentra que destruye vitaminas hidrosolubles y puede producir una interacción entre

© Ediciones Paraninfo

azúcares reductores y proteínas del alimento, impidiendo su aprovechamiento nutricional. En definitiva, el resultado es un alimento totalmente esterilizado, libre de cualquier tipo de microorganismo, incluidas las esporas.

■ Uperización (UHT)

La uperización consiste en una esterilización mediante la aplicación de vapor de agua sobre el producto, manteniéndolo en una corriente turbulenta a una temperatura de 150 °C por un tiempo muy breve, aproximadamente un segundo, suficiente para eliminar todos los microorganismos y sus esporas, procurando que el alimento sufra el menor daño posible. Este proceso permite un periodo de conservación mayor que el alcanzado mediante pasteurización.

Figura 5.6. Máquina industrial de uperización de alimentos.

■ Aplicación de temperaturas a los alimentos en su cocinado

Elevar la temperatura de los alimentos durante su cocinado no solo permite eliminar los microorganismos que pudieran haberse desarrollado en ellos, sino que también contribuye a modificar su sabor, aroma y textura.

La temperatura mínima a la que los alimentos deben ser cocinados, según la Agencia Española de Consumo, Seguridad Alimentaria y Nutrición (AECOSAN), es de 65 °C, ya que a esta temperatura se elimina la mayoría de las bacterias. Sin embargo, algunos alimentos requieren temperaturas más elevadas para su cocinado completo. Este tema se desarrolló con mayor detalle en el Capítulo 1,

© Ediciones Paraninfo

donde se abordaron métodos de cocción, técnicas de cocinado y temperaturas específicas de muchos métodos. A continuación, se presentan las temperaturas más seguras de cocción de los alimentos más utilizados:

- **Pescados:** 65 °C a 70 °C.

- **Carnes blancas:** 70 °C a 85 °C.

- **Carnes rojas:** 65 °C a 80 °C.

- **Carnes adobadas:** no superior a 190 °C.

- **Aves de corral:** 70 °C a 85 °C.

- **Ovoproductos:** 75 °C en su interior.

- **Vegetales:** 85 °C a 100 °C.

- **Frutas:** 85 °C a 100 °C.

- **Sopas:** 90 °C a 100 °C.

- **Guisos:** 90 °C a 100 °C.

- **Frituras:** 90 °C a 100 °C.

- **Escalfados o pochados:** 75 °C a 90 °C.

- **Fritos:** según el tipo de grasa usada (información ampliada en el Capítulo 1).

- **Confitar:** no superior a 90 °C.

¿SABÍAS QUE...?

La reacción de Maillard es un conjunto de reacciones químicas inducidas por el calor, que produce melanoidinas. Para que estas transformaciones tengan lugar, son necesarios azúcares y proteínas. Esta reacción es responsable del color marrón de la costra de la carne cocinada o del pan horneado, aportando sabor y aroma a los alimentos. Fue descrita por primera vez por el químico Louis Camille Maillard a comienzos del siglo xx, de donde proviene su nombre.

■ Conservación de comidas preparadas

Las comidas que no se sirven de inmediato y las elaboraciones preparadas deben mantenerse a temperaturas comprendidas entre 60 °C y 80 °C. En caso de que no se sirvan de manera inmediata, deben ser enfriadas rápidamente para poder refrigerarlas. Esto permite evitar que los alimentos entren en el rango de peligro, que oscila entre 5 °C y 60 °C, donde los microorganismos pueden proliferar.

© Ediciones Paraninfo

■ **Regeneración de alimentos**

La regeneración de alimentos es el proceso mediante el cual las elaboraciones refrigeradas o congeladas se preparan para su servicio al público. Para ello, se debe pasar la temperatura de conservación a la temperatura de servicio, alcanzando 70 °C en el centro del producto en un tiempo inferior a una hora.

En caso de no servirse inmediatamente, la preparación recalentada debe mantenerse a una temperatura no inferior a 65 °C-70 °C, con el fin de evitar riesgos higiénicos y sanitarios por el desarrollo de microorganismos nocivos.

Formas de regenerar los alimentos

- Inmersión en agua caliente.
- Horno de convección.
- Cocedero de vapor.
- Baño maría.
- Horno microondas.

5.3. EL ENFRIAMIENTO ADECUADO

Todas aquellas elaboraciones que se realizan en cocina, y que no van a ser utilizadas de inmediato, deben ser enfriadas adecuadamente mediante un proceso rápido, seguro y de refrigeración, tan pronto como sea posible. Esto permite eliminar la posibilidad de desarrollo de contaminaciones patógenas, ya que los alimentos han alcanzado como mínimo, en el centro del producto, una temperatura de 65 °C y, en poco tiempo después de retirarlos del fuego, su temperatura comienza a disminuir. Es decir, pronto se alcanza la barrera de los 60 °C y, al disminuir de esta manera, los alimentos entran en riesgo bacteriano, como se mencionó anteriormente.

El enfriamiento correcto de las elaboraciones culinarias debe realizarse en un tiempo máximo de cuatro horas, tal como exige la autoridad sanitaria a los establecimientos profesionales.

Antiguamente se aplicaban técnicas que hoy resultan inadmisibles en la cocina profesional, como dejar los alimentos en un lugar «teóricamente seguro» para que bajasen de temperatura y, posteriormente, repartirlos en placas más pequeñas antes de trasladarlos al congelador o cámara. Este método podía desestabilizar la temperatura de las cámaras frigoríficas, lo que representaba un riesgo para los demás alimentos almacenados. Actualmente, estas prácticas están totalmente obsoletas y prohibidas, y para garantizar la seguridad se utiliza un equipo indispensable en cocina.

© Ediciones Paraninfo

5.3.1. El abatidor

El abatidor de temperatura es actualmente el equipo de congelación rápida más valorado y resulta indispensable en los servicios de restauración.

Estos aparatos permiten llevar un alimento desde una temperatura de +70 °C / +80 °C a +3 °C en el corazón del producto en menos de 90 minutos, y posteriormente mantenerlo a una temperatura entre 0 °C y +4 °C, según los valores establecidos para su conservación.

La bajada rápida de temperatura permite conservar inalterada la humedad de las elaboraciones e impide la proliferación bacteriana normal. Al utilizar el abatidor de temperatura para congelación rápida, se puede alcanzar una temperatura de −18 °C en el corazón del producto en 4 horas, evitando la formación de macrocristales.

Este equipo es especialmente útil e imprescindible para bajar la temperatura de fondos, estofados, cremas elaboradas con lácteos y ovoproductos, entre otros.

> **¿SABÍAS QUE...?**
>
> El Real Decreto 1021/2022, de 13 de diciembre, regula determinados requisitos en materia de higiene de la producción y comercialización de productos alimenticios en establecimientos de comercio al por menor, actualizando al Real Decreto 3484/2000, de 29 de diciembre, que establecía normas de higiene para la elaboración, distribución y comercio de comidas preparadas.

Figura 5.7. Abatidor de temperatura. En el mercado existe una gran variedad de modelos.

© Ediciones Paraninfo

ACTIVIDADES FINALES

Actividades de comprobación

5.1. ¿De qué trata el sistema IQF?

a) Son las siglas derivadas del inglés que significan «congelación rápida individual».

b) Es un método de congelación muy rápido que permite que los cristales de hielo que se forman dentro de las células sean de un tamaño muy pequeño.

c) Con este método se asegura que todo el producto conserve todas sus características organolépticas, vitaminas, minerales, etcétera.

d) Todas las respuestas anteriores son correctas.

5.2. Cuando refrigeramos un alimento, ¿a qué temperatura debe estar la cámara?

a) Debe oscilar entre 3 ºC y 5º C.

b) Debe oscilar entre 1 ºC y 5º C.

c) Debe oscilar entre 1 ºC y 2º C.

d) Ninguna de las respuestas anteriores es correcta.

5.3. ¿Cuáles son las llamadas temperaturas de riesgo?

a) 5 ºC y 60 ºC, ambas inclusive.

b) 6 ºC y 65 ºC.

c) 5 ºC y 65 ºC.

d) 5 ºC y 70 ºC.

5.4. De las temperaturas más seguras de cocción de los alimentos más usados frecuentemente, ¿cuál corresponde a los pescados?

a) 40 ºC a 50 ºC.

b) 60 ºC a 65 ºC.

c) 65 ºC a 70 ºC.

d) 70 ºC a 80 ºC.

5.5. El Real Decreto 1021/2022, de 13 de diciembre, ¿a cuál sustituye?

a) Al Real Decreto 1020/2022, de 13 de diciembre.

b) Al Real Decreto 3484/2000, de 29 de diciembre.

c) Al Real Decreto 1022/2022, de 13 de diciembre.

d) Al Real Decreto 3484/2001, de 29 de diciembre.

© Ediciones Paraninfo

5.6. El abatidor de temperatura permite llevar un alimento desde +70 °C / +80 °C a +3 °C en el corazón del alimento o elaboración en menos de:

a) 60 minutos.

b) 90 minutos.

c) 150 minutos.

d) 130 minutos.

5.7. ¿Sobre qué trata el Real Decreto 2207/1995?

a) Sobre las comidas frías y sus procesos de elaboración y manipulación.

b) Sobre los procesos de manipulación.

c) Sobre los procesos de elaboración.

d) Sobre las comidas preparadas y sus procesos de elaboración y manipulación.

5.8. En España, es obligatorio aplicar un sistema de análisis y puntos de control críticos en todas las empresas alimentarias.

a) Es verdadero.

b) Depende del tamaño de la empresa.

c) Es aconsejable, pero no obligatorio.

d) Es falso.

5.9. ¿Qué significan las siglas derivadas del inglés IQF?

a) Congelación individual.

b) Congelación rápida.

c) Congelación rápida individual de verduras.

d) Congelación rápida individual.

5.10. ¿Qué ley regula los procedimientos de los APPCC?

a) El Real Decreto 3484/2000, de 29 de diciembre.

b) El Real Decreto 2207/1995.

c) El Reglamento (CE) N.º 852/2004 del Parlamento Europeo y del Consejo, de 29 de abril.

d) El Real Decreto 1020/2022, de 13 de diciembre.

© Ediciones Paraninfo

Actividades de aplicación

5.11. ¿Qué es la uperización (UHT)?

5.12. ¿Qué significan las siglas APPCC?

5.13. ¿Cuáles son las principales modificaciones químicas en los alimentos?

5.14. ¿Qué inventó Louis Pasteur?

5.15. ¿Qué significan las siglas UHT?

5.16. ¿Qué regula el Real Decreto 1021/2022, de 13 de diciembre?

5.17. ¿De qué trata el sistema IQF?

5.18. ¿Qué alimentos no deben congelarse?

5.19. ¿Qué formas existen para regenerar alimentos?

5.20. ¿De qué trata la humedad relativa?

5.21. ¿Cuándo se producen las quemaduras por frío en los alimentos?

5.22. ¿Qué es la esterilización?

5.23. ¿Dónde se deben descongelar los alimentos?

5.24. Indica las temperaturas que han de mantener los alimentos tras su elaboración:

- Comidas congeladas:
- Comidas refrigeradas < 24 horas:
- Comidas refrigeradas > 24 horas:
- Comidas calientes:

5.25. ¿En qué influye la luz en determinados alimentos?

5.26. ¿Por qué se han de conservar los alimentos por debajo de 5 °C o por encima de 60 °C?

5.27. Cada alimento tiene una temperatura óptima de conservación, ¿cuál es en líneas generales?

5.28. ¿Qué significan las siglas AECOSAN?

5.30. ¿Qué puntos se deben tener en cuenta al almacenar productos?

© Ediciones Paraninfo

Actividades de ampliación

5.31. Completa las palabras que faltan:

El _____ correcto de las elaboraciones _____ debe de estar realizado en un _____ máximo de cuatro horas, exigido por la _____ sanitaria a los establecimientos _____.

5.32. Comenta brevemente qué es la reacción de Maillard.

5.33. Relaciona el alimento con su temperatura de cocción:

1. Pescados	a)	Desde los 65 °C a 80 °C.
2. Ovoproductos	b)	No más de los 190 °C.
3. Carnes blancas	c)	Desde los 90 °C a 100 °C.
4. Guisos	d)	Desde los 85 °C a los 100 °C.
5. Aves de corral	e)	Desde los 65 °C a 70 °C.
6. Carnes rojas	f)	75 °C en su interior.
7. Frituras	g)	Desde los 70 °C a 85 °C.
8. Sopas	h)	Desde los 85 °C a 100 °C.
9. Escalfados o pochados	i)	Desde los 70 °C a 85 °C.
10. Frutas	j)	Desde los 90 °C a 100 °C.
11. Carnes adobadas	k)	Desde los 90 °C a 100 °C.
12. Vegetales	l)	Desde los 75 °C a 90 °C.

5.34. Observa la imagen. Indica qué es y para qué sirve.

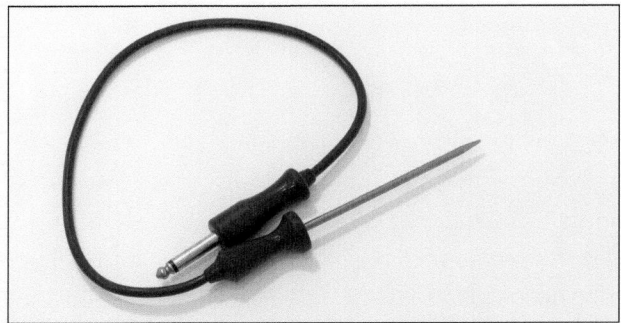

5.35. Comenta la causa por la que se usa la congelación en productos y elaboraciones.

© Ediciones Paraninfo

Glosario

A punto: cocer o cocinar en su justa medida de cocción o sazonamiento.

Abantar: significa derramarse un líquido cuando hierve.

Ablactar: esta denominación se refiere cuando agregamos leche a una salsa, crema o masa.

Ablandar: término que se utiliza tanto para la carne como para las verduras, en el caso de la carne es romper las fibras por medio de golpes o utilizando una marinada ácida, habitualmente con limón, vinagre, vino, hierbas aromáticas, etc. En el caso de las verduras se cuecen en líquido o grasa, hasta que resulten blandas, sin llegar a dorarlas.

Abotonar: decorar alimentos en forma de botones, se puede utilizar un *cornet* o una manga pastelera. En el caso del huevo se pueden hacer botones con la clara del huevo y cociéndola en agua, sirve para hacer ciertas decoraciones.

Abrillantar: operación de dar brillo. Consiste en pincelar la superficie del preparado con un almíbar, grasas, jaleas semilíquidas, mermeladas, etcétera.

Abuñolar: también se conoce como abuñolado o abuñuelado. Forma de freír, de tal manera que queden huecos por dentro y bien dorados por fuera, lo mismo que los buñuelos.

Acaballar: sinónimo de encabalgar y encaballar. Se trata de poner o montar parte de unos géneros sobre otros. En cocina, esta expresión se aplica a la forma de presentación de ciertos manjares, cortados en lonchas, fiambres, carnes, etc. en fuentes o platos, montando en parte unos sobre otros por un extremo.

Acanalar: hacer surcos o canales en la parte exterior de una hortaliza en crudo para que al cortar las rodajas salgan más decorativas.

Acéfalo: que carece de cabeza. Nombre genérico para designar a los moluscos lamelibranquios.

Acidular o acidelar: es la acción de poner ligeramente ácida una preparación. Término que tiene su origen en la cocina francesa, donde se emplea para designar la acción de añadir algún tipo de ácido (limón, vinagre) al agua de cocer alcachofas, champiñones, huevos escalfados, etcétera.

Acrilamida: sustancia química que se forma en los alimentos que son muy ricos en almidón y, cuando se someten a las elaboraciones culinarias de altas temperaturas, cambian a color tostado siendo esta sustancia la responsable de ello.

© Ediciones Paraninfo

Aderezar: añadir a una preparación ciertos géneros de condimento con el objeto de mejorar el sabor incluso el color, que generalmente son sal, aceites, especias, vinagres, vinos, etcétera.

Adobo: el adobo es una de las formas más antiguas de conservación de los alimentos. Esta elaboración se realiza con condimentos tales como hierbas aromáticas, aceite, vino o vinagre, etc. Esta preparación es la versión española de la marinada. Si queremos adobar algo de pescado, normalmente utilizaremos un adobo más suave que el empleado en la carne, los ingredientes más habituales son agua con vinagre o limón a la que luego se añaden especias o hierbas aromáticas como ajo, perejil, orégano, pimienta, comino, tomillo, laurel, etc. Si queremos realizar un adobo para la carne (especialmente para asar al horno) podemos hacerlo con aceite de oliva, vinagre de Jerez y sal como ingredientes base a los que después añadiremos las especias o plantas aromáticas que deseemos, como ajos, laurel, pimentón dulce y tomillo, o bien pimentón dulce, orégano, tomillo y albahaca.

Ahumar: exponer las carnes o pescados incluso quesos al humo para darles un cierto sabor especial, antiguamente era un método de conservación, hoy en día cumple las dos funciones.

Alargar (cocina): añadir un líquido a una elaboración demasiado espesa o reducida, para que quede más fluida.

Alargar (pastelería): término muy utilizado, que trata de dar la longitud deseada a una porción de masa.

Al dente: se dice de las pastas y los alimentos, tradicionalmente, en Italia. Hoy en día es un término utilizado para designar el punto de cocción «óptimo» para preservar su sabor natural y las propiedades alimenticias, sobre todo en las verduras que contienen muchas vitaminas y sabores naturales. Se encuentra «al dente» cuando se nota una cierta dureza al probarla.

Albardar: cierta preparación que consiste en cubrir un género con láminas finas de tocino, normalmente carnes o aves para aportarles grasa, y así se evita que se seque o queme el interior de la pieza al cocinarla.

Aliñar: lo mismo que aderezar. Añadir a las comidas el arreglo necesario de condimentos para que esté más gustosa.

Anisakis: parásito de distintos peces que puede producir en los humanos, tras la ingesta de comidas con pescado crudo o poco cocinado, una alergia cutánea que lleva el mismo nombre que la parasitosis. Muy común en Japón, Perú y España. Las larvas del pescado infestado mueren con la cocción a una temperatura de 60 °C, por lo menos durante 10 min. Asimismo, las larvas se destruyen mediante la congelación. Para ello es preciso congelar el pescado durante más de 24 horas a una temperatura de −20 °C. El pescado congelado o ultracongelado en alta mar, que ha sido eviscerado rápidamente, tiene pocas posibilidades de estar parasitado.

© Ediciones Paraninfo

Aromatizar: agregar a una preparación elementos con aromas acusados tales como especias, hierbas aromáticas, vinos, licores, etc. para que los adquiera la elaboración que se realiza.

Arropar: o abrigar, trata de cubrir una preparación con un paño (algunas veces húmedo) para preservarlo de la acción del calor y del frío con objeto de favorecer su fermentación y no llegue a secarse. En la elaboración del hojaldre, se dice que arropamos cuando tapamos el bloque de mantequilla con las puntas del empaste.

Asar: consiste en cocinar una vianda por la acción directa del calor en plancha, horno o parrilla acompañada con grasa o con algún líquido de forma que quede dorado por fuera y jugoso en el interior.

Áspic: nombre que recibe una serie de platos fríos, previamente cocinados y montados en moldes encamisados con gelatina. Se llama así también un fiambre hecho a base de filetes de carnes de ave, caza o pescado, adicionados de trufas y otras guarniciones, cubiertos con gelatina transparente enfriada en moldes. También se suele emplear esta palabra como sinónimo de gelatina.

Asustar: añadir agua o un líquido frío a un preparado líquido en ebullición, con el fin de que momentáneamente deje de hervir y así evitar que se rompan los géneros que estamos cocinando y facilitando así las operaciones de espumar, desengrasar y clarificar e incluso para engordar salsas, ya que algunos ingredientes sueltan féculas. Esta práctica es muy útil para la elaboración del consomé.

Atemperar (1): proceso por el cual el chocolate se funde mediante subidas y bajadas de temperatura, con el fin de obtener el brillo, la textura y la rigidez deseada.

Atemperar (2): igualar en temperatura dos elaboraciones cuando se van a fusionar, siendo este uno de los pasos más importantes para obtener un resultado óptimo.

Autoclave: maquinaria que dispone de un recipiente de presión metálico de paredes gruesas con un cierre hermético que permite trabajar a alta presión para una cocción o una esterilización con vapor de agua.

Aviar: preparar la comida y condimentarla para que esté en su punto. Consiste en preparar y preelaborar las aves de tal forma que queden dispuestas para asarlas, brasearlas o cualquier otro método de cocción que se aplique al ave entera. Los pescados se avían limpiándolos y eviscerándolos dejándolos listos para su cocción cuando se hacen enteros y para cortarlos cuando se elaboran en porciones.

Bañar: cubrir un género con salsa, caldo, agua o gelatina. También se llama así a lustrar con un pincel, mojado en huevo batido, pastas, pasteles, etcétera.

Baño blanco: preparación a base de claras a punto de nieve con azúcar y zumo de limón, y sirve para cubrir una serie de elaboraciones, generalmente dulces.

Baño inglés: elaboración auxiliar de cocina y pastelería, que consiste en mezclar al baño maría con ayuda de una varilla, yemas de huevo y glucosa líquida. Una vez ambos ingredientes homogeneizados se retiran del fuego.

© Ediciones Paraninfo

Baño maría (Al): forma de cocinar dentro de un recipiente que a su vez está dentro de otro que contiene agua hirviendo. Se utiliza para cocciones que van en moldes porque ralentiza el proceso de cocción impidiendo que el género tome color y favoreciendo la penetración progresiva del calor.

En repostería se utiliza para géneros que con el fuego directo se pegan con facilidad, por ejemplo, salsas de huevo y mantequilla, chocolate, etcétera.

Baño maría (utensilio): juego de dos cazos, uno de los cuales ajusta perfectamente dentro del otro, con una sola tapa, llenándose el cazo mayor, menos de las 3/4 partes de agua y colocando el pequeño encima del otro, que es donde se va a cometer la elaboración.

Baño maría inverso (Al): forma de enfriar rápido una vianda, en un recipiente cubierto de hielo y agua.

Batir: acción de revolver de forma enérgica una preparación con una varilla o batidora para mezclar, espesar, disolver u obtener una preparación homogénea.

Batir a punto de nieve: batir claras sin las yemas enérgicamente hasta que adquieran suficiente consistencia y se forme una espuma blanca. Su textura deberá ser uniforme y con brillo. Se utilizan en muchas recetas, como merengue, *mousse*, suflés, etcétera.

Blanco (En): forma especial de cocción de las verduras para evitar que ennegrezcan, especialmente utilizada para las alcachofas (lechada). Compuesta de agua, sal, limón y harina.

Blanquear: dar un ligero hervor a determinados alimentos con el objeto de suprimir el fuerte olor y sabor de artículos tales como coliflor, repollo y riñones, entre otros; en el caso de los huesos utilizados para fondos, se realiza para suprimir las impurezas. Sirve también el blanqueado para poner más blancas algunas carnes y aves; avivar el color natural de algunos vegetales; disminuir considerablemente el tiempo de cocción de algunas hortalizas que se terminan al horno como las patatas risoladas y zanahorias glaseadas, entre otras; y facilitar el pelado de algunas verduras y frutas. En el caso de las carnes se deben poner en agua fría con el fin de que abran los poros, mientras que los vegetales se ponen cuando el agua hierve.

Blanquear yemas: técnica culinaria que consiste en batir las yemas hasta el punto de que empiece la yema a aclarar, con el objeto de que queden bastante esponjosas y nos sirvan para múltiples elaboraciones, tales como montar una holandesa, bizcochos, etcétera.

Bolear: término que se conoce también como ovillar. Consiste en someter a presión una masa fermentada contra una superficie rígida. Se termina dándole una forma de bola para facilitar el formado definitivo compacto y fino.

Boquilla: utensilio metálico o de plástico de forma de embudo redondo que acoplado a una manga de pastelería sirve para decorar. Hay boquillas de distintos tamaños, formas, acanalados, planos, etcétera.

© Ediciones Paraninfo

Brasear: o bresear, del francés «braiser». Es una técnica que requiere dos pasos, el primero consiste en dorar lentamente una vianda en su jugo, ya sea en el horno o en una cacerola tapada para concentrar los jugos, y el segundo, por medio de algún líquido, caldo, vino o licor en pequeña cantidad, puede ir incluida una bresa de verduras, se realiza una cocción a fuego lento y por un tiempo prolongado.

- **Nota:** cuando se brasean hortalizas, estas no se suelen dorar, sino que se blanquean. Se cuecen en su propio jugo, este sistema es excelente para las hortalizas fibrosas, porque mejora sensiblemente el sabor. Continuando con un poco de caldo o agua, pero en poca cantidad para que no quede demasiado líquido.

Bridar: sujetar con un cordel fino diversos géneros de aves, carnes, pescados, rulos de carne, etc. para apretar su carne y que conserve la forma que se les ha dado después de su cocinado y para que no pierdan el relleno.

Brigada: es la estructura organizativa de las diferentes tareas jerárquicas en una cocina, generalmente de las cocinas con una base grande de funciones, con el objeto de proporcionar una gran cantidad y diversidad de platos, así se podrá delegar las diferentes funciones a cada uno de los trabajadores especializados.

Caer: rehogar un género en cualquier tipo de grasa, a fuego lento, hasta que se ablande sin que llegue a tomar calor.

Caldo: es la obtención de cocer varios ingredientes tales como carnes, pescados o vegetales. Los caldos son la base de muchas preparaciones culinarias como las sopas, las cremas y los arroces. Se suelen dominar con el nombre del elemento principal. Son la base principal para poder elaborar una buena salsa, como si fuese los cimientos de un edificio.

- Caldo blanco: fondo obtenido de cocer carnes blancas, zanahorias, puerros, laurel, cebollas y apio.

- Caldo corto: elaboración líquida aromatizada con hortalizas y especias, incluso vinos o vinagre según elaboración, que posteriormente sirve para la cocción de pescados y mariscos. Se reduce hasta obtener el caldo deseado.

- Caldo de pescado o *court-bouillon*: preparación de origen francés, que se traduce como caldo corto o como caldo de pescado. Es una cocción breve para ingredientes delicados, como el pescado, que necesita muy poca cocción para absorber sabores y ofrecer una carne jugosa y sabrosa. Por otro lado, el pescado también deja su sabor rápidamente en el medio en que se ha cocinado, por lo que la elaboración de un pescado o de marisco da más de un resultado culinario.

  - *Elaboración:* primero necesitamos agua, vinagre o vino blanco, una *mirepoix* de hortalizas como zanahoria, apio, cebolla y hierbas aromáticas como perejil, laurel, tomillo y especias como pimienta, además de sal. Estos ingredientes pueden variarse según el pescado que después se quiera cocinar en este caldo y se dejan cocer durante 30-60 min. A continuación, dejamos enfriar y colamos antes de usarlo, por lo que conviene prepararlo con antelación y reservamos en cámara hasta el momento de elaborar el pescado o marisco que vamos a usar.

© Ediciones Paraninfo

El tiempo de cocción del pescado o del marisco en este caldo dependerá del tamaño de las piezas, igual que la temperatura del caldo. Por ejemplo, un pescado fino o unos filetes se pueden hacer en caldo muy caliente, estará cocinado en cuestión de segundos. Un pescado entero puede incluso empezar a cocinarse a partir del caldo frío y calentándolo gradualmente. Este caldo es ideal para preparar sopas, arroces, etc. o reducirlo a fuego lento y hacer una salsa concentrada que acompañe a otros platos, incluso al plato de pescado que ha cocinado.

- Caldo de repas: caldo obtenido de una segunda elaboración de los mismos ingredientes sólidos. Este caldo deja de ser sustancioso.

Cefalópodo: quiere decir pies en la cabeza y esto se aplica a los moluscos invertebrados marinos sin concha, comúnmente conocidos por calamar (10 patas), pulpo (8 patas), sepia (10 patas) y similares.

Cincelar: hacer ligeros cortes a los alimentos, especialmente a ciertos pescados para facilitar su cocción. Se cincelan los pescados más o menos grandes que se hacen enteros, ya sea al horno, plancha o parrilla.

Clarificar: operación que consiste en eliminar impurezas y que tiene por objeto:

- Conseguir transparencia y limpieza en un consomé o gelatina.
- Separar la caseína, agua y otros cuerpos extraños de la mantequilla.

Clavetear: introducir unos clavos de especia a una cebolla o una zanahoria para aromatizar determinadas preparaciones, ya que estos tienen un aroma muy pronunciado si se trituraran y así es fácil recogerlos.

Cocción: acción de cocer o cocinar. Las formas de cocción que se realizan son escalfar, blanquear, hervir, al vapor, freír, saltear, gratinar, al horno, asar, brasear, glasear, a la sartén o *poelè*, estofar, a la parrilla y a la plancha.

Cocción en blanco: cocer dentro de un molde (tartaletas, timbales, etc.) una masa que posteriormente se va a rellenar. Previamente se rellenan de legumbres secas para que no se deformen. Sinónimo de hornear a ciegas u horneado ciego.

Cocción en caldo corto: cocer un género sumergiéndolo en un caldo rico en elementos aromáticos tales como vino, verduras, especias, hierbas, etc. Se utiliza sobre todo en piezas enteras normalmente para pescados que se vayan a servir tanto en caliente como en frío, con la finalidad de aportar con esta técnica elementos aromáticos al género.

Cocción en grasa: es la operación culinaria que se realiza con aceite y grasas. En este medio, normalmente, se utilizan temperaturas muy superiores a los 100 ºC habituales en la cocción en medio acuoso, pudiéndose alcanzar los 200 ºC. La técnica puede variar según el método que se va a emplear:

- Dorar: consiste en cocinar un alimento hasta que se forme una costra dorada alrededor, que evita que salgan los jugos del interior durante la cocción. Se suele utilizar con las carnes para caramelizar la parte exterior, sin llegar a hacerse por dentro. Se

© Ediciones Paraninfo

hace a alta temperatura en la sartén con poco aceite. Se recomienda en este tipo de cocciones, utensilios antiadherentes.

- Freír: es cocinar un alimento sumergiéndolo en abundante grasa o aceite, que lo cubra prácticamente a una temperatura alta durante un tiempo determinado. En este caso, y para conseguir que por fuera se forme una costra crujiente y por dentro se cueza en su propio jugo, se suelen recubrir los alimentos para que se forme una corteza con harinas determinadas, pan rallado, frutos secos, tempuras, etcétera.

- Rehogar: es la acción de sofreír un alimento a temperatura media-alta, pero sin llegar a los 100 °C y con poco aceite, durante el tiempo necesario para cocer justo antes de que adquiera color. Consiste en usar el aceite necesario y se realiza a fuego medio con el recipiente tapado. La finalidad es conseguir que los alimentos se cuezan sin llegar a dorarse. En el caso de las cebollas estarían listas cuando estuvieran casi transparentes. Los alimentos rehogados terminan su cocción de otra manera, y suelen ser los fondos de cocción de diversos platos.

- Saltear: es una fritura también con poco aceite, pero a temperatura más alta de 175 a 225 °C y durante poco tiempo. Se suelen cocinar en sartenes de paredes altas, para evitar que los alimentos caigan, ya que se lanza el contenido al aire y se vuelve a recoger con un golpe de muñeca y, para esto, es conveniente que las sartenes tengan un mango y que se hagan sin tapar. En este caso los ingredientes deberían trocearse del mismo tamaño aproximadamente y si unos tardan más que otros en hacerse, lo ideal es ir echando primero los que necesiten más cocción y añadiendo los demás poco a poco, para que todos tengan el mismo punto de cocción. Saltear es como si los alimentos saltaran al moverse constantemente. Dura de 5 a 10 min.

- Sofreír: es freír en una sartén un alimento a fuego lento durante un tiempo deter-minado y con una cantidad escasa de aceite, solamente que cubra el fondo de la sartén. Generalmente se utiliza con verduras, que se pican finamente, para que suelten los jugos debido al calor.

Cocina típica: es aquella receta con arraigo cultural que está basada en la transferencia de generación en generación, usando técnicas clásicas de la zona e ingredientes y productos locales.

Cocinar al vacío: cocer un género en una bolsa especial, herméticamente cerrada y sin aire. La cocción se realiza generalmente a una temperatura inferior a 100 °C y larga prolongación, pudiendo realizarse en cocedor a vapor, *ronner* o de forma tradicional sumergiéndolo en una cazuela con agua.

Coger liga: se dice de este término, cuando amasamos bastante y la masa al estirarla con los dedos no rompe.

Concassée: técnica culinaria que se realiza con ciertas verduras y que consiste en escaldarlas previamente para poder pelarlas y eliminar de esta forma más fácilmente la piel externa, y luego cortar para quitar del interior las pepitas, huesos, etc., aunque esta definición está muy arraigada en la cocina para/en las preparaciones con tomate.

© Ediciones Paraninfo

- **Tomate *concassée*:** una vez preparado 1 kg de tomates como se ha explicado anteriormente, en una sartén con 1 dl de aceite de oliva caliente, se ponen 100 g de cebolla y 2 dientes de ajos cortados finos y se rehogan. Cuando la cebolla está transparente, se echan los tomates y se salpimienta al gusto. Se comprueba la acidez del tomate y si es necesario se corrige con un poco de azúcar. Sirve como guarnición de pescados, carnes, pastas, huevos, como base de *pizzas*, etcétera.

Condimentar: sazonar. Añadir condimentos para favorecer el sabor final.

Confitar (cocina): es cocer un género sumergiéndolo en grasa caliente y no superior a los 90 °C y tapado, para que se cocine sin que tome color. Los géneros suelen ser ajos, cebollitas, pato, etc. Se conservan estos productos dentro de la grasa.

Confitar (pastelería): es cubrir con un baño de azúcar, frutas o semillas o, lo que es lo mismo, cocer frutas en almíbar.

Contaminación cruzada: trata sobre la transferencia de bacterias peligrosas de un alimento a otro. Las bacterias que generalmente se encuentran en los alimentos son eliminadas en su mayoría durante la cocción o el lavado en el caso de las frutas y verduras. Pero si estos alimentos una vez cocidos o lavados se ponen en contacto con alimentos crudos o sin lavar se pueden contagiar a través de las manos de las personas que los manipulan, los utensilios, las superficies, etcétera.

- Para evitar la contaminación cruzada: hay que lavarse siempre las manos con agua y jabón entre la manipulación de los alimentos crudos y cocidos o listos para consumir. Separar siempre las carnes crudas de los alimentos cocidos o listos para consumir durante su almacenamiento y preparación. Cuando se realizan las compras, se guardan los productos como carnes, aves y pescados en bolsas separados del resto de los alimentos. También se separan los productos de limpieza de los comestibles. Hay que colocar las carnes crudas en recipientes cerrados, en la parte inferior de la cámara o bien en el sector de la misma que el fabricante haya destinado a las carnes. Usar recipientes y utensilios diferentes (fuentes, cuchillas y tablas de cortar), para manipular alimentos crudos y cocidos, o bien, lavamos minuciosamente entre uso y uso. Y, por supuesto, hay que mantener todas las superficies, equipos y utensilios limpios.

Cortarse: en elaboraciones culinarias, es cuando se separan los ingredientes que debían quedar trabados entre sí. Cuando se separa el suero en la leche, se dice que se ha cortado.

Coulis: palabra originaria de la cocina francesa, se trata de una salsa o puré dulce o salado, de frutas o de vegetales, elaborado por cocción lenta, por maceración, etc., es, por tanto, el jugo obtenido después de triturar ciertos alimentos previamente preparados concentrando su sabor, y, que una vez tamizado o colado, ofrece una densidad de jarabe, de crema o de puré ligero. Los más populares son los de frutas que se aplican en los postres y los de vegetales que se sirven para acompañar carnes y pescados. Digamos que es una salsa reforzada que normalmente se pone en el fondo del plato debajo del alimento en cuestión.

© Ediciones Paraninfo

Cuerpo: este término está referido a la buena consistencia, elasticidad, tenacidad o compactación que adquiere una masa, pasta, crema, etc. después de elaborada.

Decantar: transvasar despacio un líquido de un recipiente a otro. En cocina se decanta la mantequilla fundida con el fin de clarificarla, con el objeto de separar el suero, el agua y otras impurezas que pudiera contener.

Demi-glace: término francés que significa semiglaseado y es la base de varias salsas de la cocina francesa. Los franceses dicen que es una base española mejorada al reducir el fondo oscuro a la mitad inicial, normalmente se elabora con fondos de ternera, buey o cordero. Tras una cocción prolongada, se refina por un chino o estameña al que se liga con el *roux* oscuro con vino tinto, se le añade un poco de mantequilla para que obtenga brillo. Véase salsas.

Desangrar: sumergir en agua fría durante un tiempo determinado, carnes diversas, para que se pongan más blancas y se consiga que suelte la sangre. Principal elaboración para realizar el plato denominado «blanqueta». Quitar la sangre de un animal durante su matanza.

Desglasar: añadir un líquido (agua, vino, fondo, etc.) al recipiente donde se haya cocinado para recuperar los jugos caramelizados y pegados en el fondo, donde se han asado o salteado aves o carnes.

Dorar: el principio básico de dorar un alimento es la reacción química que producen los carbohidratos (azúcares) y aminoácidos sometidos al calor, dando lugar a un cambio de color y de sabor, es lo que se conoce como reacción de Maillard o reacción de pardeamiento. Esto lleva consigo, a veces, cocinar a horno fuerte o a fuego vivo en sartén con un poco de grasa un alimento hasta que adquiera ese color adecuado que es sinónimo de bien cocinado o «a punto». El calor seco a partir de los 160 °C es importante en los gratinados, el asado de los pescados, la carne (cochinillo), las patatas en fritura, etc. También se conoce por «dorar» en pastelería a la operación de pintar con huevo batido una pieza antes de su cocción.

Duya: denominación que recibe la boquilla de la manga pastelera, que pueden ser redondas, lisas, ovaladas, acanaladas, etcétera.

Emincés: pequeñas tiras de carne de 1 cm de ancho por 4 cm de largo aprox. de vaca, ternera, cerdo o ave. Elaboradas normalmente salteadas y en salsa.

Empanar: encerrar una masa o pan, para cocerla en el horno. Pasar por harina, huevo batido y pan rallado un género previamente sazonado. La calidad de un alimento empanado mejora utilizando miga de pan de molde pasada por un tamiz. Podemos diferenciar los principales tipos de empanado:

- Española: pasar el alimento por harina, a continuación, por huevo batido y finalizar con pan rallado seco.

- Inglesa: una vez enharinado el alimento, pasar posteriormente por huevo batido adicionado de un poco de aceite, sal y pimienta, finalizar empanando con miga de pan fresco rallado.

© Ediciones Paraninfo

- Milanesa: previamente pasar el alimento por harina y huevo batido, a continuación, pasar por miga de pan mezclada con bastante queso tipo parmesano o gruyer rallado.

- Francesa: rebozado de la pieza con mantequilla clarificada, empanado con ralladura de pan fresco.

Empomar: trabajar una grasa sólida, como manteca, mantequilla, margarina, minarina, con calor hasta obtener una textura untuosa.

Engordar: término que se utiliza bien para espesar un guiso que ha salido bastante líquido o para añadirle más géneros con la intención de que tenga más alimento, etcétera.

Engrasar: dar una capa fina con grasa, mantequilla, aceite o manteca, por medio de una brocha, cualquier molde o recipiente en el que se va a hacer una preparación, para evitar que los ingredientes se peguen al fondo o a la pared del mismo durante su cocción.

Escaldar: técnica culinaria que consiste en introducir un género en agua hirviendo, durante unos instantes, para facilitar su pelado como en el caso de los tomates. Añadir un líquido, normalmente agua hirviendo, a un preparado.

Escalfar: se da esta denominación a varios procesos.

- Cocción breve de pocos minutos.

- Es la cocción de un género sumergido en un líquido por debajo de la temperatura de ebullición, el líquido se mantiene a una temperatura constante de más o menos sobre los 90 ºC.

- Sinónimo de pochar.

- Cocer un género en un líquido graso y corto.

- Técnica que consiste en cocer huevos sin cáscara en agua hirviendo con un poco de vinagre y sal.

Escalopar: cortar lonchas más o menos delgadas de carnes, pescados o verduras.

Escudillar (cocina): echar el caldo hirviendo sobre el pan con que se hace la sopa.

Escudillar (pastelería): se aplica para llenar la manga pastelera de la elaboración que se está realizando para repartirla por la bandeja de cocción, decorar una tarta, estirar una plancha, rellenar cápsulas de papel, rellenar piezas, etcétera.

Espalmar: aplastar un género con la espalmadera dando golpes suaves para hacerlo más fino, alargado y lograr romper las fibras para que quede más blando.

Espumadera: utensilio de cocina en forma de paleta circular ligeramente cóncava, con perforaciones, y mango largo. Se utiliza para quitar la espuma en los caldos durante la cocción; para remover guisos, fritos, etcétera.

Espumar: retirar la espuma e impurezas, mediante un cacillo o una espumadera, que se producen en los caldos, potajes, fondos, etc. al llegar al punto de ebullición y que quedan flotando en la superficie del líquido.

Estiba: es la colocación de una carga de forma segura, en todos sus sentidos.

© Ediciones Paraninfo

Estofar: cocer lentamente, con algo de líquido, un género en un recipiente tapado, acompañado de sus elementos de condimentación, jugo y grasa, partiendo desde frío para que provoque la exudación propia de los alimentos y cocinándose en ellos.

Estufar: poner una masa elaborada con levadura en otro espacio a temperatura templada para favorecer su fermentación.

Farsa: del francés «farce», es un galicismo muy utilizado en la cocina y que equivale a «relleno». Se trata de una elaboración a base de una mezcla de elementos más o menos picados y sazonados, que se utiliza para rellenar huevos, pescados, carnes, aves, hortalizas, pastas, etc. La composición de la farsa depende del género que se va a rellenar, así como su sazonamiento, especias y hierbas aromáticas. Se elaboran en frío, homogeneizándolas sobre el hielo, o en caliente, dejándolas reducir hasta que evapore la humedad sobrante. Existen varios grupos de farsas, las magras, a base de legumbres y hortalizas. Suelen llevar un elemento graso para darles pastosidad, nata, por ejemplo, las grasas, a base de carnes, ternera, cerdo, caza o ave; las de pescado y las de yemas de huevos. La composición de una farsa depende de la elaboración a la que va destinada. Por lo normal es de carne, pescado o de ave, todo picado, lo que constituye la base de la farsa más los ingredientes adicionales, champiñones, hierbas, cebollas, jamón, fuagrás, pan remojado con leche, huevos enteros o claras o yemas solamente, que terminan dando el carácter y la consistencia. El sazonamiento siempre es decisivo, especias, plantas aromáticas, finas hierbas, alcohol, fumé, trufas, esencia de trufa, frutas secas, uvas pasas, ciruelas, frutos secos, sal y pimienta, etc. Las farsas siempre estarán muy sazonadas a excepción de las de asados, que en cambio serán más grasas, para evitar que se sequen durante la cocción.

Fermentar: es la acción que sufren las masas elaboradas con levadura o masa madre transformando los azúcares contenidos en la masa en gas carbónico y alcohol por la cual aumenta su volumen adquiriendo esponjosidad, formando alvéolos y generando sabores. Para este proceso, se debe controlar el volumen, tiempo, temperatura y humedad. Su punto óptimo es cuando la masa adquiere su máximo volumen hasta que comienza a degradarse.

Finas hierbas: clásico de la cocina francesa. Conjunto de plantas y hierbas aromáticas, tales como el perejil, perifollo, estragón y cebollino. Se deben picar muy finas para que queden bien repartidas y sus sabores estén distribuidos. Deben incorporarse casi al final del proceso de cocción para que no pierdan sabor y aroma. Otras hierbas aromáticas que a veces se incluyen en la mezcla de finas hierbas son el eneldo, el tomillo, la mejorana, la albahaca, el apio y el cilantro.

Flambear: palabra de origen francés, que trata de rociar una preparación caliente, a mitad del proceso o terminado, con una bebida de graduación alcohólica alta, a fin de inflamarla para que se consuma el alcohol y transmita un sabor característico al plato. Se puede hacer en la cocina y, en ciertos platos, a la vista del cliente.

Flamear: acción de pasar sobre una llama, de gas o de alcohol de quemar, un género, normalmente aves, vacuno o del cerdo (patas, morros, orejas), para suprimir restos de

© Ediciones Paraninfo

plumaje y de pelo. Algunos profesionales aplican este término con el mismo significado que flambear.

Fondear: elaboración previa a un preparado o guiso, compuesto de hortalizas, algún tipo de grasa o salsa de tomate u otros géneros, como vino o caldo, con el fin de que este adquiera mejor sabor, textura, aromas y nutrientes.

Fondos de cocina básicos: son aquellas elaboraciones que dentro de los fondos de cocina son básicos para la confección de ciertas preparaciones, enriqueciendo y potenciando su sabor, posibilitándola en muchos casos. Entre ellos destacamos: fondo blanco, fondo oscuro, fumé, concentrados y *glaces*. Se caracterizan todos ellos por ser obtenidos tras cocciones prolongadas en agua. Además de posibilitar el aprovechamiento de materias primas, que aun sin perder la idoneidad alimentaría en cuanto a calidad y salubridad no es posible utilizarlas para otras elaboraciones. A la hora de preparar un buen caldo hay que tener en cuenta: la materia prima principal utilizada, los elementos aromatizantes y los elementos de condimentación. Las materias primas principales son normalmente las que van en función del tipo de caldo, por ejemplo, las espinas o raspas de pescado blanco (no así las de pescado azul), ya que tienen un alto contenido en grasa y sabor; huesos de vaca o ternera; carcasas de ave; además de utilizar los despojos de todo tipo de carne, ave o pescado. Desarrollo de los fondos básicos.

- Fondo blanco de ave: se ponen todos los ingredientes en una olla profunda y se llena de agua en una proporción de 4 o 5 veces el volumen de la materia prima y que llegue hasta tres cuartas partes: 2 kg de huesos de pollo (incluyendo alas y cuello), 2 cebollas (clavo opcional), 2 dientes de ajo, 1 zanahoria, 1 rama de perejil, 2 hojas de laurel, sal y pimienta. Reducimos la temperatura y dejamos que hierva ligeramente, tapamos y dejamos unas dos horas. Quitamos la tapa y dejamos hervir otra hora; después, pasamos el caldo por un colador y lo echamos en otro recipiente. Enfriamos y guardamos con todo y la capa de grasa que se le formará en la superficie, para que se conserve mejor. Al momento de usarlo retiramos la capa de grasa, que se puede emplear en otros fines. Especificidades: los fondos blancos se conservan en cámara, de 0 a 3 °C, siendo 3 días lo máximo si estos han sido enfriados rápidamente después de su elaboración. Los síntomas de descomposición se manifiestan en el color ligeramente rosado, espuma en la superficie, sabor acidificado, mal olor, etc. Al existir dudas sobre su estado se «levanta» y se comprueba. Resultados: el fondo debe quedar limpio y no lechoso, sin grasa y sabroso. Aplicaciones: el fondo de ave sirve para la elaboración de sopas, cremas, *veloutés* y consomés de ave, mojar guisos a base de ave, desglasado de recipientes donde se han asado o salteado caparazones de ave. Alternativas: se puede realizar de otro tipo de carnes y aves incluso de caza. Se puede restar algo de agua y sustituirla por vino. Se puede salar un poco al principio de la cocción.

- Fondo blanco de ternera: su elaboración consiste exactamente igual que el desarrollado anteriormente, pero con los siguientes ingredientes: huesos, tendones,

© Ediciones Paraninfo

jarretes, recortes de ternera y despojos. Hortalizas frescas en *mirepoix*: zanahorias, el blanco del puerro, cebollas y apio. Hierbas aromáticas: *bouquet garni*, clavos, pimienta en grano. Alternativas: se pueden introducir restos crudos gelatinosos como jarretes y patas de ternera para obtener un fondo más denso y gelatinoso.

- Fondo oscuro, de ternera o ave: se trocean los huesos, o las carcasas y tostar en una placa, a 2/3 de la coloración se añaden zanahoria, cebolla y el blanco del puerro, se termina de dorar todo. Colocar en una marmita y llenar con agua fría. Desglasar la placa con agua o vino y añadir a la marmita y llevarla a ebullición. Espumar y desgrasar, y añadir la guarnición aromática, ajos, tomates y *bouquet garni*. Cocer suavemente de 2 a 3 horas para los de ternera y de 45 min a 1 hora para los de ave. Seguir espumando y desgrasando. Al término de la cocción, pasar por un chino con estameña sin presionar. Refrescar rápidamente, debiendo quedar limpio y no lechoso. Conservar en cámara a 3 °C. Especificidades: se tiene en cuenta los mismos puntos explicados anteriormente, los fondos deberían elaborarse atendiendo al género que se va a cocinar por lo que se utilizarán los huesos, carcasas y despojos propios del género que se va a elaborar. Resultados: debe resultar un fondo transparente, sin grasa y sabroso. El color y sabor dependen del tostado de los huesos, si este es excesivo el fondo saldrá muy oscuro y su sabor será amargo. Aplicaciones: para la elaboración de salsas básicas como la española, y numerosas salsas como de Madeira, *perigord*, y también para todas las salsas oscuras realizadas al momento, a la pimienta, al vino, etc. Sirven también para la elaboración de *glaces* y para el mojado de los braseados. Alternativas: se puede realizar de otro tipo de carnes y aves incluso para caza. Es posible restar algo de agua y sustituirla por vino. Se pueden introducir restos crudos gelatinosos como jarretes y patas de ternera para obtener un fondo más denso y gelatinoso.

- Fondo oscuro ligado: el fondo oscuro ligado es lo mismo que el jugo ligado, es decir, fondo oscuro de ternera ligado con maicena u otro tipo de almidón disuelto en vino. Se usa como sustituto de la salsa *demi-glace*.

- Fondo de caza: es un fondo oscuro en el que se emplean huesos y carne de caza mayor y carcasas de aves de caza, en lugar de los huesos y carne de ternera, además de llevar algo de vino blanco y enebro. Utilización: el fondo de caza sirve para mojar *civets* y otros guisos a base de caza, desglasado de recipientes donde se ha asado caza, *glace* de caza, etcétera.

- Fondo magro: se prepara agregando agua o caldo a las legumbres, cebollas, apio en rebanadas y zanahorias, todo pasado ligeramente por manteca. Se aromatiza con perejil, tomillo, laurel y ajo.

- Fumé blanco: se limpian, trocean y lavan las espinas quitando toda la sangre que puedan tener adheridas. Se quitan los ojos a las cabezas (enturbiaría el caldo). Se hace sudar con un poco de mantequilla, cebolla, el blanco del puerro y zanahoria (optativo) y se añaden las espinas y las cabezas, y se deja sudar todo junto. El sudado es optativo. Se añade el agua y eventualmente el vino, se pone el *bouquet garni*, se lleva a ebullición y se deja cocer lentamente de 20 a 25 min, hay que

© Ediciones Paraninfo

espumarlo frecuentemente a lo largo de la cocción. Se añaden unos granos de pimienta machacados al final de la cocción (optativo), se pasa por el chino y estameña, y se enfría rápidamente. Resultados: la obtención de un buen fumé viene marcada principalmente por el grado de frescor del pescado. El fumé debe resultar claro y esto se consigue, con la limpieza del pescado al principio, con una cocción lenta y sin remover. El exceso de cebolla le da un color amarillento. Aplicaciones: mojado de platos de pescado; *veloutés;* para salsas como las de vino blanco, Nantua, Bercy, se utiliza también para el pochado de pescados, para la cocción en caldos cortos, para las sopas, etc. Alternativas: puede no ponerse cebolla y se pueden poner pies de champiñón.

- Fumé oscuro: es una variante que consiste en que se tuestan tanto las espinas como las hortalizas hasta el momento en que empiezan a soltar agua, entonces se flambean y se añade el agua y el vino tinto.

- Las *glaces*: de carne, de ave, de caza o de pescado son los fondos, sin sazonar, que han reducido muy lentamente una parte del agua y se han concentrado así los jugos. Depende del color que se deseé, se optará por fondos claros u oscuros. *Elaboración:* se lleva un fondo oscuro de carne a ebullición y se deja reducir lentamente y se va espumando, si es necesario. Según va reduciendo, pasar por la estameña a un recipiente más pequeño y se sigue cociendo. Se repite esta operación hasta que el líquido tenga la consistencia de un sirope que nape la espátula. Se enfría rápidamente. Resultados: será una *glasa* marrón oscura, densa, gelatinosa y brillante. Aplicaciones: para reforzar salsas y guisos en su sabor y en su color; para napar ciertos géneros de una capa fina y brillante, por ejemplo, láminas de trufa; o directamente como salsa mezclada con mantequilla (*colbert*), crema, hierbas, etc., en las salsas *chateubriand*, Bercy, *solferino*, etcétera.

Fonsear: es forrar, con una pasta, un molde o un aro de pastelería para que sirva de base.

Gastronorm: bandejas que se caracterizan por ser generalmente de acero inoxidable y por tener un borde que sobresale en todo su contorno superior, que sirve como apoyo en las guías de hornos, mesas especiales para tal fin, frigoríficos, así como carros dedicados para introducir en el horno como para el transporte interno de alimentos. Están basadas en unas medidas comunes de aplicación mundial y homologada en Europa bajo la Norma EN-631. La aplicación de esta norma ayuda a que se puedan utilizar en cualquier tipo de aparatos que utilicen dichas dimensiones (armarios frigoríficos, hornos mixtos, hornos de convección, carros de transporte, *self-service*, etc.), pudiendo adaptar cada establecimiento a sus necesidades. El sistema Gastronorm contempla los modelos GN 2/1 (650X530 mm) y GN 1/1 (530x325mm). A partir de estas medidas como base hay subdivisiones en medidas que son: GN 2/3, GN 1/2, GN 1/3, GN 1/4, GN 1/6, GN 1/9, todas ellas con diferentes profundidades, que son: 20, 40, 65, 100, 150, 200 mm. Los materiales empleados y las variaciones sobre las propias cubetas son muy variados, las más usuales son las fabricadas en acero inoxidable y sin asas, pero también pueden ser con asas, perforadas, con tapas o fabricadas en plástico alimentario, policarbonato o polipropileno.

© Ediciones Paraninfo

Glasear: palabra originaria del francés *glacer*. Término empleado en el argot culinario para designar las siguientes operaciones:

- Introducción en un horno o salamandra un preparado napado, con el objetivo de que se dore la superficie.

- Elaboración que consiste en una pequeña cantidad de agua, azúcar, mantequilla y algo de sal, algunas hortalizas tales como cebollitas, zanahorias, nabos y otras con el fin de que resulten tiernas, doradas y con brillo.

- Regar con el propio jugo que va desprendiendo una pieza que se bresea o se saltea, con el fin de lograr una capa de brillo.

- Espolvorear una preparación dulce con azúcar glas, para continuar la elaboración después en el horno.

- Recubrimiento de algunas piezas de pastelería con *glasa* real, *fondant* o azúcar glas.

Gratinar: al gratén o gratín, es una forma de elaborar alimentos recubriéndolos con una capa de queso, mantequilla, pan rallado o napándolos con salsa, introduciéndolos en el horno, salamandra o gratinadora para que se forme una corteza dorada en su superficie.

Guarnición: elaboración culinaria que acompaña al alimento principal, compuesta de géneros diversos y que sirven de complemento alimenticio y estético.

Guarnición aromática: es el ingrediente principal en la constitución del sabor y aroma final del plato que se va a servir. Son mezclas de hortalizas, hierbas y especias que se añaden a las preparaciones con la finalidad de perfumarlas. Las hay que no llegan a los platos, pues se retiran al final de la cocción.

Las distintas guarniciones aromáticas se identifican por los ingredientes que la componen y por la forma en que estos se cortan y se agrupan. Debido a que no se incluyen en la presentación, la exactitud de los cortes no apunta a la estética visual, sino a la uniformidad en la cocción.

- *Mirepoix:* anteriormente se realizaba con cinco productos básicos: zanahoria, cebolla, apio, el blanco del puerro y recortes o huesos de jamón. En estos días ya no se incluye el jamón y el blanco del puerro, se utiliza considerablemente menos. En la actualidad, lo que se denomina *mirepoix* se parece cada vez más a lo que se denomina guarnición clásica y que se conformaba con zanahoria y cebolla cortada groseramente. De cualquier manera, siempre es lícito mencionar las proporciones que en gastronomía se utilizan para la *mirepoix* tradicional: 2 partes de zanahoria, 1 parte de cebolla, 1 parte del blanco del puerro y 1/2 parte de apio. Estos vegetales se deberán cortar en trozos irregulares que deben medir por lo menos dos centímetros de lado, aunque también pueden usarse en mitades o incluso enteros, ya que no son destinados a la decoración del plato. Su tamaño depende del tiempo de cocción y aumentará proporcionalmente en relación con el tiempo de cocción. Una *mirepoix* cortada demasiado pequeña se puede quemar y dará mal perfume e impedirá la recuperación de los jugos de cocción si es usada en una asadera

© Ediciones Paraninfo

para aromatizar una carne, por ejemplo, si se usa para perfumar un líquido que se cocinará durante varias horas, quedará desecha y enturbiará el caldo, aunque luego se intente filtrarlo.

- *Matignon*: esta lleva los mismos ingredientes que la *mirepoix*, pero cortados en paisana. Se utiliza para perfumar o aromatizar cocciones cortas, y siempre se deja sudar en manteca o aceite.

- *Brunoise*: las hortalizas que la componen son las mismas que en la *matignon* y la *mirepoix*. La particularidad, en este caso, es el corte utilizado, la *brunoise*, pues esta guarnición aromática se utiliza para cocciones breves.

- *Bouquet garni*: esta guarnición aromática se elabora a modo de un ramo aromático, en su composición clásica se compone de puerro, tomillo, laurel, perejil y apio. Si la receta lo requiere, pueden adicionarse otros aromas como la albahaca, romero, salvia, mejorana u orégano.

Hermosear: suprimir las partes inútiles de un manjar antes de proceder a su presentación.

Hervir: cocer un género por inmersión, en bastante líquido en ebullición, que ha alcanzado los 100 ºC.

Incisión: marcar con el cuchillo dando pequeños cortes a un pescado o una masa, para facilitar la cocción.

Laquear: untar un género alimenticio, antes de cocinarlo, con una crema mantecosa o grasa.

Lardear: untar o envolver antes de asar con láminas de tocino, lardo o grasa. Pringar.

Levantar: poner sobre el fuego una elaboración líquida, guiso, salsa, con el objeto de que hierva durante unos instantes para evitar que fermente, debiéndose espumar cuando esté hirviendo.

Ligar: dar cuerpo a una elaboración por la acción de un elemento de ligazón (féculas, harinas, sangre, natas, mantequillas, etcétera).

Lustrar: abrillantar, dar brillo a una preparación. Espolvorear de azúcar glas o lustre.

Macerar: dejar por un tiempo determinado alimentos crudos, secos o confitados en adobo antes de cocinarlos. Poner frutas en maceración con azúcar, alcohol y perfume, durante algunas horas, con el fin de que tomen gusto.

Majar: machacar un alimento en un mortero o almirez, hasta reducirlo a una pasta para obtener una mezcla de aromas.

Marcar: iniciar la elaboración de un plato, dejando pendiente su terminación.

Marinar: o macerar, se trata de poner carnes en un preparado a base de hortalizas, hierbas aromáticas, etc., todo al gusto, con el fin de que se ablanden, mejoren su sabor y prolonguen su conservación.

© Ediciones Paraninfo

Mechar: introducir en el interior de una carne cruda, por medio de una mechadora, tiras de tocino, hortalizas, trufas, etc., con el objeto de que la carne resulte más jugosa o mejore la presentación al cortarla una vez cocinada.

Melanoidinas: son compuestos químicos que actúan como pigmentos marrones, que son los encargados de dar el color característico a los alimentos cocinados. Se forman durante la reacción de Maillard.

Mise en place: palabra de origen francés, muy utilizada en nuestro argot, que significa «puesta a punto». Hace referencia a todo lo necesario en preelaboraciones que se deben realizar antes de comenzar un servicio, tales como maquinaria, utensilios e ingredientes en el lugar correspondiente, para luego obtener un buen rendimiento.

Moldear: colocar una elaboración culinaria dentro de un molde, para que adquiera la forma deseada.

Montar: contiene varias acepciones, la más principal podría ser la de batir hasta que el producto adquiera una determinada consistencia.

- Emplatar.

- Colocar géneros, una vez cocinados, sobre un zócalo o costrón.

- Sinónimo de batir.

Nacarar: término que suele utilizarse básicamente con el arroz, se trata de sofreír el grano en un medio graso. Debe realizarse salteando el arroz a fuego moderado para que no adquiera un color dorado, sino nacarado, algo transparente, más brillante e irisado.

Napar: cubrir una elaboración, tanto en frío como en caliente, con una salsa de textura algo espesa.

Oxidación: reacción química que se produce al contacto de la masa con el oxígeno. También se produce por un exceso de amasado. Con lo cual se obtiene una miga blanqueada, con pérdida del sabor. Muchos de los alimentos frescos, al no llevar conservantes, se oxidan al producir enzimas (polifenol oxidasa) que, al entrar en contacto con el aire, transforman los fenoles en quinonas. Aunque comer alimentos oxidados no reviste riesgo para la salud, sí hace que sean menos vistosos y menos nutritivos al producir una pérdida de propiedades.

Pasar: acción de colar, tamizar o filtrar.

Pelar en vivo: término culinario destinado a la forma de pelar los cítricos como naranjas, mandarinas, limones, limas, pomelos, etc. Se trata de quitar la piel llegando a la pulpa de la fruta que deja salir sus jugos. Los cítricos tienen una piel rugosa, en mayor o menor grado, externa y entre esta y la pulpa se encuentra el albedo, una piel esponjosa y blanca y de sabor amargo y, por ello, para algunas elaboraciones es necesario pelar el cítrico retirando toda la piel, incluso la fina membrana que envuelve cada gajo del cítrico.

© Ediciones Paraninfo

Pesajarabes: o densímetro, es un instrumento de gran utilidad en pastelería, que sirve para medir la densidad de un jarabe, almíbar o mermeladas, en relación con su azúcar.

Picar: cortar finamente un género y reducirlo a trozos muy pequeños, con la ayuda de un cuchillo o una picadora.

Pilpilear: cocer muy lentamente dejando que el líquido tiemble, pero sin que llegue a hervir, para lograr una buena concentración de sabores.

Pochar: escalfar. «Pochar» es un galicismo que deriva del verbo *pocher*, que quiere decir «escalfar». Lo que ocurre es que en la cocina ha venido tomando otro significado peculiar, que es cocer suavemente no tanto en agua, sino en grasa, en aceite, incluso en salsas. Ejemplos:

- Se pocha la cebolla, cuando se está sofriendo a fuego lento para ponerla transparente.

- Se pochan unas verduras en la salsa en que se quieren cocinar…

Punto de nieve: expresión culinaria que designa el grado de color y esponjosidad que adquieren las claras de huevo al batirlas. Cuando al recipiente le damos la vuelta y no se cae, quiere decir que está bien montada.

Punto de pomada: generalmente utilizado este término para la mantequilla, empleándose en multitud de recetas en este estado para su mejor realización.

Quenefas: son géneros picados y posteriormente moldeados en forma de bolas ovaladas, que se elaboran pasando la mezcla de una cuchara a otra con movimientos de abajo arriba. Se suelen utilizar como guarnición.

Quenelles: o quenela, de origen francés, pequeñas bolas redondas u ovaladas, que se les da forma con dos cucharas soperas y son elaboradas con pasta *choux* o con una pasta de sémola de trigo o harina mezclada con mantequilla, huevos y leche o agua, ligadas con yema de huevo, a la que se añade bien algún tipo de carne desmenuzada de pescado o carne, son escaldadas según destino y suelen ser utilizadas como guarnición en acompañamiento de multitud de elaboraciones. Hoy en día se usa este término para cualquier preparado que tenga la típica forma ovalada dada por las dos cucharas.

Reacción de Maillard: conjunto de reacciones químicas producidas por el calor, que traen consigo la producción de melanoidinas. Para que las transformaciones tengan lugar, son necesarios azúcares y proteínas. A esta reacción se debe el color marrón de la costra de la carne cocinada o del pan cocido al horno, que aportan sabor y aroma a los alimentos. Esta reacción la describió por primera vez el químico Louis-Camille Maillard, en los comienzos del siglo xx, de ahí su nombre.

Rebozar: pasar un género por harina y huevo batido antes de freírlo o alguna pasta del tipo Orly.

Rectificar: recomponer una elaboración en su punto óptimo de sazonamiento.

© Ediciones Paraninfo

Reducir: es el mismo término de concentrar, condensar y se trata de la disminución por evaporación del volumen de una preparación líquida, con la finalidad de que resulte más espesa.

Reforzar: agregar a una elaboración algún género o alimento para que aumente su color, sabor o aroma.

Refrescar: enfriar con agua fría, generalmente hortaliza, legumbres o pastas, recién cocidas o blanqueadas.

Regar: verter un líquido, generalmente vino, sobre un género de manera uniforme.

Rellenar: o *farcir*, es un conjunto de ingredientes alimenticios tales como hortalizas, huevos, carne picada, etc. que se emplean para llenar las piezas elegidas.

Remojar: poner un alimento desecado en un líquido para que recupere humedad.

Rezumar: se dice de la salida de grasa o líquido, de una masa o de otra preparación del interior al exterior, detectándose visiblemente en el exterior.

Rociar: mojar ligeramente un género que se está asando en el horno o en el asador, utilizando el jugo soltado, con el objeto de evitar que la superficie se seque y conseguir jugosidad en la pieza.

Rosilar: dorar un género o un alimento a fuego vivo y saltearlo en manteca u otra grasa. Generalmente se risolan patatas. Cuando esta misma operación se realiza en las carnes se conoce por sellar.

Roux: mezcla de grasa (cualquier tipo, generalmente mantequilla), más harina, la proporción de esta es a partes iguales, aunque lo normal es un poco más de grasa. La forma de ligar es: primero se pone a calentar la grasa, si es manteca, mantequilla o margarina se pone un poco de aceite para subir el punto crítico. Se añade la harina de golpe, rehogar y dejar que la harina se cocine en la grasa. Según la elaboración que se va a realizar se empleará un tipo u otro.

- *Roux* blanco: la harina se cocina poco o ligeramente y no toma ningún tipo de color; se utiliza para bechameles o *veloutés*. Queda teóricamente blanco. Para que pierda el gusto a harina, se debe cocinar hasta el límite entre blanco y rubio.

- *Roux* rubio: cocinar la harina un poco más que el blanco. Tiende a tomar un color dorado. Este se emplea también para *veloutés* y salsas a las que se quiere dar color.

- *Roux* oscuro: existen dos formas de hacerlo, la primera sería dejando que la harina tome color marrón dentro de la grasa, y la segunda (que es más optima) tostando previamente la harina al horno antes de añadirla a la grasa. Se utiliza para salsas oscuras del tipo española o *demi-glace*. Hay que tener presente que para incorporar el líquido se debe apartar el *roux* del fuego y dejar templar un poco. Cuando el líquido está caliente el *roux* debe estar frío, y viceversa. Disolver en el líquido con un batidor sin dejar de remover, poner al fuego hasta que esté en ebullición, cuando hierva

© Ediciones Paraninfo

se ligará el líquido. Esta forma de elaborarlo evita los grumos. Dependiendo de la utilización a la que se destine el *roux* la proporción variará:

Algunas proporciones de harina	
Salsas y *veloutés*	35-40 g por litro
Roux farsas	60-70 g por litro
Roux fritos	110 g por litro
Roux croquetas	130-150 g por litro
Bechamel	80 g por litro

- *Roux* directo: se trata de un *roux* igual a los demás, solo que se realiza directamente cuando se está sudando una guarnición aromática en algún tipo de grasa.

Salcochar: cocer carnes, pescados, legumbres u otros alimentos, solo con agua y sal.

Salmuera: procedimiento de conservación y preelaboración de pescados, carnes y hortalizas. Existen dos variedades: en seco y en solución salina, con diferentes variantes cada una de ellas según la aplicación. La aplicación de la salmuera en seco se inicia frotando la pieza con sal que contiene cloruro sódico, nitrato potásico y sacarosa. Posteriormente se cubrirá con sal marina y se dispondrá en lugar seco. Como mínimo, tantos días como kilos pese la pieza. Pasado este tiempo se lavará al chorro de agua fría quedando listo para su cocinado o curado. El nitrato potásico solo se emplea para las carnes en proporción 5 % de la cantidad de sal común, es lo que da el color rojo a la lengua escarlata y las patas del cerdo, entre otras elaboraciones. Se entiende por solución salina una mezcla de agua y sal a la que se añadirá azúcar, así como elementos aromáticos como pimienta, tomillo y laurel, entre otros, que ha sido cocida y una vez fría tiene la concentración deseada 18º de densidad. En charcutería, la salmuera suele utilizarse en inyección antes de la inversión. El tiempo que debe estar el género en la salmuera es similar al anterior.

Salpimentar: sazonar con una mezcla de sal y pimienta.

Sangrante: cocinar una carne o caza de manera que al cortarla esté más o menos rosada y su jugo sea sangrante.

Sazonar: condimentar con sal y especias. Añadir condimentos a un género para darle olor o sabor. Añadir sal a un género.

Sellar: dorar una carne con el fin de crear una costra que impida la salida de los jugos durante la cocción.

Soasar: a medio asar.

Sofrito: rehogado que se realiza como parte de una elaboración compuesta de cebolla, ajo, tomate, pimiento, etc., con el objetivo de potenciar el preparado. Freír o saltear ligeramente un alimento.

***Stock*:** es una voz de origen británico, que se utiliza para definir las mercancías que tenemos disponibles en almacén.

© Ediciones Paraninfo

Sudar: cocinar suavemente un género con grasa en un recipiente tapado, con el fin de que suelte el agua que posee.

Suflar: soplar, dícese cuando un alimento se introduce en el horno y aumenta su volumen.

Sufratar: cubrir un género con una salsa que permanece sobre el producto después de enfriarse.

Suprema: dícese de los mejores trozos de las aves, pescados, etc. En las aves se encuentra este corte en la pechuga. Nombre que se da al corte de pescado (separando los 2 lomos de la espina central y luego divididos en trozos de 150 g por persona).

Tamizar: eliminar por medio de un tamiz o cedazo, las partes gruesas o superfluas de harinas o similares. En pastelería, es muy importante el tamizado de la harina para conseguir que las elaboraciones salgan más esponjosas, ya que al separar la harina permite entrar más aire en las mezclas y permite que se formen menos grumos.

Tiempo de cocción de la carne de buey y vaca: en España para designar la carne de vacuno se emplean indistintamente.

Carne de buey y vaca		
Bistec, 150 a 160 g	4 a 5 min por cada lado	Sangrante
Chuletas	15 a 18 min por cada lado	Sangrante
Guisado	2 a 3 horas	Según calidad
Hervido	2 a 4 horas	Según calidad
Lengua	80 minutos por kg	
Ragú	2:30 a 3 horas	Según calidad
Rosbif	15 a 18 min por cada lado	Sangrante
Solomillo	15 a 18 min por cada lado	Sangrante
Turnedo de 3 a 4 cm	3 a 4 min por cada lado	Sangrante

Tiempo de cocción de la carne de caza: a ser posible, hay que elegir animales jóvenes y dejar descansar antes de consumirla. Algunas piezas requieren ser marinadas o adobadas previamente, especialmente las de caza de pelo. Las piezas más viejas requerirán más tiempo de cocción.

Carne de caza		
Civet de liebre	90 a 100 minutos	
Codorniz	8 a 10 minutos	
Conejo asado	20 a 25 min por kg	
Conejo encebollado	60 a 90 minutos	Según edad
Faisán	25 a 30 minutos	Según tamaño
Lomo de liebre para asar	15 a 18 minutos	Según tamaño
Pato salvaje	20 minutos	
Perdiz	45 minutos	Brasear según edad

Tiempo de cocción de la carne de cerdo: hay que tener en cuenta que la carne de cerdo debe cocer completamente, porque de lo contrario puede resultar bastante indigesta.

© Ediciones Paraninfo

No se debe olvidar la grasa del animal, que en muchos casos permite cocerlo al horno en su propia salsa, pudiéndolo rociar como máximo con agua.

Carne de cerdo		
Asado	25 a 30 minutos por kg	
Costillar	25 a 30 minutos por kg	
Chuletas	5 a 6 minutos por cada lado	Según grosor
Espalda	25 a 30 minutos por kg	
Jamón entero	30 a 40 minutos por kg	
Salchichas	10 minutos	
Solomillo	25 a 30 minutos por kg	

Tiempo de cocción de la carne de cordero y carnero: hay que tener en cuenta que no todas las recetas del cordero pueden aplicarse al carnero. El carnero asado o a la parrilla debe servirse sangrante mientras que el cordero debe estar bien cocido en su punto.

Carne de cordero y carnero		
Costillar de carnero	18 min por kg	Sangrante
Costillar de cordero	15 min por kg	Según grosor
Chuletas de carnero	3 min por cada lado	
Chuletas de cordero	2 a 4 min por cada lado	
Espalda de carnero asada	18 a 20 min por kg	
Espalda de carnero braseada	40 a 45 min por kg	Según calidad
Pierna de carnero	20 min por kg	Sangrante
Pierna de cordero	20 a 25 min por kg	
Ragú de cordero	90 a 120 min	
Silla de carnero	20 min por kg	

Tiempo de cocción de la carne de ternera: no se pueden aplicar los mismos tiempos de cocción que a la de vaca o de buey, al ser esta tierna.

Carne de ternera		
Chuletas de ternera	5 a 7 minutos	Según grosor
Escalopas, 150 g	3 a 4 minutos	
Escalopas empanadas	3 a 4 minutos	
Solomillo, 500 a 600 g	20 a 25 minutos	
Hígado de ternera en lonjas	1 cm grueso, 2 min por lado	
Ragú de ternera	90 minutos	
Redondo de ternera	Escalfar: 8 a 10 min por kg	Partir de hervir
Silla de ternera	30 minutos por kg	

© Ediciones Paraninfo

Tiempo de cocción del pescado: estos tiempos son válidos para un peso de ración por persona.

Pescado	Al horno	Hervido
Atún	8-10 minutos	5-7 minutos
Bacalao	8-10 minutos	5 minutos
Lenguado	7-8 minutos	5 minutos
Lubina	10 minutos	6 minutos
Merluza	9-10 minutos	4-5 minutos
Mero	6-7 minutos	9-10 minutos
Rape	6-8 minutos	10 minutos
Salmón	10-12 minutos	8-9 minutos
Trucha	10 minutos	7-9 minutos

Tiempo de cocción del marisco: se pone a cocer con agua de mar, que se puede sustituir por agua con bastante sal, 30 g por litro y unas hojas de laurel. El marisco se echa en el agua, cuando esta lleve cociendo 5 minutos. El tiempo de cocción empieza cuando comienza a hervir el agua con el marisco dentro. El tiempo de cocción es por kilo de género.

Marisco	
Buey de mar	20 minutos
Camarones	1-2 minutos
Centollos	18 minutos
Cigalas	3 minutos
Gambas	1-2 minutos
Langosta	20 minutos
Langostinos	2 minutos
Nécoras	6 minutos
Percebes	1-2 minutos

Tiempo de cocción de las verduras: hay que tener en cuenta el tipo de verdura que se va a cocer, si necesita limón, sal, harina, leche, etc. Estos tiempos son a partir de hervir el agua.

Verduras	
Acelga	25-30 minutos
Alcachofa	35-40 minutos
Apio	30-35 minutos
Berenjena	5-10 minutos
Calabacín	5 -10 minutos
Calabaza	20-25 minutos
Cardo	40-50 minutos

© Ediciones Paraninfo

Verduras	
Cebolla	40-50 minutos
Coles de Bruselas	10-12 minutos
Coliflor	25-30 minutos
Endibia	30-35 minutos
Espárrago	20-25 minutos
Espinaca	18-20 minutos
Grelo	30-35 minutos
Guisante	25-30 minutos
Haba	10-12 minutos
Judía verde	30-35 minutos
Lechuga	11-12 minutos
Lombarda	30-35 minutos
Nabo	15-18 minutos
Patata	25-35 minutos
Pimiento rojo	25-30 minutos
Pimiento verde	30-35 minutos
Remolacha	80-100 minutos
Repollo	40-50 minutos
Zanahoria	20-25 minutos

Tindalización: es un método de esterilizar una sustancia mediante calor, un calor discontinuo, aplicado en varios tiempos a los alimentos.

Tomar cuerpo: denominación que se le da a una masa cuando comienza a ligar en su amasado, cuando una crema comienza a espesarse, etcétera.

Tornear: dar forma ovalada, con una puntilla de cocina, formándole aristas, lo más iguales posible, a determinadas hortalizas como patatas, nabos, champiñones y zanahorias.

Trabajar: término culinario empleado para designar las tareas de batir o remover salsas, pastas o masas con una varilla, espátula o la misma mano.

Trabar: ligar, espesar, darle consistencia a una salsa u otra elaboración.

Trazabilidad: se define como la posibilidad de encontrar y seguir el rastro, a través de todas las etapas de producción, transformación y distribución de todos los alimentos en general, con el fin de proteger la vida y la salud de las personas.

Trinchar: cortar, partir la comida en trozos. Cortar aves, pescados, carnes cocidas.

© Ediciones Paraninfo

OTROS TÍTULOS DEL AUTOR

Rafael Medina Moreno

Con más de 10 000 términos y 3000 recetas

Diccionario de
cocina
y pastelería

Paraninfo

Paraninfo — ESPECIALIDADES FORMATIVAS

Manipulación de alimentos

Rafael Medina Moreno

200 actividades

FCOM01

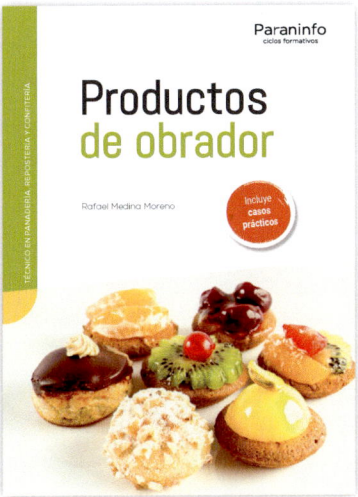

Paraninfo
ciclos formativos

Productos de obrador

Rafael Medina Moreno

Incluye casos prácticos

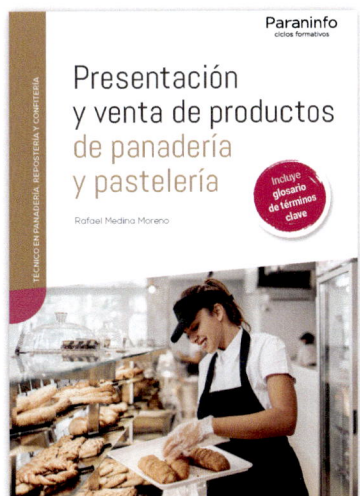

Paraninfo
ciclos formativos

Presentación y venta de productos de panadería y pastelería

Rafael Medina Moreno

Incluye glosario de términos clave